고난에 대한
다산 정약용과 욥의 대화

Suffering & Spirituality

고난에 대한
다산 정약용과 욥의 대화

초판 인쇄 2021년 11월 1일
초판 발행 2021년 11월 1일
지은이 이경용
책임편집 경옥초이
표지디자인 주상우
발행처 영성나무
등록번호 제2021-000023 호
주소 경기도 용인시 수지구 광교마을로 11. 4506-1001
전화 031-214-9192, 010-6681-1004
팩스 031-214-9195
전자우편 lkyong8559@gmail.com

ISBN   979-11-974117-0-0
값 13,000원

고난에 대한
다산 정약용과 욥의  대화

이경용 지음

영성
나무

추천사 1

코로나19로 전 지구촌 사람들이 고난과 고통을 당하는 이 때,『고난에 대한 다산 정약용과 욥의 대화』란 책은 참으로 시의적절한 책입니다.

비록 다산이 살았던 시대와 환경이 욥의 시대와 환경과 다르지만, 그들이 겪었던 고난이라는 주제는 동일합니다. 저자는 책에서 그들이 당한 고난은 무엇이고, 그것을 어떻게 수용했으며, 또 어떻게 이겨냈는가를 방대한 자료를 근거로 평행이론으로 밝혀줍니다. 그러기에 오늘도 고난가운데 살아가는 우리들이 어떻게 고난을 수용하고 극복해나가야 하는지에 대해 알려주는 감동의 대서사입니다.

정약용은 정조의 사랑을 받던 장래가 촉망되던 인물인데, 억울하게 유배를 당하고, 온갖 고생을 다합니다. 정약용은 하루아침에 관직과 명예를 잃고, 가족을 등지고 강진 외진 곳으로 유배되어, 온갖 고생과 질병으로 고통 당합니다. 아들에게 보낸 편지에서 '내가 죽으면 이렇게 장사하라'는 유언은 참으로 눈물겹습니다. 정약용은 10명의 자녀 중에 6명이 죽는 아픔을 당하였고, 욥도 하루아침에 10명의 자식이 떼죽음 당하는 고통을 당합니다.

저자는 다산과 욥이 당한 고난의 여러 공통점을 찾아 우리에게 전해줍니다. 그리고 두 사람이 어떻게 그 고난을 수용하고 극복하는지 한 폭의 그림처럼 보여줍니다. 다산과 욥은 고난이란 인간을 '정금과 옥(玉)'으로 만드는 과정으로 이해합니다. 그들은 '고난의 영성'을 이해한 것입니다.

정약용은 유배지에서 제자들을 양성하고,『목민심서』를 비롯한 500여 권의 책을 저술하고, 부지런히 일하며, 고난을 수용합니다. 정약용은 환갑

에 쓴 "자찬묘지명"에서 자신의 고난을 누구 탓이나 세상 탓으로 돌리지 않습니다. 오히려 자신의 부족을 인정하고 하나님 앞에 바르게 서야 하리라고 고백하며, 고난을 극복하며 승화시킵니다. 여기에 다산의 위대함이 있다 하겠습니다. 욥도 이해할 수 없는 고난이지만 하나님의 주권을 인정하며, 결국 귀로만 듣던 하나님을 눈으로 뵙게 되면서 고난을 이겨냅니다. 이들에게 고난은 장애가 아닌 성숙의 징검다리였던 셈입니다.

고난을 이기는 길은 고난을 회피하는 것이 아니라, 하나님 앞에 정직하게 사는 것, 고난에는 의미가 있음을 믿는 것, 죽음 너머 부활의 세계를 바라보는 것임을 저자는 이 책을 통하여 보여줍니다. 저자의 수고에 감사드리며, 여러 독자 분들께 기쁜 마음으로 추천합니다. 특히 목회자들에겐 다산에 대한 이해와 귀한 예화들도 보너스로 주어질 것입니다.

유병근 (전주 완산교회 담임목사)

추천사 2

요즘 매일 쏟아지는 것이 책이다. 어느 주제를 막론하고 제목만 훑어보고 지나간다. '고난과 영성', 이 또한 많은 듣던 말 아닌가. "다산 정약용과 욥"이라니 다소 생소하다. 우리에게 다산도 익숙하고, 욥도 익히 아는 이름 아닌가. 하지만 두 사람의 조합은 뭔가 어색하다. 인문학과 신학이 두 사람을 녹여낼 수 있을까? 문학과 예술이 두 인물을 직조할 수 있을까? 쉽지 않을 것이다. 이 두 인물의 고난과 사상, 그리고 영성과 예술을 이처럼 그려낸다니 놀랍다. 저자와 같은 영성가의 손끝이 아니고서는 불가능할 것이다.

저자는 이미 잘 알려진 영성가요 저술가로 오랫동안 교회에서 영성목회를 지향하고 있다. 저자는 오래전 필자가 몸담고 있는 영남신학대학교 신대원에서 학생들의 영성훈련을 함께 담당했다. 그동안 칼럼, 논문, 도서, 기도학교를 통해 한국교회가 나아갈 영적 길을 제시하였다. 저자의 『말씀묵상기도』(Lectio Divina)는 신학교는 물론이고 목회자와 평신도들에게 널리 읽히고 있다. 저자는 이번에 『다산과 욥』을 통해 우리를 또 다른 세계로 안내한다.

책 구성을 보면 저자의 깊이를 알 수 있다. 저자는 다산과 욥의 고난을 분석한 후, 곧장 고난의 이해와 해결 방식인 인간의 마음과 수행의 문제를 짚어낸다. 그리고 도래할 새로운 세계를 조망하듯 종말론(유토피아)으로 시선을 옮긴다. 한 단계 더 나아가 고난을 사군자 이미지를 통해 예술과 문학으로 내면화시킨 후 갈무리한다. 책의 흐름과 구성이 참으로 절묘하다.

저자가 책에 말하고자하는 다산의 영성은 이 한 문장에 녹아있다. "'소학'으로는 바깥의 행위를 다스리고 '심경'으로는 마음의 내부를 다스린다면, 아마도 현자가 되는 길이 있으리라." 기독교인들이 예수 그리스도 안에서 자기완성의 길을 찾는다면, 유학자들은 현자 즉 성현이 되는데서 유학의 길을 찾는다. 그래서 주돈이는 〈통서〉에서 "성인은 하늘을 희망하며, 현인은 성인을 희망하며, 학자는 현인을 희망한다."고 했다. 다산도 이 길을 걷기 위해 〈심경밀험〉을 짓고 죽는 날까지 마음공부에 온 힘을 기울였다. 이 책은 다산의 마음공부를 통해 오늘 우리들의 마음공부에 대해 도전한다.

이 책에서 놀라운 것은 다산의 마음(心)의 이해에 대한 발견이다. 양명학자들과 달리 전통 성리학자들의 이(理)의 이해와 마음의 이해는 수동적이다. 그런데 다산은 마음과 양심(理)을 주체적이고 능동적인 것으로 이해하여 자유의지(權衡)를 강조한다. 다산의 마음이해가 성리학과 다른 것은 사람의 본성은 본연지성(本然之性)이 아니라, 천명지성(天命之性)만 있을 뿐이라 주장한다. 본연지성은 본디 불교적인 개념인데 송대 유학자들이 잘못 차용한 것으로 본다.

다산의 마음 이해는 한마디로 '상제천(上帝天) 소주처(所住處)'로 표현된다. 즉 인격적 神인 "상제(하느님)의 영이 인간의 마음 안에 현존하며 양심을 통해 교감한다."는 것이다. 여기서 다산의 마음공부인 신독(慎獨)이 가능해진다. 신독은 홀로 고요함 속에서 상제(하느님)를 만나는 것이기에 신독(神獨)이라 할 수 있다. 이 지점에서 저자는 성리학과 기독교영성의 만남의 가능성을 열어간다.

저자의 『다산과 욥』은 단지 두 사람의 인생과 고통, 인문학과 신학의 만남을 밝히는데 머물지 않는다. 저자는 다산과 욥의 '고난과 영성'을 풀어

내며 큰 밑그림을 그리고 있는 것 같다. 곧 영성 안에서 기독교와 한국 성리학의 만남이 어떻게 가능한지 실마리를 찾아가고 있다. 마음공부로서의 〈심경밀험〉과 신독, 〈칠극〉과 영성수련 등은 앞으로 계속 연구해야할 큰 주제가 될 것이다.

세상의 빠른 변화와 경쟁에 지친 우리들이 위로와 치유를 찾는 것도 중요하다. 하지만, '하나님과 나 자신'을 찾는 것이 더 시급하고 근원적인 일이지 않을까? 다산도 욥도 그러했다. 너나 할 것 없이 고통당하는 이 시대에 저자의 『다산과 욥』이 그 길로 우리를 인도하고 있다. 독자 제위님들께 기쁜 마음으로 추천한다.

유재경 (영남신학대학교 영성신학 교수)

추천사 3

『고난에 대한 다산 정약용과 욥의 대화』라는 책의 제목이 매우 흥미를 느끼게 한다. 한 사람은 영원불변한 진리로 받아들이는 인물이요(욥). 다른 이는 우리 역사 속에 생생하게 기억되고 있는 실존 인물(다산)이 서로 만나 대화를 한다니 얼마나 흥미로운 일인가? 그러면서도 한편으로는 다산과 욥이 과연 대등한 대화가 가능할까라는 의문도 없지 않았다. 그러나 책을 읽어 내려가면서 대화에 대한 일반적인 고정된 틀이 옳지 않음을 알게 되었다.

대화는 다양한 방식으로 진행될 수 있다. 일반적으로 대화란 쌍방이 동일한 위치에서 5:5로 주고받는 형태를 생각한다. 그러나 판단 불가능한 절대적 인물과 역사 속에 현존 인물과의 대화는 그렇게 진행될 수가 없다. 관통하는 핵심적인 주제(고난)가 동일할지라도, 그 주제를 둘러싸고 있는 배경이나 인과관계까지도 평행선일 수는 없기 때문이다.

저자는 이 점을 직시하여, 욥의 입장에서 정약용이 당한 고난의 여정을 일괄하면서, 정약용이 겪은 고난에 새로운 영적의미를 부여하는 방식으로 대화를 엮어가고 있다. 고난의 대명사인 욥이란 큰 틀 안에서 다산의 고난을 재조명한다는 점에서 신선한 도전이라 생각한다. 무릇 새로운 학문과 이론이 시도되려면 기존의 틀을 깨는 작업이 필요한 법이다.

이 책의 주요 독자는 일단 그리스도인들, 특히 기독지성인이라고 생각한다. 그러므로 욥의 고난에 대해서는 기본적인 상식선에서 설명하고, 다산 정약용의 고난의 여정은 비교적 상세하게 다룬다. 파레토 법칙(8:2법칙)처럼 욥에 대한 양은 적어도 그 무게만큼은 더 무겁다하겠다. 독자들이 이 책을 읽을 때, 대등한 비교 연구라기보다는 '고난의 영적의미를 찾아가는 다산 정약용의 전기'로 이해하면 좋겠다.

이 책은 강점은 정약용에 대한 기본적인 이해가 없어도, 누구나 부담 없이 편하고 재미있게 술술 읽어낼 수 있다는 점이다. 이 책에서 저자는 정약용을 영웅이나 천재로 그려내기보다는, 그에 대한 금기 같은 것, 인간적인 약점까지도 소개함으로 '사람 냄새나는 인간 정약용'의 모습을 볼 수 있다. 그러기에 아슬아슬하면서도 흥미롭고 우리 자신의 모습을 보는듯한 공감대가 형성된다.

이 책은 욥의 영웅적인 고난의 승리가 현존하는 역사적 인물 안에서 어떻게 해석되고 재현되는지를 보여주는 등불과 같은 책이다. 고난의 짐이 너무 무겁고 힘들어 인생을 포기하고 싶은 사람들, 또 자기의 고난의 여정을 영적으로 해석해보고 이해하고 싶은 사람들에게 유용한 책이 될 것이다.

유해룡 (모새골공동체교회 담임목사)

추천사 4

사람은 누구나 행복하게 살기를 원한다. 하지만, 인생은 생각처럼 녹녹하지 않다. 인생의 굽이굽이마다 마주할 수밖에 없는 불편한 동반자, 고난이 있기 때문이다. 고난이 힘든 이유는 고난(suffering)은 고통(pain)을 수반하기 때문이다. 그리고 이 고통은 인간 영혼에 씻기 힘든 상처를 가져온다.

프랑스 시인 랭보는 "이 세상에 상처 없는 영혼이 어디에 있겠는가?"라고 반문하며, 고난에 따른 고통의 무게를 우리에게 보여주고자 했다. 이 책은 고난의 삶을 산 두 인물에게서 고난의 의미와 그것을 다루는 유익한 접근을 제시하고 있다. 그런 점에서 인생을 가치 있게 살려는 우리 모두에게 도움이 될 것이라 생각한다. 어려운 주제를 성경과 우리 역사 속에서 찾아 인문학과 신학의 만남을 시도한 저자의 노고에 감사한다.

성경에서 고난의 대명사는 욥이다. 그리고 한국사에서 고난의 대명사는 단연 다산 정약용 선생이다. 다산은 가장 왕성한 나이(40세-57세)에 강진에서 귀양살이하며 젊음을 다 소진하였다. 그러나 역설적이게도 다산의 위대한 작품들은 강진유배기에 고난의 풀무불을 통해 출산되었다. 18년 강진 유배란 고난이 없었다면, 다산 정약용은 지금 우리가 알고 있는 정약용과는 전혀 다른 인물이 되었을 것이다. 저자는 정약용을 다산(茶山)되게 한 것이 고난이라 보며, 그의 삶과 작품에 드러난 고난의 역설과 신비를 파헤친다.

정약용은 후기 조선의 거목으로 그의 학문적 스팩트럼은 매우 넓고 다양하다. 그는 한두 가지 틀로 재단할 수 없는 인물이다. 저자는 본서에서 다산과 욥이란 전혀 다른 문화와 시대를 산 두 사람을 고난이란 주제로 대화를 시도하였다. 참신하고 재미있는 시도이다. 이 대화를 통해 고난의 영적

9

의미를 더욱 입체적으로 풍성하게 드러내주기에, 이 책은 매일 고난에 직면하는 우리에게 치유와 회복을 소망케 해준다.

요즘은 고난의 시대다. 코로나19로 인한 고립과 외로움, 자영업자들의 삶의 고투, 청년들의 박탈감, 서로 얼굴을 바라보지 못하는 공허함이 지속되고 있다. 우리는 나보다 더 큰 고난을 겪은 사람의 이야기를 들으면, 나의 고난은 상대적으로 조금은 작게 보인다. "극한직업"에 비하면 나의 일이 좀 쉬워 보일 수 있다. 그래서 고난을 이겨낼 용기와 소망이 생겨난다. 이런 면에서 이 책은 아주 적절한 시기에 나온 "고난 보고서"이다. 욥과 정약용은 우리 상상을 초월하는 고난을 온 몸으로 겪고 이겨낸 이들이다. 그 과정에서 욥은 하나님의 얼굴을 마주하게 되었고, 다산은 천주교를 통해 만난 하나님의 존재를 가슴 속에 깊이 아로 새기게 되었다.

마지막으로 책에서 주목하게 되는 독특함은 저자가 마음공부에 주목한 것이다. 저자는 다산의 〈심경밀험〉을 들여다보며, 다산이 고난을 이겨내기 위해 '마음공부'에 올인한 것에 주목한다. 예나 지금이나 마음공부는 인생과 신앙의 중요한 주제이다. 수많은 시련 속에서도 마음을 다잡고 고난을 이겨낸 욥과 다산처럼, 우리도 마음을 다잡고 이 어려운 시대를 이겨나가면 좋겠다.

때로 고난이란 다산이 "자찬묘지명"에서 한 말, "간사한 이 설처댐은 널 옥으로 쓰심이라."는 고백처럼, 우리를 '옥(玉)으로 만들어가는 신비로운 과정'일 수 있다. 바라기는 독자들께서 이 책을 통해 욥과 다산의 큰 고난을 생각하며, 코로나로 야기된 고난들이 조금은 작게 여겨지고 이를 이겨낼 용기와 소망이 커지길 기대한다.

이상학 (새문안교회 담임목사)

추천사 5

긴 세월 영성신학에 관심을 갖고 목회하며 영성가로 살아온 저자는 이전에, 『감정치유기도』를 통해 메마르고 상한 감정을 치유와 회복이 있는 정감기도로 바꾸는 길을 한국교회에 제시하여, 신선한 충격과 큰 감동을 선물한 바가 있다.

금번에 저자는 놀라운 문학적 상상력과 신학적 사색과 고뇌를 통하여 "다산과 욥의 대화"라는 구도로 신학과 인문학의 만남을 새롭게 시도하였다. 온 세계가 코로나19로 고통당하는 펜데믹 상황에서 고난의 대명사인 욥과 다산의 진솔하고 진지한 대화를 통해, 한줄기 시원한 냉수같은 위로와 희망을 대한민국의 모든 국민들에게 던져주고 있다.

누구나 아는 바와 같이, 정약용은 정조의 총애로 앞날이 촉망되던 정치인이었다. 초계문신 멤버였고 언제나 앞서가던 사람이었다. 그러던 정약용이 23세에 이벽을 통해 천주교를 접하고 빠르게 천주교에 몰입하며, 그의 인생은 소용돌이 속으로 빨려들고 만다. 다산이 강진에서 18년간 귀양살이 하며 고난 받은 것도 결국은 천주교신앙과 관련이 있다.

여기서 한 가지 생각해볼 것은 만일, 정약용이 정조의 총애로 승승장구하여 판서가 되고 영의정이 되었다면, 오늘 우리에게 그는 어떤 모습으로 비추어질까? 그저 있어도 그만 없어도 그만인 많고 많은 조선 영의정 중의 한사람으로 기억될 것이다. 그러나 역설적이게도 18년의 고난이 있었기에 오늘 우리에게 뿐만 아니라, 오고 올 모든 세대에 다산 정약용으로 성큼 다가온다. 강진 18년의 고난이 없었다면, 다산(茶山)이란 친근한 이름도 없을 것이다. 고난의 역설이다.

저자는 고난을 네 가지로 펼쳐나간다. 첫째, 다산과 욥의 인생이야기, 둘째, 내면적인 고난의 문제, 셋째, 고난에 대한 반응으로서 이상향 무릉도원 이야기, 넷째, 고난을 사군자로 승화시키는 것이다. 4대손 정규영의 "사암 선생연보"에 보면, 다산의 말년은 대월공부와 병중흑백두로 요약된다. 한마디로 묵상과 성찰의 시기란 것이다. 필자도 종종 침묵의 성지가 되길 원하는 설곡산 다일공동체에 머물며 묵상과 성찰의 시간을 갖고 있는데, 뭔가 일맥상통하는 느낌을 갖고 마지막 페이지까지 너무도 흥미진진하게 읽었다.

무엇보다도 저자의 이야기에 공감이 가는 것은 다산초당 이야기다. 고난에 대한 반응은 저항, 순응, 도피, 은둔 등 다양하다. 그래서 무릉도원도 나오고 소쇄원도 등장한다. 다산초당은 겉으로 보면 귀양지며 고통의 장소지만, 내면적으로는 정약용을 다산되게 한 신비의 장소라는 것이다. 다산초당 없는 정약용은 없다. 저자는 다산초당을 '정약용의 무릉도원'으로 재미나게 표현한다. 몸은 고달팠지만 마음의 고요를 누리고 학문의 꿈을 이룬 축복의 땅인 것이다.

필자도 무상급식의 대명사인 청량리의 '밥퍼' 나눔운동본부와 무료병원인 '다일천사병원'뿐만 아니라, 설곡산 깊은 산골짜기에서 이십년 가까운 세월을 보냈다. 때로는 모든 것이 멈추어 버린 고독과 침묵 속에서, 때로는 처절한 신학적 고민과 신앙의 몸부림을 치며 살아왔기에, 가끔 이곳이 다산초당 같은 묵언과 깨달음의 공간, 기독교적 무릉도원이며 다.수.스 (다일수도원스테이) 역할을 잘 감당하는 공간, 시간과 영원이 만나 대화하는 장소가 되길 간절히 소망해본다.

참으로 자랑스러운 신학교 동기동창인 저자 이경용 목사는 이 책에서 그

동안 내가 미처 알지 못했던, 정약용의 소소한 삶과 내면을 잘 소개해주어 다산에 대한 이해의 폭을 한층 깊고 넓게 해주었다.

정약용은 대한민국이 존재하는 한, 미래 모든 세대에 계속 회자될 이름 중에 하나일 것이다. 독자들은 이 책을 통해 '사람 냄새가 나는 인간 정약용', '고난을 극복하고 옥(玉)으로 재탄생한 다산', '귀양지를 축복의 땅으로 만든 그의 눈물과 피땀'을 시공을 뛰어넘어 느끼고 공유하게 될 것이다.

전대미문의 환난과 고난의 시대를 살아가는 우리들에게, 이 책은 한줄기 위로와 소망과 용기를 줄 것임에 틀림없다. 하여, 필자는 현재 당하는 온갖 고난을 이겨낼 용기와 소망을 얻고자하는 분들께 기쁜 마음으로 이 책을 강추한다!

최일도 (시인. 다일공동체 대표)

차례

1. 다산과 욥의 인생이야기

II. 다산과 욥의 신앙이야기

Ⅲ. 다산과 욥이 꿈꾼 무릉도원(유토피아)

욥의 거기(There)와 유토피아(무릉도원)

Ⅳ. 사군자 다산과 욥에게 말을 걸다

들어가는 말

토론토에서 영성을 공부하며 "고난과 영성"(Suffering & Spirituality)이
란 강의를 들었다. 그 후 마음속에 늘 묵직한 돌덩이처럼 "고난과 영성"이
란 단어가 매달려있었다. 인생살이 하는 동안 고난 없는 사람이 누가 있겠
는가. 하다못해 유치원생도 '힘들어 죽겠다고' 말하는 시대아닌가. 크든 작
든 고난이 없는 사람은 단 한 사람도 없다. 고난의 형태는 다양하지만, 고
난이 왜 오는지, 언제 끝날는지 아무도 알지를 못한다. 고난(suffering)이
힘든 것은 늘 고통(pain)을 동반하기 때문이다.

코로나로 전 세계가 고통당하고 너나 할 것 없이 힘든 시대. 욥기를 읽
고 묵상하다 다시 한 번 "고난과 영성"에 대해 생각하게 되었다. 욥은 고난
의 대명사이다. 그렇다면, 한국인 중에 고난의 대명사는 누구일까. 가장 먼
저 떠오른 이가 정약용이다. 단편적으로 알고 있던 정약용에 대한 호기심
이 부쩍 일어났다. 코로나로 심플해진 삶속에서 관련 서적을 읽고, 그의 발
자취를 찾아보았다. 어느 순간 '욥과 다산 정약용이 뭔가 대화를 한다.'는
느낌을 받게 되었다. 그리하여 "고난에 대한 다산 정약용과 욥의 대화"를
시도하게 되었다.

다산과 욥을 단순하게 비교할 수는 없다. 두 사람의 시대와 배경이 너
무 다르기에 연속성보다는 불연속성이 많다. 따라서 두 사람의 삶과 고난
을 '평행이론'으로 접근해보았다. 필자는 두 사람의 대화에서 고난으로 인
한 눈물과 한숨소리를 들을 수 있었다.

고난으로 인한 낙심, 신음소리, 눈물, 인내, 고난 이후의 소망, 고난을
이겨내며 '정금과 옥(玉)'으로 정화되는 과정도 볼 수 있었다. 고난당할 때,

욥이 한 위대한 고백은 "나의 가는 길을 오직 그가 아시나니 그가 나를 단련하신 후에는 내가 정금 같이 나오리라."(욥기 23:10)는 말이다. 정약용은 18년의 귀양을 마치고 고향에 돌아와 회갑을 맞이하며, "자찬묘지명"을 썼다.(1822년) "자찬묘지명"엔 자신의 지난 세월에 대한 눈물과 회한이 가득하다. 다산은 자신의 고난을 "옥(玉)으로 쓰시기 위함이라."고 고백한다. 다산과 욥은 고난의 의미를 '정금과 옥(玉)'이라고 말한다. 참으로 놀라운 고백이다. 고난을 '정금과 옥'으로 정화(purification)되는 과정으로 인식한 것이다.

정약용의 삶은 18년을 매듭으로 나누어진다. 처음 18년은 정조와의 시간이다.(1783-1800) 두 번째는 강진유배기다.(1801-1818) 세 번째는 해배 후 자연인으로 살아가는 시기다.(1818-1836) 정약용은 몇 가지 주제로 다룰 수 없는 거인이다. 그의 인생과 학문의 스펙트럼이 너무 크고 넓어서 한두 가지로 단정할 수 없다. 마치 거대한 금광 같아서 캐도캐도 금맥이 계속 나온다. 1936년 정인보가 학술사업을 시작한 후, 정약용에 대한 연구논문과 저서는 약 3천편이 넘게 나왔다. 정약용은 한국역사 인물 중에서 가장 많이 연구된 인물이다. 연구는 앞으로도 계속될 것이다.

정약용을 보는 관점은 크게 3가지이다. 다산을 유학자와 실학자로 보는 견해로 대표적인 이가 박석무 선생이다. 다산을 천주교 신앙인의 관점에서 보려는 견해도 있다. 대표적인 이가 정민 교수다. 다산을 중도적인 입장에서 보려는 이도 있다. 금장태 교수다. 금장태는 『다산평전』에서 '신유박해'를 언급하며 박해란 단어는 천주교 입장의 표현이고, 조선정부의 입장은 사교를 처벌하는 옥사이기에 '사옥'(邪獄)이라 하는데, 자신은 종교문제로 일어난 옥사이므로 '교옥'이란 중립적인 용어를 사용한다고 밝힌다.

이 책은 정약용의 유학이나 실학을 연구한 책은 아니다. 욥기를 주석한 책도 아니다. 단지 고난이란 주제로 욥과 정약용이 얼마나 많은 고난을 당하였는지, 또 그런 고난을 어떻게 수용하고 이겨내려고 몸부림쳤는지에 대한 일고(一考)일 뿐이다. 그런 의미에서 고난 속에서도 그것을 이겨내려고 몸부림치는 '한 인간으로서의 정약용, 자연인 정약용, 아비로서의 정약용'을 그려보려 하였다. 영성이란 겉껍질을 벗겨내고 속살을 들여다보는 것이다. 그래야 비로소 속내를 조금 볼 수 있고 사람냄새가 나기 때문이다.

이 책을 읽으며 한 가지 염두에 둘 것은, 정약용이 남긴 글들이 얼마나 '자기 검열에 충실한 글'인지 아는 것이다. 정약용은 천주교와 깊은 연관이 있고, 그로인해 평생 고난을 받았고 죽을 고비를 수도 없이 넘겼다. 그 두려움이 얼마나 컸던지, 관직을 내려놓고 고향 마재로 귀향한 후에 집 당호(堂號)를 '여유당'(與猶堂)이라 지었다. 여유당은 여유만만하다는 말이 아니다. '여(與)는 겨울 냇물을 건너듯하다는 뜻이고, 유(猶)란 사방을 두려워하는 듯하다.'란 뜻이다. 그를 노리는 눈길들이 얼마나 많았으면 이렇게 몸조심을 하였을까.

정약용은 강진 유배 시, 아들에게 보낸 편지에서 말과 글을 조심할 것을 신신당부하였다. 열흘마다 집안에 있는 편지들을 점검하여 남의 눈에 거슬릴 만한 것은 불살라버리고, 그보다 덜한 것은 노끈을 만들어 쓰라고 당부했다. 편지 한 장을 쓸 때도 두세 번 읽어보아, 이 편지를 우연히 원수가 보더라도 책잡힐 것이 없도록 하라고 당부하였다.(박석무, 유배지에서 보낸 편지, 203p)

정약용은 자신이 젊었을 때, 글을 너무 빨리 써서 많은 꼬투리를 잡히고 탄핵당한 것을 두고두고 후회하였다. 한 마디로, 정약용의 삶은 살얼음판을 걷는 것 같은 위기의 연속이었다. 이런 전 이해를 가지고 그의 글과 행간을 읽어가야 이해되는 부분이 아주 많다.

이 책은 4장으로 되어있다. 1부 '다산과 욥의 인생이야기'로 아들딸과 아내의 고난 이야기를 살펴본다. 2부 '다산과 욥의 신앙이야기'는 다산과 천주교, 심경과 칠극을 통해 내적 고난인 신앙문제를 다룬다. 3부 '다산과 욥의 무릉도원(유토피아)'은 고난의 반응으로 고통 없는 "저기", 유토피아를 갈망하는 모습을 살펴본다. 갈은구곡, 무계정사지, 담담정, 소쇄원, 다산초당을 직접 발로 밟으며 많은 생각을 하였다. 4부는 '사군자(四君子) 다산과 욥에게 말을 걸다'이다. 고난에 대한 반응 중 하나는 예술과 문학으로 고난을 승화시킨다는 것이다. 매란국죽 사군자의 공통점은 고난이다.

이 책의 독특성이 있다면, 정약용과 욥을 고난과 영성이란 관점으로 비교한 것이다. 이런 관점으로 다산을 연구한 것은 처음인 듯하다. 글의 진행상 다산, 정약용, 상제, 천주, 하느님, 하나님 등을 문맥상 혼용하였음을 알려드린다.

혹시 이 책에서 그려진 '정약용의 약한 모습'이 그의 위신을 손상시킨다고 생각할지 모른다. 그러나 오히려 약한 모습이 있기에 인간답고 우리와 더 공감할 수 있을 것이다. 어떤 이는 다산을 '액자에 표구하여' 벽 높이 걸어놓고 우러러 보는 이들도 있겠지만, 그도 우리와 똑같은 사람이다. 다산이 후대에 존경받을 수 있는 것은 그가 시대를 앞서갔고, 고난을 당했지만 이겨내려고 몸부림친 일일 것이다. 바라기는 이 책에서 욥과 정약용에게서 '사람냄새'가 조금이라도 나고, 그 냄새로 인해 우리도 고난을 당했을 때, 이겨낼 용기와 소망이 생긴다면 좋겠다.

졸저에 귀한 추천사를 써주신 유병근(전주 완산교회 담임목사), 유재경
(영남신학대학교 영성신학 교수), 유해룡(모새골공동체교회 담임목사), 이
상학(새문안교회 담임목사), 친우 최일도(다일공동체 대표)님들께 진심으
로 감사드린다. 긴 세월, 함께 웃음과 고난 속에서 동행하는 가족들(한선
희, 이재훈, 하은, 하나)과 교회 교우들, 그리고 582친구들과 영성나무 여
러분들께도 고마운 마음을 전한다. 출판과 편집과 자료 수집에 도움을 주
신 여러 손길들, 국립중앙박물관, 고대박물관, 간송미술관, Humanist, 정
민 교수님, 이재근 교수님, 김호석 화백님, 주상우 선생, 경옥초이출판사
등 여러분께 감사드린다.

2021년 가을에
광교산 자락에서 이경용

I. 다산과 욥의 인생이야기

사람은 누구나 사는 동안 성공과 고난 스토리를 함께 써 나간다. 고난의 스토리는 백이면 백, 천이면 천, 모두 다르다. 정약용도 엄청난 고난을 당하였다. 다산의 삶은 짧은 성공과 긴 고난 스토리다. 고난의 대명사인 욥은 말할 것도 없다.

I '다산과 욥의 인생이야기'에서는 다산과 욥이 인생살이에서 경험한 다양한 고난들을 살펴보려한다. 보통 남의 고난은 별 문제가 되지 않는다. 한 치 건너 두 치이기 때문이다. 그러나 나 자신이나 피붙이가 고난을 당하면, 고통스럽기가 한이 없다. 특히 나 자신보다도 자식들의 고난은 부모의 마음을 더욱 더 아프고 고통스럽게 한다. 다산과 욥의 고난 중에 자녀의 죽음으로 인한 고난이 가장 크지 않았을까.

욥의 열 자녀는 광풍으로 인해 한꺼번에 떼죽음을 당하였다. 정약용도 모두 열 자녀를 두었는데, 살아남은 자녀는 두 아들과 두 딸 뿐이다. 여섯 명의 자녀들은 태어 난지 얼마 되지 않아 죽고 말았다. 다산은 일찍 죽어간 자식들의 이름을 하나하나 적으며 그들을 가슴에 묻었다. 특히 다산이 강진에서 귀양살이할 때 죽은 막내아들 농아를 애통해하며 '농아광지'를 지었다.

두 딸 중 하나인 홍임은 소실의 딸로 '독매조도'의 주인공이다. 홍임은 다산초당에서 아버지의 사랑을 짧게 받고 후에는 돌봄을 받지 못하였다. 다산은 생이별한 홍임에 대한 아픔과 미안함을 가슴에 안고 살아갔다. '남당사' 시에 그 사연이 있다. 그 밖에 다산과 욥의 아내 이야기, 제자와 친구들의 이야기를 살펴보려 한다.

1. 다산과 욥의 딸이야기

그가 첫째 딸은 여미마라 이름하였고,
둘째 딸은 긋시아라 이름하였고,
셋째 딸은 게렌합북이라 이름하였으니,
모든 땅에서 욥의 딸들처럼 아리따운 여자가 없었더라.

(욥기 42:14-15)

다산 정약용의 딸과 매조도

정약용은 6남 3녀를 두었지만, 천연두 같은 질병으로 4남 2녀를 일찍 잃었다. 훗날 정약용은 죽은 자녀들의 이름과 그들을 묻은 묘를 기록하며 이렇게 탄식하였다.

> 모두 6남 3녀를 낳았는데, 산 애들이 2남 1녀이고 죽은 애들이 4남 2녀이니, 죽은 애들이 산 애들의 두 배이다. 아아, 내가 하늘에 죄를 지어 잔혹함이 이와 같으니, 어찌할 것인가.[1]

다산에게는 두 딸이 있었는데, 하나는 정실부인 홍씨에게서 난 홍연이고, 또 하나는 소실에게서 난 막내딸 홍임이다. 정약용은 두 딸에게 각각 매조도를 그려주었다. 매조도에 얽힌 사연을 펼쳐보자.

정약용이 1801년 강진으로 유배 갈 때, 아들 학연과 학유는 18세와 15세였고, 딸 홍연은 7세였다. 눈에 넣어도 아프지 않은 어린 딸을 두고 귀양 가는 아비의 마음은 어떠했을까. 십여 년 세월이 지나 딸이 장성해 시집을 가게 되었다. 귀양살이 12년째, 딸의 나이 열여덟 살이다. 신랑은 다산의 친구 아들이자 다산초당 제자인 윤창모다. 아비의 입장에선 참으로 다행스럽고 고마운 일이다. 사랑스럽고 애처로운 딸을 위해 귀양 중인 아비가 해줄 수 있는 것이 무엇이겠는가.

정약용은 딸을 생각하며 한 폭의 매조도(梅鳥圖)와 시를 지어준

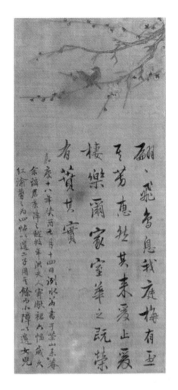

< 다산이 딸 홍연에게 그려준 매화병제도 , 고려대박물관 소장 >

다. 매화는 매란국죽 사군자의 핵심 이미지다. 정약용은 매화가지에
앉은 작은 새 두 마리를 그리고, 그 아래에 큰 글씨로 시 한수를 적
어 넣었다.

펄펄 나는 저 새가, 우리 집 매화 가지에서 쉬는구나
꽃다운 그 향기 짙기도 하여, 즐거이 놀려고 찾아왔구나.
여기에 올라 깃들여 지내며, 네 집안을 즐겁게 해주어라.

꽃이 이제 다 피었으니, 열매도 많이 달리겠네.

시 내용이 애틋하면서도 따사롭다. 새는 너무 작아서 매화송이보다 조금 더 크다. 두마리 새는 한 방향을 보고 있다. 결혼하여 한 길을 가라는 축복의 마음을 담은듯하다. 작은 새 두 마리, 한 방향, 매화가 애잔하면서도 사랑 가득한 아비의 마음이다. 험한 세상을 작은 새 두 마리가 하나 되어, 행복하게 살아가길 빌어주는 축복의 마음이 가득하다. 그림의 분위기는 애잔하면서도 쓸쓸해 보인다. 훗날 딸에게서 난 외손자는 다산의 학문을 이어받아 계승하였다. 그가 방산 윤정기로 '방산유고'를 남겼다.

다산은 시 옆에 그림을 그리게 된 사연을 작은 글씨로 이렇게 적었다.

강진에서 귀양살이 한 지 몇 해 지나, 부인 홍씨가 해진 치마 6폭을 보내왔다. 너무 오래되어 붉은색이 다 바랬다. 그 걸 오려 경계의 말을 적어 족자 4폭을 만들어 두 자식에게 주고, 그 나머지로 이 작은 그림을 그려 딸아이에게 전하노라.

다산의 부인 홍혜완은 장롱 깊이 보관하던 낡은 치마를 꺼냈다. 다산과 결혼할 때(1776년) 입었던 다홍치마다. 열여섯 살, 어린신부의 볼처럼 붉었던 다홍색은 어느새 사라져버렸다. 부인은 귀양중인 다산에게 그리움과 안부를 담아 치마를 보냈다. 다산은 빛바랜 부인의 치마를 재단해 하피첩을 만들었다.

하피(霞帔)는 노을빛깔의 붉은색 치마란 뜻으로 조선시대 사대부 여인의 예복을 말한다. 모두 네 첩인데, 두 첩은 두 아들 학연과 학유에게 교훈을 적어준 서첩이다. 한 첩이 딸 홍연의 결혼을 축복하며 준 매조도이다. 또 한 첩이 막내딸 홍임에게 그려준 매조도이다.

딸 홍임은 누구인가?

소실의 딸 홍임은 누구인가? 정약용은 강진유배가 길어지며 몸과 마음이 서서히 지쳐갔다. 툭 하면 체하고, 학질에 걸리기도 했다. 제자 황상에게 보낸 편지엔 '엊저녁 고기를 먹고 체해, 새벽에 배가 아프고 두 번이나 설사를 했다. 기운이 빠져 정신이 하나도 없구나. 두보가 뇌양에서 만난 액운이 내게도 닥칠 셈인가'[2]라고 탄식했다.

특히, 다산초당으로 거처를 옮기고 난 후에 식사와 살림을 돌봐줄 손길이 절실했다. 몇 년은 혜장선사가 보내준 동자승이 음식을 만들고 잔심부름을 했지만, 결국 떠나고 말았다. 그러는 사이 다산은 손발에 풍기가 오고 말이 어눌해져갔다. 나이가 들며 몸과 마음도 이전 같지 않았다.

다산초당을 제공한 윤규노는 살림을 돌봐줄 여인을 들이라고 적

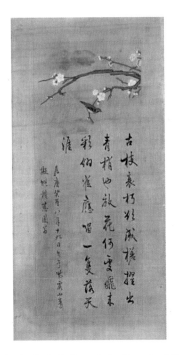

<다산이 딸 홍임에게 그려준 매조도 개인소장>

극적으로 권했다. 사양하던 다산도 몸과 마음을 지탱할 수 없는 한
계에 이르자 허락하고 만다. 1812년쯤 인듯하다. 소실의 알뜰한 보
살핌으로 건강이 조금씩 회복되고, 그러는 사이 태어난 딸이 홍임이
다. 소실에 대해서는 "남당사"와 함께 살펴보기로 한다.

　　다산은 시집간 딸 홍연에게 새가 두 마리인 '매화쌍조도'를 그려
주었다. 1813년 7월 24일이다. 그리고 한 달 후 8월에 매조도 하나
를 더 그렸다. 이 매조도는 새가 한 마리여서 '독매조도'라 부르기도
한다. 두 그림은 크기와 전체적인 분위기, 그림의 소재와 표현, 화면

의 구도와 글씨체가 매우 흡사하다. 이 매조도는 매화나무에 새가 한 마리만 앉아 있다. 몹시 외롭고 쓸쓸해 보인다. 나뭇가지도 가녀리고 위태로워 보인다. 아래쪽에 큰 글씨로 시를 써넣었고 옆에 그림을 그린 사연이 있다.

> 묵은 가지 다 썩어서 그루터기 되려더니,
> 푸른 가지 뻗더니만 꽃을 활짝 피웠구나.
> 어데선가 날아든 깃이 예쁜 작은 새,
> 한 마리만 남아서 하늘가를 떠돌겠지.

다산이 이 매조도를 그린 시기는 당시 정약용이 해배령을 받아놓은 상태였다. 해배령이 집행되면 귀양살이를 마치고 고향 마재로 돌아가게 된다. 만일 그렇게 되면, 소실에게서 얻은 어린 딸을 어찌해야 하는가. 다산에겐 그 걱정도 만만치 않았으리라. 병들고 썩어 죽어가던 고목 같은 자신에게서 푸른 가지 하나가 뻗어났다. 그 가지에 예쁜 새 한 마리가 날아들었다. 예쁜 작은 새는 딸 홍임이다. 다산의 안쓰러운 마음과 그 때의 상황이 시에 잘 드러난다. '어데선가 날아든 깃이 예쁜 작은 새, 한 마리만 남아서 하늘가를 떠돌겠지.' 열 손가락 깨물어 안 아픈 손가락이 있던가. 그러나 해배령은 무산되고, 다산은 5년을 더 초당에 머물게 되었다.

다산은 홍임에게 주려던 매조도에 자하산방(다산초당 별칭)에서 '홍임에게 주노라'고 밝히지 않고, 의증종혜포옹(擬贈種蕙圃翁)이란 암호문을 써 놓았다. '혜초 밭에서 씨 뿌리는 늙은이에게 주려고 한다.'는 뜻이다. 이 늙은이는 누구일까. 아무리 생각해봐도 다산일 수밖에 없다. 왜 다산은 자신이 그린 그림을 자신에게 줄 거라는 모순된 말을 할까. 혹시 고생하는 본처가 보낸 치맛자락에 그린 매조도를 소실 딸에게 준다고 차마 밝힐 수 없어서일까. 아니면 본인 스스로가 떳떳하지 못해서일까. 다산의 답답함과 민망함과 아리송한 마음이 맴돈다. 학자와 선비가 아닌 인간 정약용, 아비의 고민과 마음이 생생하게 전해오는 듯하다.

이 매조도의 행방은 어떻게 됐을까. 다산이 해배되어 고향으로 돌아온 것은 1818년이다. 세월이 지나 홍임이 아홉 살쯤 되던 해인 1822년 가을, 성균관 동기이며 친구인 이인행이 마재로 다산을 찾아왔다. 23년만의 재회이다. 두 사람은 며칠 동안 켜켜이 쌓인 회포를 풀었다. 얼마 후, 다산은 이인행에게 이 그림을 건네주었다.[3]

다산이 홍임에게나 어미인 소실에게 매조도를 직접 주지 못한 것이다. 다산이 이 그림을 친구에게 준 것은 무엇인가 어려운 일이 생긴듯하다. 다산이 귀양을 마치고 고향으로 돌아올 때, 홍임 모녀도 같이 동행했다. 그러나 홍임 모녀는 마재에 오래 머물지 못하고 다시 강진으로 낙향하고 말았다. 아마도 본부인과 소실 사이에 갈등이 있었던 모양이다.

욥의 세 딸

욥은 본디 일곱 아들과 세 딸이 있었다. 욥의 열 자녀들은 사이좋게 지냈다. 아들 중에 누가 생일을 맞으면 잔치를 베풀고 누이들도 모두 청하였다. 생일잔치가 끝나면 아버지 욥은 혹시라도 자녀들이 실수한 것이 있을까봐 그들을 성결하게 했다. 아버지 욥은 아침에 일찍이 일어나 그 자녀들의 수대로 번제를 드리며, 혹시 마음으로라도 하나님께 범죄하지 않았을까 염려하며 기도했다. 그리고 자녀들을 자애롭게 타이르고 권면했다. 욥의 행위가 항상 이러했다.(욥기 1:2-5) 세상에 이런 신실한 아버지와 효성스런 자녀들이 어디 흔한가.

그러나 욥의 고난이 시작되며, 일곱 아들과 세 딸이 한꺼번에 죽는 참극이 일어났다. 큰 아들의 집에서 잔치할 때, 거친 바람이 불어와 집이 무너지며 떼죽음을 당한 것이다. 욥의 고난 중에 가장 큰 고통은 재산을 잃은 것보다도, 몸이 병든 것보다도, 아내가 떠난 것보다도, 사랑하는 열 자식을 잃은 것임에 틀림없다.

부모가 죽으면 산에 묻지만, 자식이 죽으면 부모 가슴에 평생 묻는다고 한다. 욥이 고난 한 가운데서 몸부림치며 부르짖는 '하였더라면, 어찌하여, 거기서는'이란 부르짖음은 죽은 자식들을 그리워하며 애통하는 신음소리 아니겠는가. 욥은 차라리 낙태되어 땅에 묻힌 아이가 더 행복하지 않겠냐고 탄식한다.

고난이 지나고 욥이 하나님의 은총으로 회복되었을 때, 가장 감사한 것은 다시 열 자녀를 주신 것이다. 하나님은 욥의 말년에 아들 일곱과 딸 셋을 주셨다. 딸들의 이름이 특이하다. 첫딸 이름은 여미마(Jemimah, 비둘기), 둘째 딸은 굿시아(Keziah, 아라비아지방의 향나무 혹은 계피), 셋째 딸은 게렌합북(Keren-Happuch, 아름다운 뿔 혹은눈 화장용 도구)이다.

성경에 딸 이름이 기록된 것은 매우 드물다. 그만큼 특별한 사람이란 뜻이다. 욥기는 이 세상에 욥의 딸들처럼 아리따운 여자가 없다고 한다. 딸 바보란 말이 있다. 욥은 딸 바보임에 틀림없다. 사실 이 땅의 모든 아버지들은 딸 바보 아니던가.

다산도 역시 그러했을 것이다. 다산이 두 딸을 생각하며 그린 매조도를 보면, 다산도 딸 바보임을 알 수 있다. 다산은 막내 딸 홍임을 위해서도 매조도를 그렸지만, 끝내 그 그림을 전해주질 못했다. 부인의 눈치 때문인가. 기회가 없었던가. 미안함과 민망함 때문인가. 혹 나중에 홍임에게 짐이 될까봐 그랬을까. 명석한 학자 정약용이 아니라, 인간 정약용, 아버지 정약용의 애처로운 마음이 엿보인다.

딸들아! 비록 너희아빠들이 정약용처럼 매조도를 그려주진 못해도, 너희가 욥의 딸들처럼 그리 대단하지 못해도, 아빠들 마음은 너희로 인해 기쁘고 행복하단걸 알아주면 좋겠다. 다산이 막내 홍임을 생각하며 그린 매조도, 끝내 건네주지 못한 그림 속 외로운 새 한 마리를 보노라면, 김현승의 "아버지의 마음"이란 시 한 구절이 떠오른다.

바쁜 사람도
굳센 사람도

바람과 같던 사람들도
집에 돌아오면 아버지가 된다.
(중략)
아버지의 눈에는 눈물이 보이지 않으나
아버지가 마시는 술에는 항상
보이지 않는 눈물이 절반이다.
아버지는 가장 외로운 사람이다.

2. 다산과 욥의 아들이야기

욥은 대를 이을 아들을 보았는데,
그의 이름은 에논이었다.
욥의 아버지는 에서의 아들들 중
하나였던 자렛이었고, 어머니는 보소라였다.

(칠십인역 욥기 42:17)

다산의 아들 농아광지

정약용은 6남 3녀를 낳았다. 그 중 살아남아 장성한 자녀는 2남1녀이다. 다산에게 가장 큰 슬픔을 안겨준 자식은 막내아들 농아였다. 이름을 농아(農兒)로 지은 것은 폐족의 자식이니 농사를 지으며 살아가란 뜻이다. 그 아들이 귀양간지 2년 만에 죽는다. 네 살배기 막내아들이 죽었다는 소식에 다산은 미어지는 마음으로 농아광지를 쓴다. 광지(壙志)란 무덤에 넣어주던 죽은 이의 간략한 일대기이다. 다산의 애달픈 농아광지의 일부를 들어보자.

> 농아는 곡산에서 잉태했으며, 기미년(1799) 12월 2일에 태어나 임술년(1802) 11월 30일에 죽었다. 발진이 나서 마마가 되더니 마마가 헐었기 때문이다. 내가 강진에 귀양 살고 있는 중이어서 글을 지어 그 애 형에게 울면서 무덤에 읽어주게 했다.
> 농아의 죽음에 부치는 글에 이르기를, 네가 세상에 태어나 세상을 떠나기까지는 겨우 세 돌일 뿐인데, 나와 이별해 산 기간은 그 가운데 두 돌이나 되었다. 사람이 60년을 산다고 할 때, 40년이나 그 아버지와 이별한 채 살았던 셈이니 정말 애달픈 일이로다. (중략)
> 이웃 사람 편에 소라껍데기 두 개를 너에게 전해주도록 했는데, 너의 어머니 편지에 너는 강진 사람이 올 때마다 소라껍 데기를 찾다 못 찾으면 몹시 섭섭해 했다고 하는구나. 이제 네가 죽고 나서 소라껍데기를 다시 보니 슬프기 한량없구나.
>
> (농아광지, 1802년 12월)

농아는 다산이 강진으로 귀양 갈 때, 한 살배기 막내아들이었다. 한강너머 과천 주막에서 아내와 막내아들을 이별하고 그 뒤론 다시 만나지 못했다. 3년이 지난 어느 날, 막내아들이 죽었다는 소식에 다산은 통곡하며 아들의 짧은 일대기를 써 내려간다. 4년이란 세월 동안, 함께한 시간은 1년 남짓이다. 아비 노릇을 제대로 하지도 못한 회한과 미안함이 절절하다. 예부터 자식이 먼저 죽으면, 부모 가슴에 묻는다고 한다. 다산도 그러했을 것이다.

시인 김현승은 사랑하는 어린 아들이 죽은 비극적인 상황 속에서 "눈물"이란 시를 썼다. 철저한 기독신앙인 김현승은 아들의 죽음 앞에 자신이 하나님께 바칠 것은 오로지 눈물 밖에 없음을 이렇게 고백한다.

더러는 옥토(沃土)에 떨어지는
작은 생명이고저...

흠도 티도, 금가지 않은
나의 전체는 오직 이뿐!

더욱 값진 것으로
드리라 하올 제,

나의 가장 나아종 지닌 것도 오직 이뿐.
아름다운 나무의 꽃이 시듦을 보시고

열매를 맺게 하신 당신은
나의 웃음을 만드신 후에
새로이 눈물을 지어 주시다.

(눈물, 김현승, 1957)

　사랑하는 아들을 졸지에 잃고, 무능하고 나약한 아비로서 할 수 있는 일이란, 그저 신 앞에 뜨거운 눈물을 흘리는 것 밖에 없다. 눈물은 인간을 하나님 앞으로 이끄는 징검다리다. 묘하게도 인간은 나약함의 상징인 눈물을 통해서 신을 만난다. 이것이 바로 '눈물의 영성'이다.

　이 시의 명문장은 "나의 가장 나아종 지닌 것"이라 한다. 가장 중요한 것이란 뜻일 게다. 소설가 박완서는 1988년 남편이 사망하고, 3개월 뒤 스물다섯 살 아들이 교통사고로 요절했다. 박완서는 아들 잃은 슬픔을 자전적 소설 『나의 가장 나종 지닌 것』을 통해 그려낸다. 김현승과 박완서의 자식 잃은 아픔이 나의 가장 나아종 지닌 것으로 공감된다. 부모에게 자식이란 무엇인가. 욥도 정약용도 김현승도 박완서도 묻고 또 묻는다.

욥의 알몸론

욥의 자녀들이 맏아들 집에서 잔치하던 어느 날, 갑자기 들에서 광풍이 불어와 집이 무너진다. 그 사고로 열 자녀가 한꺼번에 죽고 말았다. 떼죽음을 당한 것이다. 이런 참변은 참으로 보기가 드문 일이다. 욥의 애통하는 모습은 무성영화 슬로우비디오처럼 천천히 흘러간다.

> 그가 아직 말하는 동안에 또 한 사람이 와서 아뢰되, 주인의 자녀들이 그들의 맏아들의 집에서 음식을 먹으며 포도주를 마시는데, 거친 들에서 큰 바람이 와서 집 네 모퉁이를 치매 그 청년들 위에 무너지므로 그들이 죽었나이다. 나만 홀로 피하였으므로 주인께 아뢰러 왔나이다 한지라. 욥이 일어나 겉옷을 찢고 머리털을 밀고 땅에 엎드려 예배하며 이르되 내가 모태에서 알몸으로 나왔사온즉 또한 알몸이 그리로 돌아가올지라. 주신 이도 여호와시오 거두신 이도 여호와시오니 여호와의 이름이 찬송을 받으실지니이다 하고, 이 모든 일에 욥이 범죄하지 아니하고 하나님을 향하여 원망하지 아니하니라. (욥기 1:18~22)

욥기 1장 20절은 아홉 단어로 되어있다. "욥이 일어나 겉옷을 찢고 머리털을 밀고 땅에 엎드려 예배하며" 히브리원문도 아홉 단어로 되어 있는데, 다섯 단어가 동사다. 슬픔을 깊이 속으로 삼킨 욥은 일어나 입고 있던 겉옷을 찢는다. 아름다운 머리털을 다밀어 버린다. 머리털을 미는 것은 슬픔을 나타내는 동방의 풍습이다.

우리는 옛날 부모님이 돌아가시면, 3년 시묘살이를 하며 머리를 길렀다. 봉두난발이 우리에겐 슬픔의 표현이다. 욥은 머리를 밀고 땅에 엎드린다. 땅에 엎드렸다는 것은 완전한 복종과 경배를 드렸다는 것이다. 참담한 비극 앞에 두 손과 두 발을 다 들고 완전히 항복한 것이다. 그리고 울음 가득한 말로 나직이 아뢴다.

내가 모태에서 알몸으로 나왔사온즉, 또한 알몸이 그리로 돌아가올지라. 주신 이도 여호와시오, 거두신 이도 여호와시오니, 여호와의 이름이 찬송을 받으실지니이다. (욥기 1:21)

욥은 자식들의 죽음 앞에서 알몸을 생각한다. 인간이란 존재는 알몸으로 와서 알몸으로 가는 존재다. '알몸'을 개역성경은 '적신'으로 번역하고 영어성경은 'naked'로 표현한다. 인간이란 벌거벗은 알몸으로 태어나고 다시 알몸으로 돌아가는 존재이다. 소위 '알몸론'이다. 인간이란 무엇인가? 알몸이다. 태어날 때도 알몸으로 태어나고 죽을 때도 알몸으로 간다.

필자는 염습을 100여 번 지켜보았다. 시신에서 옛 옷을 벗기고 알코올로 닦은 후, 종이옷을 입히고 그 위에 수의를 입힌다. 알몸과 알몸 사이가 인생이다. 그 사이에 사람들은 계속 옷을 덧입는다. 아기 옷, 교복, 제복, 명품을 입는다. 영성은 옷 벗기다. 죽음이 우리 옷을 모두 벗긴다면, 영성은 살아 있을 때, 스스로 옷을 벗고 계급장을 떼는 훈련이다.

욥은 한순간에 열 자식이 떼죽음했다는 비보를 듣고 깨닫는다. 아! 인생이란 '알몸'이구나란 것을 절감한다. '알몸론'을 달리 말하면, 메멘토 모리(Memento mori)다. 자신의 죽음을 기억하라는 라틴어다. 유래는 로마의 개선장군이 전쟁에서 승리하고 돌아오면, 시가행진을 하며 환영하는데, 그 신난 개선장군 뒤에서 노예가 큰 소리로 메멘토 모리를 외쳤다. 개선장군이 속으로 기분이 얼마나 나빴을까. 기분 최고의 순간에 '너도 죽는다.'란 말을 외쳐대니 말이다. 그 노예는 그 날, 저녁밥을 제대로 먹었을까.

욥의 아들 에논

욥은 졸지에 열 자식을 잃었다. 그러나 입술로 범죄하지 않으며 고난을 견뎌내었다. 그야말로 초인적인 인내이며 신앙이다. 어쩌면 하나님께서 욥에게 순간순간 이길 힘을 주시고 피할 길을 주셨으리라. 고난의 긴 터널이 지나고, 마침내 욥은 회복된다. 재산을 회복하고, 아들 일곱에 딸 셋을 얻는다.

한 가지 이상한 것은 욥기 42장에 세 딸의 이름이 나오는데, 아들 이름은 나오지 않는다. 욥의 아들 이름은 무엇일까? 욥기는 히브리어 마소라 본문과 그리스어 칠십인역이 있다. 칠십인역 42장 끝

부분에 이런 말이 더 있다.

> 본래 그의 이름은 요바브였다. 그는 아랍 여인을 아내로 맞았으며,
> 대를 이을 아들을 보았는데, 그의 이름은 에논이었다. 욥의 아버지는
> 에서의 아들들 중 하나였던 자렛이었고, 어머니는 보소라였다.[4]

성경 인물 중에 스토리가 가장 많은 사람은 다윗이다. 양치기소년 촌놈이 골리앗을 죽이고, 일순간 구국의 영웅이 되고 사울왕의 사위가 된다. 그러나 '사울이 죽인 자는 천천이요. 다윗은 만만이로다.'(삼상 18:7)란 백성들의 노래 한마디가 갈등을 불러온다. 다윗은 사울의 견제와 시기로 10여년 도망자 신세가 된다. 다윗의 시편 대부분은 고난의 시기에 지은 기도들이다. 사울이 죽자, 마침내 통일 이스라엘의 왕이 된다. 한 사람이 죽어야 비로소 새로운 시대가 열리는 게 역사의 법칙이다.

다윗은 밧세바 사건으로 하나님의 진노를 받고 인생에 비극이 시작된다. 큰아들 암논이 이복여동생 다말을 강간하자, 분노한 이복동생 압살롬은 형 암논을 살해한다. 형제의 일을 아버지가 공정하게 처리해주지 않자, 분노한 압살롬은 반역을 일으킨다. 아들이 애비를 죽이겠다고 쿠데타를 일으키고 칼을 뽑고 달려든다. 성경이 성경인 것은 인간의 악함을 있는 그대로 다 드러내기에 성경이다. 아버지와 아들의 살벌한 내전 끝에 압살롬은 다윗의 부하 요압에게 죽고 만다. 성경은 압살롬의 마지막 순간을 이렇게 기록한다.

압살롬이 노새를 탔는데 그 노새가 큰 상수리나무 번성한 가지 아래로 지날 때에 압살롬의 머리가 그 상수리나무에 걸리매, 그가 공중과 그 땅 사이에 달리고 그가 탔던 노새는 그 아래로 빠져나간지라. 한 사람이 보고 요압에게 알려 이르되 내가 보니 압살롬이 상수리나무에 달렸더이다. … 요압이 이르되 나는 너와 같이 지체할 수 없다 하고 손에 작은 창 셋을 가지고 가서 상수리나무 가운데서 아직 살아 있는 압살롬의 심장을 찌르니, 요압의 무기를 든 청년 열 명이 압살롬을 에워싸고 쳐죽이니라. (사무엘하 18:9~15)

아들 압살롬이 죽었다는 보고를 받은 다윗은 성문위에서 이렇게 통곡한다.

왕의 마음이 심히 아파 문 위층으로 올라가서 우니라. 그가 올라갈 때에 말하기를 내 아들 압살롬아 내 아들 내 아들 압살롬아 차라리 내가 너를 대신하여 죽었더면, 압살롬 내 아들아 내 아들아 하였더라. (사무엘하 18:33)

비록 반역자지만 아들은 아들이다. 아들이 죽자 애통한 맘을 이기지 못한 다윗은 '내 아들 압살롬아 내 아들 내 아들 압살롬아, 내 아들아 내 아들아'하며 아들의 이름을 부르짖는다. 마음속으로 수천 수만 번도 더 불렀으리라. 다윗과 압살롬을 생각하면, 영조와 사도세자가 생각난다. 아들을 뒤주에 가둬놓고 죽이는 아비는 누구며, 뒤주 속에서 발버둥 치며 죽어가는 아들은 도대체 누구인가.

우리는 부모가 늙어 돌아가셔도 슬프다. 더군다나 자식이 부모

보다 세상을 먼저 떠나면 그 슬픔을 말로 다할 수 없다. 그래서 자식 잃은 슬픔을 참척(慘慽)이라며 가슴에 묻고 살아간다. 욥은 자식을 잃은 고통 중에서 '어찌하여, 어찌하여' 부르짖는다. 먼저 떠나고, 혹은 먼저 보내는 부모와 자식 간에 우리가 할 수 있는 일은 무엇일까. 속담에 죽은 자식 불알 만지기란 말이 있다. 그러니까, 있을 때 서로 잘해야 할 것이다.

3. 다산과 욥의 아내이야기

어느 날, 욥의 아내가 그에게 말하였다.
당신은 도대체 언제까지 그렇게 버티고 있을 작정이에
요? 여보, 날 좀 보세요. 이제 이 세상에서 당신을 기억
해줄 사람은 하나도 없어요. 당신을 기억해줄 자식도
하나 없어요. 당신은 바깥에서 이렇게 거름더미 위에
서 밤을 지새우고 있고, 나는 이곳저곳, 이집 저집 돌
아다니며 종살이나 하고 있고, 이 지긋지긋한 고된 일
에서 잠시나마 벗어나 보려는 생각에서 하루 종일 해
지기만 기다리는 신세가 되어 버렸어요. 제발 주님께
뭐라고 좀 말하고 나서 죽어 버리세요.

(칠십인역 욥기 2:9)

다산의 부인 홍씨

정약용은 열다섯 살에 열여섯 홍혜완과 결혼했다. 다산의 장인 홍화 보는 문무를 겸한 인물이다. 무과에 급제하여 수군절도사와 병마절 도사를 지냈고, 후에 동부승지가 되었다. 요즘말로 청와대 수석비서 관 쯤 되는 자리다. 다산의 아버지 장재원도 진주목사를 지낸 분으 로 모두 명문가다. 다산은 1776년 결혼 후, 시골 마재에서 한양으 로 이사했다. 다산은 한양생활로 많은 식견을 넓히고 친구들을 만나 게 되었다.

홍혜완(1761~1838)은 외동딸로 한양에서 자란 서울아씨다. 이 팔청춘이 만나 행복한 가정을 꿈꾸었지만, 그들의 가정은 짧은 행복 과 긴 고난이었다. 다산은 40세에 18년의 긴긴 유배를 떠났다. 남 편과 이별한 부인은 생과부처럼 홀로 가정을 세우는 일에 몰두하였 다. 다산과 부인 사이에 아홉 명의 아이를 가졌으나, 여섯 명이 어릴 때 죽고 말았다. 남편은 귀양 가고 이남일녀를 홀로 길렀으니, 그 심 적 고통과 괴로움은 말로 다할 수 없을 것이다.

부인은 1806년 겨울, 다산에게 '유배 중인 남편에게 보내다'란 시를 써서 보냈다.

올해는 병인년(1806) 시절은 이미 동짓날,
눈 내리고 날은 차가우니 걱정스런 마음 날로 더해가네.
등불 아래 한 많은 여인은 뒤척이며 잠 못 이루네.

그대와 이별한 지 7년 서로 만날 날 아득하니

살아생전에 만나기 어렵겠지.

(중략)

집을 옮겨 남쪽으로 내려가, 끼니라도 챙겨 드리고 싶으나,

해가 저물도록 병이 깊어져, 이내 박한 운명 어쩌리까.

이 애절한 그리움을, 천리 밖에서 알아주실는지.

(다산박물관 전시실)

헤어진 지, 어느새 6년이 지났다. 홍혜완이 남편에게 애끓는 시를 쓴다. 병들어 연약해진 마음, 언제 유배에서 풀려날지 모르는 남편을 기다리는 안타까움과 그리움이 절절하다. 아내는 시와 함께 시집올 때, 입었던 빛바랜 다홍치마를 강진의 남편에게 보냈다. 이때가 결혼 30주년 되는 해였다. 30주년 축하케익이 아니라, 눈물의 시와 다홍치마를 보낸 것이다. 다산은 부인의 다홍치마를 잘라 하피첩을 만들어 아들에게 어머니께 효성을 다하라는 편지와 딸 홍연과 홍임에게 매조도를 그려주었다.

다산이 유배를 마치고 고향으로 돌아온 것은 1818년이다. 18년 세월이 흘러 다산이 오십칠세 노인이 되고 아내도 오십팔세였다. 어느새 검은 머리가 허연 파뿌리가 되었다. 다산은 회갑을 맞아 험난했던 지난날을 돌아보며, 자찬묘지명을 썼다. 끝 부분에 아내에 대해 이렇게 썼다.

아내는 풍산 홍씨인데, 아버지는 홍화보로 승정원 동부승지·함경북

도 절도사였다. 홍씨는 육남삼녀를 낳았는데, 요절한 아이가 여섯이다. 아들로 맏이가 학연이고 다음은 학유이며 딸은 윤창모에게 시집갔다. 약용은 건륭 임오년(1762)에 태어나 지금 도광 임오년(1822)에 회갑을 맞는다. 지난 육십년은 모두 후회의 세월이었다.

지난 세월을 거두어 정리하고 일생을 다시 시작하려 한다. 올해부터는 정밀하게 몸을 닦고 실천하며 하늘의 밝은 명을 잘 살펴서 남은 삶을 마치려 한다. (다산 정약용 자찬묘지명, 집중본 중)

다산은 자찬묘지명에서 아내에 대하여 사뭇 사무적으로 말한다. 물론 묘지명 전체가 그러하다. 그러나 행간엔 미안한 마음과 고마운 마음이 가득하다. 세월이 지나 결혼 육십 주년인 회혼식(1836년 2월 22일)이 다가왔다. 잔치 삼일 전에 다산은 부인과 함께 살아온 육십년을 돌아보며 회근시(回졸詩)를 이렇게 썼다.

60년 풍상의 세월 눈 깜작할 사이 흘러가
복사꽃 활짝 핀 봄 결혼하던 그해 같네.
살아 이별 죽어 이별이 늙음을 재촉하나,
슬픔 짧고 즐거움 길었으니 임금님 은혜 감사해라.
오늘밤 목란사(木蘭詞)는 소리 더욱 다정하고
그 옛날 붉은 치마에 유묵(遺墨) 아직 남아 있네.
쪼개졌다 다시 합한 것 그게 바로 우리 운명,
한 쌍의 표주박 남겨 자손들에게 넘겨주노라.[5]

부인과 함께한 육십년 풍상의 세월은 화사한 복사꽃이 어느새 빛바랜 다홍치마가 되었다. 색 바랜 치마엔 다산이 가장과 지아비로 아내에게 도리를 다하지 못한 것에 대한 미안함과 고마움이 가득하다. 귀양 후, 두 사람은 함께 뱃놀이하며 여행하곤 했다. 다산은 회혼일 아침에 75세 나이로 눈을 감았다. 홍혜완은 이년 뒤 다산을 뒤따라갔다.

다산의 소실은 누구인가

정약용이 만덕산 다산초당으로 온 것은 1808년이다. 강진읍 8년간 유배생활은 주막 주모나 제자 이청의 집에서 수발을 들어주었다. 그러나 다산초당으로 거처를 옮기자 문제가 생겨났다. 음식문제다. 처음엔 혜장선사가 보낸 동자승이 돌봐주었지만, 얼마 후 떠나고 말았다. 더벅머리 제자들이 스승의 음식을 받드는 것도 한계가 있었다.

다산초당은 약간 음지이고 습기도 많다. 먹는 것은 부실하고 제자를 가르치고, 책 짓기에 골몰하는 동안 다산의 몸이 축나기 시작했다. 몇 년이 지나자 다산은 수족에 풍기와 마비가 오고 말도 어눌해졌다. 심약해진 다산은 자신의 죽음을 생각하고 있었다. 당시 아들에게 보낸 편지엔 다산의 심정이 잘 드러나 있다.

내가 지금 중풍으로 마비가 와서 이치로 보아 오래 살지는 못할 것 같다. 다만 단정히 지내며 섭양하면서 해치는 것만 없게 한다면, 혹 조금 시간을 늦출 수는 있을 게다. 하지만 천하의 일은 미리 정해두는 것보다 좋은 것이 없다. 내 이제 말해두겠다. 옛 예법에 병란에 죽은 자는 선산에 들이지 않는다고 했다. 몸을 삼가지 못했기 때문이다.

(중략)

만약 내가 이곳에서 목숨을 마친다면, 마땅히 이곳에다 매장해야한다. 나라에서 죄명을 씻어주기를 기다렸다가 그제서야 반장(反葬, 객사한 사람을 고향으로 모셔와 장사지내는 것)하면된다.

(1810년, 큰아들 학연에게 보낸 편지 중)[6]

다산의 몸이 허물어지고 죽음의 그림자가 서서히 다가오고 있을 때, 다산 곁으로 다가온 한 여인이 있었다. 그 여인의 이름을 아무도 모른다. 혹은 강진 주막집노파의 과부가 된 딸이라고도 한다. 혹은 남당포에 살던 여인이라 한다. "남당사" 시에서는 그녀를 '남당의 아가씨'라 한다.

다산초당의 주인 윤규노도 다산에게 여인을 들일 것을 강력히 권했다. 분명한 사실은 그 여인이 다산 곁으로 오면서, 허물어진 다산의 심신이 회복된 것이다. 그 여인이 초당으로 온 것은 대략 1812년쯤인 듯하다. 때로 따뜻한 밥 한 그릇, 구수한 된장찌개 하나가 얼마나 큰 힘이 되는지 남자들은 알지 않는가.

다산의 수많은 저작과 『목민심서』도 이 여인의 내조가 없었다면, 불가능했을 것이다. 『목민심서』는 다산의 애민 열정과 곡산부사의 경험과 소실의 보살핌이 어우러져 쓰인 것이다. 다산과 소실 사이에 홍임이란 딸이 생겼다. 홍임은 새 한 마리가 그려진 매조도의 주인공이다. 다산이 1818년 해배되어 마재로 돌아갈 때, 홍임 모녀도 동행했다.

그러나 부인 홍씨의 냉대로 오래 머물지 못하고 강진으로 되돌아갔다. 정부인과 소실 두 여인의 갈등에 대해 누가 뭐라 말할 수 있겠는가. 아브라함도 부인 사라와 소실 하갈의 갈등에 쩔쩔맸다. 다산도 속으로 끙끙대며 부인과 소실의 사이에서 시원한 답을 내놓지 못한듯하다. 결국 홍임 모녀는 강진으로 낙향하고 말았다.

우리는 이 지점에서 부인 홍혜완을 탓할 수도 없다. 그녀는 물한 방울도 손에 묻히지 않던 명문가 서울아씨다. 다산과 결혼하고 알콩달콩 살기보단 유배 간 남편 뒷바라지와 자식들 양육과 폐족인 집안 세우기로 젊은 시절을 다 보냈다. 그런 그녀 앞에 젊은 소실과 딸이 딸려온 것을 어찌 기뻐할 수 있겠는가. 때로 다산은 부인이 속이 좁다고 아들에게 투덜거렸지만, 어느 누구도 부인을 탓할 수 없을 것이다. 또 소실의 큰 수고와 애씀이 낭패가 된 것도 참으로 미안하기 그지없다. 그저 그 당시 상황이 안타까울 뿐이다.

남당사 16수

강진으로 낙향한 소실에 대한 그리움과 미안함과 안타까움이 가득한 시가 바로 "남당사"(南塘詞) 16수다. 시인은 남당사를 지은 연유를 이렇게 밝힌다.

다산의 소실이 쫓겨남을 당해 양근의 박생이 가는 편에 남당의 본가로 돌아가게 하였다. 박생이 호남의 장성에 이르러 부호인 김씨와 은밀히 모의하여 뜻을 빼앗으려 했다. 소실은 이를 알고 크게 곡을 하면서 마침내 박과 결단하여 끊고 곧장 금릉으로 달려가 남당 본가로 가지 않았다. 다산의 옛 거처로 가서 날마다 연못과 누대와 꽃나무 주변을 서성이며 근심스런 생각과 원망과 사모하는 마음을 부쳤다. ... 듣고 몹시도 서글퍼서 마침내 남당사 16절을 짓는다.[7]

남당사 시 몇 수를 살펴보자.

어린 딸 총명함이 제 아비와 똑같아서,
아비 찾아 울면서 왜 안 오냐 묻는구나.
한나라는 소통국도 속량하여 왔다는데,
무슨 죄로 아이 지금 또 유배를 산단 말가.

(남당사 4수)

물 막히고 산도 막혀 기러기도 안 오니,

해 넘도록 광주(마재) 편지 받아보질 못했네.

아가씨 이 날에 천만 가지 괴로움에,

낭군께서 떠나시기 전의 일만 생각하네.

(남당사 10수)

남당사 16수는 누가 지었을까? 학자들 의견이 분분한데, 다산 권위자인 정민 교수는 다산이 분명하다고 못 박는다. 다산이 시를 쓴 이유는 부인이 내친 그녀에게 미안했기 때문이다.

다산은 평생 고생한 아내를 존중했지만, 한 가지 속이 좁은 것을 안타까워했다. 죽은 며느리 심씨를 위한 묘지명에 '시어머니의 성품이 속이 좁아 마음이 차는 경우가 적었다'고 말한다. 아들에게 보낸 편지에도 '내 아내는 아무 문제가 없는데, 다만 속이 좁은 것이 문제다.'라고 민망해했다.[8] 다산 부인의 성격을 우리가 알 수는 없지만, 18년간 모진 세월을 견딘 부인 입장에선 충분히 그럴 수 있으리라 생각한다.

다만, 소실 들이는 것이 크게 흠이 되지 않던 조선시대, 그것도 죽어가던 다산을 살려낸 큰 공로를 생각하면, 안타까울 뿐이다. 다산과 두 여인이 해피엔딩으로 마쳤다면, 얼마나 좋았을까. 그러나 현실은 그러지 못했다. 다산을 위해 그렇게 수고한 소실, 이름 모를 그 여인과 딸 홍임도 남은 생애를 고난 중에 살았으리라. 홍임 모녀의 애련한 마음이 그저 매조도를 통해 전해올 뿐이다.

욥의 아내 시티데스

흔히 성경의 3대 악처하면, 아담의 아내 하와, 욥의 아내, 북이스라엘 아합왕의 아내 이세벨을 꼽는다. 하와는 아담에게 선악과를 먹게 했다. 이세벨은 우상숭배와 권력 횡포로 유명하다. 포도원을 강제로 빼앗고, 엘리야를 죽이려했던 표독한 여자이다. 욥의 아내는 고통당하는 욥을 차버리고 달아났기 때문이다. 정말 그러한가? 흔히 욥의 아내를 욕하는 이유는 다음 성경구절 때문이다.

> 욥이 재 가운데 앉아서 질그릇 조각을 가져다가 몸을 긁고 있더니, 그의 아내가 그에게 이르되 당신이 그래도 자기의 온전함을 굳게 지키느냐 하나님을 욕하고 죽으라. 그가 이르되 그대의 말이 한 어리석은 여자의 말 같도다. 우리가 하나님께 복을 받았은즉 화도 받지 아니하겠느냐 하고 이 모든 일에 욥이 입술로 범죄하지 아니하니라.
>
> (욥기 2:8~10)

욥기엔 아내의 이름이 나오지 않는다. 다른 아내가 있었다는 언급도 없다. 그저 욥이 고난당해 힘들어할 때, '욥, 당신이 그렇게 고통당하는데도 자기의 온전함을 굳게 지키느냐, 차라리 하나님을 욕하고 죽어라'고 말하고 떠난 것이 욥의 아내가 욕먹는 근거다. 정말 욥의 아내는 말 그대로 '죽어버려라'고 악담한 것일까. 욥의 아내에 대한 해석은 유대교, 무슬림전통, 기독교 해석이 매우 다르다.

기독교 계통의 주석가들은 욥의 아내를 부정적으로 보았다. 욥의 아내가 욥에게 '하나님을 저주하고 죽어라'고 말한 것을 도저히 용서할 수 없는 신성모독으로 본다. 교부 아우구스티누스는 욥의 아내를 '사탄의 협조자, 마귀를 돕는 배필'이라 하였다.[9] 마치 에덴동산에서 아담을 유혹하던 뱀과 하와와 비슷하게 본 것이다. 요한 크리소스톰은 하나님이 욥의 고통을 더하게 한 요소 중에 하나는 하나님께서 욥의 아내를 속히 데려가지 않으신 것이라고 말한다.[10] 지금도 대부분의 설교자들은 욥의 아내를 부정적으로 보는 경향이 강하다.

민영진의 『설교자와 함께 읽는 욥기』에 보면, 칠십인역은 욥기 2장9절을 상당히 길게 본다.

이런 상태가 오래 지속되던 어느 날, 욥의 아내가 그에게 말하였다. 당신은 도대체 언제까지 그렇게 버티고 있을 작정이에요? 조금만 더 기다리신다구요? 당신이 이런 처지에서 구원받을 날이 올 것이라는 희망을 당신은 아직도 가지고 계신 거예요? 여보, 날 좀 보세요. 이제 이 세상에서 당신을 기억해줄 사람은 하나도 없어요. 당신에게는 당신을 기억해 줄 자식도 하나 없어요. 내가 해산의 고통을 겪고 나은 자식들, 내가 온갖 고생 다해가면서 키운 자식들, 다 없어졌어요. 당신은 바깥에서 이렇게 거름더미 위에서 밤을 지새우고 있고, 나는 이곳저곳, 이집 저집 돌아 다니며 종살이나 하고 있고, 이 지긋지긋한 고된 일에서 잠시나마 벗어나 보려는 생각에서 하루 종일 해지기만 기다리는 신세가 되어버렸어요. 제발 주님께 뭐라고 좀 말하고 나서 죽어버리세요.

칠십인역의 표현은 자못 비장하다. 욥의 고통 현장에 함께 있었던 이는 욥의 아내였다. 욥이 고통당하자마자 곧 바로 떠난 것이 아니라, 나름 최선을 다하는 모습이다. 유대교의 미드라쉬는 욥 아내의 말이 욥에 대한 충정과 사랑에서 나온 말이라고 본다. 외경 "욥의 유언"에는 욥의 아내 이름을 '시티데스'라고 한다. 그녀는 욥을 먹여 살리기 위해 자기의 머리카락도 잘라 팔기까지 했다고 한다.[11] 유대교는 욥 아내의 희생을 긍정적으로 평가한다.

무슬림 전승(코란경 38:43)엔 재미난 이야기가 있다. 욥은 아내의 말에 화가 나서 자기가 병에서 회복되면, 아내에게 매 백대를 때려서 벌주겠다고 맹세했다. 긴 고난이 지나고 욥이 회복되었다. 욥의 아내도 다시 젊어지고 예뻐졌다. 욥은 하나님 앞에서 맹세한 것이 생각나서 아내에게 매 백대를 때려서 서원을 갚으려했다. 그때 하나님께서 욥에게 말씀하셨다. 이파리 백 개가 달린 종려나무가지를 가지고 아내를 한 번만 때리라고...

문제는 욥기 2장9절의 '하나님을 욕하고 죽으라'에서 '욕하고'라는 단어가 무슨 뜻이냐이다. 새 번역과 현대인의 성경엔 '저주하고'로 번역한다. 영어성경도 Curse God and die로 번역한다. 민영진은 이렇게 설명한다. 예로부터 이스라엘 사람들은 야훼 하나님께 쓸 수 없는 표현이 있었다. 말하자면, '욕한다' '저주한다'라는 표현은 하나님을 향해서 절대로 쓸 수 없는 금기표현이다. 하나님을 저주한다(qll)라는 동사는 불경하기에 찬양한다(brk)로 바꾸어 사용했다는 것이다.[12] 일종의 완곡어법이다.

결국 욥의 아내가 욥에게 말한 것은 '하나님을 저주하고 죽으시오. 욕하고 죽으시오'가 아니라, '하나님을 찬양하시오'란 것이다.

그럴 수가에서 그럴 수도로

지금도 욥의 아내에 대한 견해는 다양하다. 긍정적인 견해와 부정적인 견해가 상존한다. 한 여자를 '어떠한 사람이다'라고 평가하는 것은 간단한 문제가 아니다. 한 남자를 평가하는 것 역시 마찬가지다.

다산이 유배가고 무너진 폐족의 집을 굳게 지키고 세운 부인 홍씨를 어떻게 볼 것인가? 다산초당에서 다산의 심신이 허물어져갈 때, 따뜻한 밥상과 헌신으로 다산을 살려낸 이름 모를 소실을 어떻게 볼 것인가? 욥이 고통 한가운데서 몸부림칠 때, 그 곁을 떠난 욥의 아내를 어떻게 볼 것인가? 욥기 42장에서 욥이 회복될 때, 일곱 아들과 세 딸을 낳아준 여인은 누구일까? 욥의 첫 아내인가 다른 여인인가? 예나 지금이나 여전히 여자란 존재는 알다가도 모를 신비로운 존재다. 남자 역시 속을 모르긴 매한가지다.

욥의 아내와 다산의 두 아내 홍혜완과 이름 모를 소실을 보며 느끼는 것은 부부관계와 인간관계가 말처럼 단순하지 않다는 것이다. 예나 지금이나 사람 사이에 갈등이 일어나는 요인은 수백수천가지다. 잘난 사람도 못난 사람도 마찬가지다.

중요한 것은 갈등의 기미가 보일 때, 어떤 마음을 가지느냐이다. '당신이 나한테 그럴 수가 있어?' 네가 나한테 감히 '그럴 수 있어'라며 섭섭함과 분노를 표출하면, 인간관계는 깨지고 만다. 그러나 한걸음 뒤로 물러나 '그럴 수도 있겠구나'란 마음을 먹으면 문제는 달라진다. '그럴 수가'에서 '그럴 수도'로 바뀔 수만 있다면, 사람 사는데 한결 숨통이 트이지 않을까.

다산의 무덤 묘비에 당당하게 '숙부인풍산홍씨'라 써있는 부인과 이름도 행방도 알 수 없는 소실은 과연 누구이며 무엇인가. 오늘 함께 숨 쉬며 살아가는 남편과 아내는 과연 서로에게 누구이며 무엇인가.

4. 다산과 욥의 친구와 제자이야기

한번 생각해 보아라.
죄 없이 벌받는 자가 누구인가?
정직한 자가 망한 적이 어디 있는가?
사람들이 죄악의 밭을 갈아
악을 씨 뿌리듯 하지만
결국 그들은 심은 대로 거둔다.

(욥기 4:7-8, 현대인의 성경)

끝이 좋은 제자 황상

정약용이 1801년 강진으로 유배되어 처음 머문 곳은 읍내 동문 밖 주막집인데, 이곳에서 4년간 살았다. 다산은 그 집을 동천여사(東泉旅舍), 곧 동문 밖 샘터 옆의 여관이라 불렀다. 그리고 1년 후에 "사의재"(四宜齋)란 서당을 열었다. 처음 제자들은 주로 중인출신 아전들의 자녀였다. 다산은 둘째아들이 오자 시끄러운 주막집을 떠나 고성사의 보은산방에서 9개월간 아들을 가르쳤다.

둘째아들 정학유는 훗날 유명한 "농가월령가"를 지었다. 그 아버지에 그 아들이다. 다산은 다시 읍내로 내려와 제자 이청의 집에서 머물다가 만덕산 귤동 다산초당으로 옮겼다. 다산의 제자들은 세 그룹인데, 초기 강진읍내 제자들과 다산초당의 윤씨 집안 자제들 그리고 승려제자들이다.

이것은 강진의 특별한 두 제자 황상(1788-1870)과 이청(이학래 1792-1861)에 대한 스토리다. 두 제자는 다산에게 매우 중요한데, 삶은 너무나 대조적이다. 우직한 황상은 다산의 가르침을 받아 끝까지 신의를 지킨 반면, 또릿한 이청의 끝은 그리 좋지 않았다. 다산이 이들을 만난 것은 강진 주막집 서당 사의재이다. 황상은 열다섯살, 이청은 열한살 더벅머리 소년이었다. 황상은 중인 아전의 아들이다. 황상이 우직한 스타일이라면, 이청은 재빠른 스타일이다. 황상은 평생의 스승 다산과 처음 만난 순간을 이렇게 적었다.

1801년, 지금은 돌아가신 스승님께서 화를 당하시어 탐진(강진 옛 이름)으로 귀양오셨는데 다른 사람과 만나는 일이 허용되지 않았다. 1802년 가을 이 제자는 천한 몸으로 두세 명의 아이들과 객사 앞의 길가에서 공놀이를 하고 있었는데, 스승님께서 사람을 시켜 공놀이를 하고 있던 아이들을 불렀다. (치원소고)

황상은 이청 등과 함께 강진읍내 6제자로 불린다. 황상의 호는 치원(巵園)인데 치자꽃을 좋아하는 제자에게 다산이 지어준 호다. 치자 꽃은 흰색으로 담백하며 노란색 씨가 하나이다. 다산이 치원이란 호를 준 것은 치자향 때문만은 아니다. 서리에도 잎이 시들지 않고, 눈 속에도 푸르름을 지키라는 뜻이다. 꽃 하나에 씨가 하나이듯 겉과 속이 일치하란 것이다. 큰 재목은 못 되어도 자기 삶은 일관되게 지키라는 스승의 당부였다.

황상은 느리고 둔하지만, 한결같은 사람이었다. 황상은 다산의 가르침을 평생 지킨 유일한 제자이다. 세월이 지나 다산도 죽고 황상도 육십이 넘어 늙었을 때, 황상은 '치자행'이란 시에서 이렇게 인생을 회고한다.

일속암 가운데서 노래가 한창인데, 노래하는 사람은 치원 황상이라네. 치자는 동산 가득 꽃 또한 활짝 펴도, 검은 얼굴 잿빛 머리 마음어이 향기에 두리. 스승께서 내 호 지음 이제야 깨닫나니, 내 촌스러움 걱정하여 본받게 하신 걸세.

(중략)

예로부터 스승의 가르침 많기도 하다마는, 그 누가 세상 뜨신 뒤까지
법도를 갖추리오.[13)]

다산이 칠십오세 되었을 때, 황상이 오랜만에 스승을 찾아뵙는
다. 열다섯살 더벅머리 소년과 스승이 만난 지 어느덧 34년의 세월
이 흘렀다. 오랜만에 사랑하는 제자를 만난 다산은 크게 기뻐하여
황상에게 친필로 선물목록을 적어주었다. 규장전운 책, 중국 붓 자
루 하나, 중국 먹 하나, 부채 한 자루, 담뱃대 하나, 여비 돈 두 냥이
다. 늙은 다산이 쓴 선물목록엔 스승의 사랑이 그득하다.

황상은 다산이 죽자 장례를 아들처럼 모시고, 다산의 두 아들과
'정황계'를 만들고 계속 교류하였다. 본인들과 자손들의 이름을 적
고 계속 의리를 지키고 교류한다는 약속이다. 이들은 신분과 거리,
좋은 일과 굳은 일을 뛰어넘어 오랫동안 우정과 의리를 지켜나갔다.

황상은 다산의 많은 제자 중에 스승의 가르침을 따라 산 유일한
제자이다. 다산의 큰아들 정학연은 67세 된 황상이 마재를 방문하
고 돌아갈 때 써준 편지, '일속산방으로 돌아가는 처사 황치원을 전
송하는 서문'에서 황상의 의리를 이렇게 칭송하였다.

돌아가신 아버님께서 강진에 귀양 사신 것이 무려 18년이다. 학업
을 청한 자가 수십 명이었다. 혹은 7-8년 만에 돌아가고, 혹은 3-4
년 만에 물러갔다. 곁에서 과문과 팔고문을 익힌 자가 있었고, 시와
고문을 섭렵한 자도 있었다. 그러나 막판에는 창을 들고 방으로 뛰어

들어와 욕하고 헐뜯으며 등 돌린 자도 있었다. 문하는 흩어져 거의 사라졌다. 하지만 유독 황상만은 어렵게 지내시던 초년부터 귀양에서 풀려나 돌아오시던 그날까지 시종일관 법도를 넘어 섬 없이 자세에 조금의 차이도 없었다.[14]

이름을 알 수 없지만, 자기 마음에 맞지 않는다고 스승에게 창을 들고 뛰어 들어오는 제자가 있다는 대목에 숨이 턱 막힌다. 적지 않은 제자들이 다산에게 등을 돌리고 욕하고 헐뜯었다는 말에 가슴이 답답해진다. 천하의 다산이 이렇다면, 평범한 우리야 할 말이 없지 않은가.

끝이 안 좋은 제자 이청

이청(이학래)은 누구인가? 이청은 다산이 귀양살이할 때 옆에서 힘이 되어준 특별한 네 제자중 하나이다. 다산이 1년 반 동안 그의 집(묵재)에 머문 것을 보면, 살림이 좀 괜찮았던 모양이다. 이청은 머리가 좋고 손놀림이 빠른 사람이다. 정민은 이청의 솜씨를 맵짜다고 평한다. 야무지고 옹골차다는 말이다.

다산의 많은 저작들과 형 정약전의 '현산어보'도 이청을 통해 편집되었다. 이청의 수고가 없었다면, 그렇게 많은 작품을 편찬하지 못했을 것이다. 이청은 다산의 최고 손발이었고 편집인이었다. 다산의 제자 중 시는 황상이 최고요, 글은 이청이 최고였다. 추사 김정희가 가장 아꼈다는 제자 김석준(1831-1915)은 '이청전 학래'란 글에서 이렇게 칭찬한다.

그 옛날 추사께서 스승이라 부르시니
증공이 詩 없음을 혐의하지 말게나.
북풍에 청전 학이 놀라 일어나니
들보에 달빛 들던 강남에서 꿈 적던 때[15]

추사가 6살이나 어린 이학래를 스승이라 부를 정도로 글과 학문이 뛰어났다. 추사는 당송 팔대가 중 한사람인 증공에 이학래를 비유했다. 한 가지 아쉬운 것은 글은 천하명문인데 시를 잘 짓지 못했다. 이학래가 수도 없이 과거를 보았지만, 계속 낙방한 것도 시가 부족했기 때문이다.

1854년 어느 날, 황상은 문우(文友)가 된 추사 집에 머물고 있었다. 그때 황상은 우연히 이학래를 만난다. 다산을 떠난 이학래가 추사의 식객으로 과천을 오간지가 근 30년이 되었다. 식객이란 점잖은 표현이고, 쉽게 말해 빈대다. 스승의 사랑받던 제자가 한 사람은 추사의 손님으로 머물고, 하나는 식객이 되어 슬프게 만난 것이다.

두 사람은 한밤을 아련한 추억으로 보냈다. 스승 다산을 처음 만난 것은 황상 15살, 이청 11살 때였다. 이제 세월이 흘러 육십이 넘은 흰머리 노인이 되었다. 황상이 새벽에 눈을 떴을 때, 이학래는 소리 없이 사라지고 없었다. 이것이 두 사람의 마지막 만남이었다.

　이학래의 말년은 매우 곤고했다. 추사 제자로 '세한도'의 주인공인 이상적은 '학래의 나이가 이제 칠십인데 또 낙방해서 시로 위로한다'란 글을 남기었다.

　　도리의 문전에 잎 떨구는 바람 부니, 아홉 가지 궁한 운명 고금이 한가질세. 이제껏 글방에서 많은 선비 제압터니, 몇 번이나 공거(公車) 향해 이 늙은이 애석해했나.
　　부(賦)를 올려 다시금 붉은 허리띠 만났건만, 시에서는 푸른 사롱 기대하기 어려웠네. 그 누가 사해에 나소간을 슬퍼하리, 흰머리로 합격방에 이름조차 없구려.[16)]

　한마디로 이학래는 과거에 문장에서는 합격했지만, 시에서 또 불합격하고만 것이다. 같은 해 가을 이상적은 슬픈 시 한수를 더 남기었다. 제목이 '학래가 우물에 떨어져 죽었단 말을 듣고'이다. 이학래는 과거에 집착했다. 출세의 길이 과거 외엔 달리 없던 시절이다. 70세 노인이 되어 과거를 치렀는데 또 낙방하자, 크게 낙심한 그는 우물에 뛰어 들어 스스로 생을 마감하였다. 빠릿하고 총명했던 이학래의 마지막이 너무 처연하고 아프다. 다산이 가장 아꼈던 두 제자의 마지막은 왜 이리 다른가. 너무 슬픈 결말 앞에서 몇 가지를 유추해본다.

다산과 제자들의 갈등 이유

첫째, 기질과 성향의 차이 때문이다. 사람은 누구나 선천적인 기질과 성향이 있다. 황상은 좀 둔하지만, 느긋하고 일관된 사람이다. 이학래는 맵짜고 또릿한 사람이다. 자기 존재감을 드러내고 인정받아야 살맛이 나는 외향적 스타일이다. 황상이 은둔적이라면 이학래는 출세 지향적이다. 타고난 기질과 성향을 극복하기란 참 쉽지 않다. 이것은 우리 모두에게 적용되는 일이다. 기질과 천성은 바뀌는가, 바뀌지 않는가. 중요한 인생의 질문이며 영성적 질문이다.

둘째, 인생에 고난이 닥쳐올 때, 수용성의 문제이다. 황상도 엄청난 인생의 고난을 당했다. 평생 가난하게 살았으며, 한평생 일군 일속산방을 사기사건에 휘말려 빼앗겼다. 정학연도 도와주려 무진 애를 썼지만, 결국 허사였다. 황상은 그래도 태연하게 시를 짓고 유유자적하며 노년을 보냈다. 이학래는 칠십이 되어도 과거에 대한 미련을 버리지 못하다, 낙방하자 스스로 생을 마감하고 말았다. 고난을 받아들이는 마음가짐이 사뭇 다르다.

셋째, 스승 다산에 대한 기대감과 실망감이다. 다산의 제자들은 강진 촌놈들이다. 당대 최고의 스승을 만나 공부했으니, 과거에 합격해 입신양명하기를 바랐다. 다산이 귀양을 끝내고 마재로 돌아갈 때, 많은 제자들이 따라왔다. 특히 이학래는 몇 년 다산 집에 머물며 책을 편찬하고 과거를 준비했다. 제자들은 은근히 스승의 연줄로 과거에 합격하기를 기대했다. 어느 제자는 노골적으로 도움을 요구했다.

제자들의 부탁에 곤란해진 다산은 다산초당을 제공해준 윤규노에게 편지해 여럿 중에 딱 한 사람만 추천해달라고 부탁했다. 윤규노는 연장자 윤종심을 추천했지만, 번번이 낙방하고 말았다. 실력도 문제였고, 다산의 영향력도 이전만 못했다. 정조도 죽었고, 18년이 지나 조정엔 아는 이도 별로 없었다. 잘못 손을 썼다 간 매관매직이란 누명을 쓸 수 있다. 무엇보다 다산 성격이 대쪽 같아서 청탁하기가 쉽지 않았다.

제자 중에 과거에 합격한 이는 윤종진인데 다산이 죽고, 31년이 지난 후의 일이다. 다산은 족집게 강사는 아니었던 모양이다. 스승께 한껏 기대했던 제자들은 속이 상하고 말았다. 바로 이 지점에서 황상과 많은 제자들의 결이 매우 다르다.

넷째, 재산문제로 갈등이다. 18년 유배 동안 '다산학파' 제자 그룹이 만들어졌다. 귀양이 끝나고 마재로 돌아갈 때 다산초당 제자 열여섯 명과 다산의 두 아들을 포함한 열여덟 명이 다신계(茶信稧)를 만들었다. 뒤에 사의재 제자 여섯 명도 동참했다. 스승과 제자의 신의를 잊지 않겠다는 다짐이다. 제자들은 다산초당을 어떻게 관리할지, 1년에 몇 번 모일지, 차를 만들어 스승께 어떻게 전할지, 열여덟 마지기 전답과 곗돈을 누가 관리할지 역할분담을 하였다.

당시 열여덟 마지기 땅 값은 91냥으로 한양의 집 두채 값이다. 궁금한 것은 다산이 18년 유배 동안 어떻게 그런 거금을 만들었느냐는 것이다. 아마 고향의 아들이 보낸 돈과 제자들 수업료를 모은 다산의 재태크의 합작품인 듯하다. 여기서 우리는 실학자 다산의 한 면모를 볼 수 있다. 또 한편으론 다산이 해배를 포기하고 영원히 강진에 살것을 마음먹은 적도 있었기에 미래를 대비한 것이리라.

다신계의 약속처럼 제자들은 열심히 관리하고 소출을 마재로 보냈다. 그러나 세월이 흘러가면서 서서히 스승과 제자들 사이에 틈이 생기기 시작했다. 이유는 여럿으로 보인다. 제자들이 과거에 합격하지 못하자, 스승이 자기들을 확실하게 챙겨주지 않는다는 섭섭함. 간혹 열매를 가지고가면 왜 약속과 다르냐고 다그치는 깐깐함도 서운할 수 있다. 아마 다산의 성격이 푸근하기보단 대쪽 같은 성격이지 않나 싶다. 예로부터 돈이 고이면 언제나 문제가 일어나는 법이다.

세월이 흐르는 동안, 다신계의 굳은 다짐은 초가지붕처럼 썩어가고 있었다. 제자 중 누군가 몰래 다산의 땅을 이중매매 했고, 그 불똥이 다산에게 튀었다. 약속했던 일들도 흐지부지되어 버리고, 제자들의 인사편지와 발걸음도 점점 뜸해졌다. 제자들은 스승이 우리를 도와주지 않는다고 뒤 담화를 하고 다녔다. 실망과 배신감에 화가 난 다산은 다산초당 주인 윤규노에게 편지를 보내, 다신계를 차라리 무신계(無信契)로 바꾸라고 말했다.[17]

안타깝게도 조선 최고의 학술드림팀 '다산학파'는 이렇게 사라지고 말았다. 다산과 제자들 그리고 우리 모두에게 참으로 슬픈 이야기다.

욥과 네 친구들

다산의 제자들이 오죽하면, 피땀 어린 스승의 땅을 팔아먹고, 소출을 떼어 먹었겠는가. 기가 막힌 이야기 앞에서 우리는 할 말을 잃는다. 어쩌면 스승의 가르침보다도 현실이란 삶의 무게가 더 무거웠던 모양이다. 이게 인생 아니겠는가. 누군들 '나는 아니요'라고 당당히 말할 수 있을까. 가룻 유다도 은 30냥에 스승 예수를 팔지 않았던가. 신숙주도 친우 안평대군보다 한강변 멋진 정자 '담담정'을 택하지 않았던가. 고난 앞에 당당할 사람은 그리 많지 않다.

욥과 네 친구들도 그렇다. 형편이 좋았을 땐, 사이가 얼마나 좋았는가. 그러나 욥이 고난을 당하자 친구들이 달라진다. 처음엔 욥의 고난에 칠일 동안 침묵하며 동참했다. 때론 침묵이 금일 수 있다. 친구들은 그것을 알았다. 그러나 침묵이 끝나고 입을 열자마자, 서로 돌이킬 수 없는 험담을 하고 욥을 비난한다. 욥의 고난은 온전히 욥의 죄 때문이란 것이다. 친구들의 말은 논리가 정연하지만, 한마디 한마디가 욥의 가슴에 비수처럼 꽂히고 말았다.

한번 생각해 보아라. 죄 없이 벌받는 자가 누구인가? 정직한 자가 망한 적이 어디있는가? 사람들이 죄악의 밭을 갈아 악을 씨 뿌리듯 하지만 결국 그들은 심은 대로 거둔다. (욥기 4:7-8, 현대인의 성경)

욥이 무식하게 말하니 그의 말이 지혜롭지 못하도다 하리라. 나는 욥이 끝까지 시험 받기를 원하노니 이는 그 대답이 악인과 같음이라. (욥기 34:35-36)

속담에 '정승집 개가 죽으면 문전성시고 정승이 죽으면 텅텅 빈다'고 한다. 욥이 고난 당하자 심지어 종들마저 못 본척한다. 다산도 귀양살이를 하니 종들이 무시하는 서러움을 토로한 일이 있다. 욥과 다산의 말을 들어보자.

내 집에 머물러 사는 자와 내 여종들은 나를 낯선 사람으로 여기니 내가 그들 앞에서 타국 사람이 되었구나. 내가 내 종을 불러도 대답하지 아니하니, 내 입으로 그에게 간청하여야 하겠구나. (욥기 19:15-16)

7년 귀양살이에 문을 닫아걸고 틀어박혀 지내다 보니, 비록 부리는 종이나 밥하는 여종도 함께 서서 얘기하려 들지 않는군요. 낮에 보는 것이라고는 다만 구름의 그림자와 하늘빛뿐이요, 밤에 듣는 것은 벌레소리와 대바람 소리뿐입니다.[18] (윤외심에게 보낸 편지)

코로나로 삶의 기반이 무너지고 많은 이들이 고난당한다. 알바가 끊어지고, 실직 가장이 늘어난다. 자영업자들 한숨 소리가 깊어 가고, 많은 사람들이 아슬아슬하게 하루하루를 살아간다. 주머니가 두둑할 땐 그렇게 여유롭던 사람이 부쩍 신경이 예민해졌다. 그냥 넘어갈 일도 말투가 거칠어지고 눈꼬리가 올라간다.

스승의 무거운 가르침보다 삶의 무게가 더 무겁듯이, 신앙보다 현실이란 무게가 점점 무거워져간다. 임계점이 있다. 우리들은 점점 무거워지는 고난과 현실이란 무게를 얼마나 더 견딜 수 있을까. 두 가지 가능성이 있다. 무너져 내릴 수도 있고, 정금이 될 수도 있다.

욥은 이 세상 누구보다도 더 무거운 인생의 짐을 져본 사람이다. 욥은 그 엄청난 고난의 짐을 묵묵히 견뎌냈다. 때론 몸부림치며, 때론 소리 지르며 원망했지만, 결코 무너지지 않았다. 이 세상 그 누가 나는 욥보다 더 무거운 짐을 지고 있다고 말할 수 있겠는가. 그 대단한 정약용도 제자들이 배신을 때리고 등에 칼을 꽂고 사라지는 것을 지켜보았다. 피눈물을 흘렸다. 신의와 우정은 참 아름다운 말이다.

그러나 누구도 그 단어를 쉽게 말할 수는 없다. 욥은 하나님을 만나 뵌 후, 친구들을 위해 기도해준다. 그리고 뒤틀린 우정이 회복되었다.(욥기 42장) 야곱도 얍복강에서 하나님의 얼굴을 뵙는 브니엘 체험을 한 후에 형 에서와 화해하였다. 인간이란 존재는 고난으로 관계가 뒤틀리기도 하지만, 하나님을 만나면 다시 회복할 수 있는 신비로운 존재이다.

5. 다산과 욥의 재물(돈)이야기

욥에게 이전 모든 소유보다
갑절이나 주신지라.
여호와께서 욥의 말년에 욥에게
처음보다 더 복을 주시니
그가 양 만 사천과 낙타 육천과
소 천 겨리와 암나귀 천을 두었고.

(욥기 42:12)

다산의 자급자족

부자의 기준은 무엇일까? 2020년 머니투데이의 설문조사의 응답자 35.7%가 총자산 10억 이상이면 부자라고 했다. 20%가 20억, 10%는 100억이라 답했다. 10억이면 부자라는 응답은 13년째 계속이다. 얼마나 공감할지 모르지만, 설문조사가 그렇다. 물론 서울과 중소도시 혹은 농촌에 사는 이들의 기준은 사뭇 다를 것이다. 과연, 부자의 기준은 무엇이고 진정한 부자는 누구인가?

다산은 실학자로 실물경제에도 아주 밝고 실제적이다. 다산은 재태크를 잘해서 귀양지 강진에서도 채소밭을 가꾸어 먹거리를 자급자족하고 남은 돈으로 땅을 조금씩 사두었다. 18년 유배 중에 열여덟 마지기 땅을 장만했다. 물론 아들들이 보내준 종자돈과 제자들을 가르치며 받은 것이 있었지만, 다산은 책만 쓴 것이 아니라 토지도 근실히 모았다. 다산이 얼마나 실물경제에 밝고 알뜰한지 알 수 있다. 다산은 아들에게 보낸 편지에서 세상살이를 이렇게 교훈했다.

> 천하에는 두 가지 큰 저울이 있다. 하나는 시비(是非 옳고 그름)의 저울이고, 하나는 이해(利害 이롭거나 해가 되는) 저울이다. 이 두 가지 큰 저울에서 네 가지 등급이 생겨난다. 옳은 것을 지켜 이로움을 얻는 것이 가장 으뜸이다. 다음은 옳은 것을 지켜 해로움을 입는 것이다. 그 다음은 그릇됨을 따라가서 이로움을 얻는 것이다. 가장 낮은 것은 그릇됨을 따르다 해로움을 불러들이는 것이다.[19]

세상살이에서 옳은 일하고 돈도 벌면 최고다. 그러나 옳은 일을 하고 손해 보는 일도 있다. 독립투사 자손들의 경우다. 또 나쁜 일을 해서라도 이득을 취하는 경우인데, 횡령과 사기와 주가조작하다 결국 감방에 간다. 세상살이엔 네 가지 경우의 수가 있다. 많은 이들의 꿈은 30-40대에 수십억 뭉칫돈을 벌어 건물주가 되는 것이다. 그래서 연예인을 부러워한다. 그런데 이게 현실이 될 가능성은 하늘의 별따기다.

다산이 큰 스승으로 여겼던 이가 성호 이익이다. 다산은 '윤윤경에게 주는 교훈'에서 이익의 계획경제에 대해 이렇게 말했다.

> 성호 이익선생이 젊은 시절 몹시 가난했다. 가을에 거두는 것이 고작 12석이었다. 이것을 나눠 12달로 분배하고, 열흘 뒤에 양식이 떨어지면, 즉시 다른 곡식을 구해 죽을 끓이게 했다. 새 달 초하루가 되어야만 비로소 창고 속의 곡식을 꺼내 먹었다. 중년에는 24석을 거두어 매달 2석씩 썼다. 만년에는 60석을 거두어 다달이 5석씩 썼다. 비록 아무리 군색하고 부족해도 그 달 안에는 다음 달 양식을 손대지 않았다. 이것은 참 좋은 방법이다.[20]

다산은 공부를 핑계대고 생활을 거들떠보지 않는 사람들을 혐오했다. 제 앞가림도 못하면서 돈벌이를 비루하게 여기고, 군자가 어떻고 성인이 어떻고 하며 입만 살아 나불대는 인간을 경멸했다. 가족들은 추위와 굶주림에 떠는데 거창하게 나라 일을 말하며, 학문을 논하는 자들을 가증스럽게 여겨 멀리했다. 어려운 살림을 꾸리려면 가족들의 협조가 필수적이다. 다산은 아들에게 '가족 역할분담론'을 써주었다. 이 아이디어는 다산이 포항 장기에서 귀양살이할 때 본 것이다.

> 집안을 다스리는 법은 주인이나 노비에 이르기까지 나이 다섯 살이 넘으면, 각자 할 일을 나눠주어 한 시각도 놀며 쉬게 하지 않는데 있다. 내가 장기에 있을 적에, 집주인 성씨는 겨우 다섯 살 난 어린 손녀에게 마당에 앉아 솔개를 쫓게 했다. 일곱 살짜리에게는 손에 장대를 들고서 참새를 쫓게 했다. 나머지 한 솥밥을 먹는 사람도 모두 직책이 있었으니, 이것을 본받을 만하다. 집에서 늙은이는 칡을 꼬아 노끈을 만들고, 노파는 늘 실꾸리 하나를 들고서 손으로 풀어내 감는다. 비록 이웃에 마실 가더라도 놓지 않아야하니 이런 집에는 반드시 남는 식량이 있어 가난을 근심하지 않는다.[21]

다산은 집안이 자급자족하려면, 아내의 역할이 매우 중요하다고 보았다. 다산은 제자 윤윤경에게 준 글에서 이자 무서운 줄을 모르고, 남에게 함부로 돈을 꾸는 여자를 경계했다. 그런 여인은 집안을 말아 먹을 사람이니 타이르고, 그래도 말을 안 들으면 쫓아내도 된다고 한다. 속담에 외상이면 검정소도 잡아먹는다는 말이 있다. 그러다 뒷감당을 못하고 만다.

다산은 겁 없이 남의 돈을 외상으로 즐겨 쓰는 여인과 게으른 여인을 경계하며 부지런하라고 강조했다. 특히 뽕나무를 심고 누에를 기르고, 목화와 모시를 심어 봄여름에 실을 잣고, 가을 겨울엔 베를

짜 식구들 옷을 준비하라 권한다. 잠언은 이러한 여인을 진주보다 값진 현숙한 아내라 칭찬한다. 자급자족하려면, 가장의 부지런함, 계획 경제, 역할분담, 아내의 역할이 매우 중요하다.

공정한 사회제도, 애절양

다산이 강진 유배 때 지은 시중에 애절양(哀絶陽)이란 시가 있다. 뜻은 '남근(男根)을 자른 일을 슬퍼하다'이다.

갈밭마을 젊은 아낙 구슬프게 우는 소리, 관문 앞으로 달려가며 곡성이 하늘에 닿는구나, 전장에 나간 남편 돌아오지 못하는 일 있을 수 있다지만, 사내가 제 양물을 잘랐단 말 예로부터 듣도 보도 못했다네. 시아버지 죽어서 삼년상 벌써 지났고, 갓난아기 배냇물도 안 말랐거늘, 이 집 3대의 이름이 모두 군적에 올랐구나. 관가에 가서 하소연하자 해도 호랑이 같은 문지기 지켜 섰고, 이정은 으르렁대며 외양간의 소마저 끌어갔다오. 남편이 식칼 들고 방으로 들어가더니 선혈이 자리에 흥건하네, 스스로 부르짖길 '이 바로 자식 낳은 죄로구나.'

(중략)

부잣집은 일 년 내내 풍악 울리고 흥청망청, 이네들은 한 톨 쌀, 한 치 베 내다가 바치는 일 없거니, 다같이 임금의 백성이거늘 이다지

불공평하다니, 객창에서 우두커니 '시구편'을 외노라.[22)]

애절양은 제자 황상의 시에 다산이 조금 덧붙인 것이다. 어느 날, 황상은 아주 비참한 사건을 알게 되었다. 분노한 황상은 시를 지어 스승 다산에게 보내었다. 시를 보고 심각한 일임을 직감한 다산은 황상에게 절대로 이 시를 남에게 보여주지 말라고 경계했다. 다산은 훗날 『목민심서』에서 시의 사연을 이렇게 설명했다.

> 이 시는 1803년 가을, 강진에서 지은 것이다. 노전에 사는 백성이 아이를 낳았는데 사흘 만에 군적에 편입시키고, 아전이 군포대신 소를 빼앗아갔다. 기가 막힌 백성은 칼을 뽑아 스스로 남근을 잘라버리고 말았다. 그리고 '내가 이 물건 때문에 이 같은 고난을 받는구나.'라고 탄식하였다. 그 아내가 피가 뚝뚝 떨어지는 남편의 남근을 손에 들고 관아로 달려갔다. 그러나 아무리 통곡하며 하소연해도 문지기는 막아서고 말았다.[23)]

황상이 시를 쓴 것은 봄이고, 다산은 가을에 제자의 시에 덧붙여 '애절양' 시를 썼다. 다산은 탐관오리에게 핍박 받는 백성들을 보고 피눈물로 시를 썼다. 당시 군적에 오른 사람은 병역을 대신하여 군포를 납부했다. 이를 악용해 관리들이 세금을 많이 거둬 들이려고, 이미 죽은 사람(백골징포)과 갓난아이(황구첨정)의 이름을 군적에 올려 세금을 착취했다. 군포를 감당할 수 없었던 백성이 다시는 아이를 낳지 않겠다며 자신의 생식기를 자른 기막힌 현실을 탄식한 시다. 조선후기 공무원의 부패와 구조적 부조리에 기인한 민생들의 참담한 모습을 보여준다. 이런 배경에서 다산은 피 끓는 애민사상으로 『목민심서』를 짓는다.

예나 지금이나 나라와 정치에 공의와 정의가 실현되면 태평성대다. 합법적으로 노력해서 돈 벌고, 합당한 세금을 내고 자유롭게 산다면 무엇이 문제이겠는가. 그러나 불법과 반칙이 난무하면 힘없는 백성들은 살기가 힘들다.

21세기인 지금도 형편이 크게 다르지 않다. 유전무죄 무전유죄라면, 백성들이 소소한 행복을 누리긴 힘들다. 다산은 백성이 부자가 되려면, 개인의 부지런함도 필요하지만, 목민관(정치지도자)의 공의로움이 더 중요하다고 강조한다. 부자가 되려면 개인의 부지런함뿐만 아니라, 공정한 사회제도가 있어야만 한다. 이런 의미에서 다산은 『경세유표』에서 정전법을 주장하였다.[24]

청복과 열복

다산은 세상에서 사람들이 누리는 복을 열복(熱福)과 청복(淸福) 둘로 나누었다. 다산은 친구인 병조참판 오대익의 71세 생일을 축하하며 이렇게 썼다.

사람들은 삶을 연장하여 오래 살기를 원한다. 왜 그럴까? 세상은 온갖 복락이 있어도 빨리 죽으면 누릴 수 없기 때문이다. 하지만 세상에서 말하는 복에는 두 종류가 있다. 외직에 나가서는 대장군의 깃발을 세우고 관인을 허리에 두르고 온갖 음악을 즐기며 아름다운 여인들을 끼고 논다. 그러다 한양으로 발령받아 내직에 근무할 때는 비단옷을 입고, 높은 수레를 타고 출퇴근하며, 대궐문에 드나들며 묘당에 앉아서 나라를 다스릴 계책을 듣는다. 이를 열복이라 한다.

또 한 복은 깊은 산중에 살며 삼베옷에 짚신을 신고 맑은 샘물에 발을 씻고, 소나무에 기대 휘파람을 분다. 소박한 살림이지만, 집에는 악기와 바둑판과 책이 가득하다. 마당에는 백학 한 쌍이 노닐고 꽃과 나무와 기운을 북돋우는 약초를 심는다. 때로 마음 맞는 친구들이 왕래하며 즐기다 보면, 세월이 오고 가는 것을 알지 못한다. 조야(朝野)가 잘 다스려지는지 어지러운지에 대해서도 듣지 않는다. 이를 청복이라 한다.

사람이 이 두 가지 가운데서 무엇을 택하느냐 하는 것은 그의 성품에 따른 것이다. 하지만, 하늘이 몹시 아껴 잘 주지 않는 것은 바로 청복이다. 그래서 열복을 누리는 이는 많아도 청복을 얻는 이는 몇 되지 않는다.[25]

사람들은 돈과 권력과 인기를 누리며, 장수하며 깨끗하게 살기를 바란다. 그런데 이게 말처럼 쉬운 일이 아니다. 어떤 사람이 열복과 청복을 모두 얻어 누리겠다고 욕심을 부리면, 사람들은 그를 비웃을 것이고, 하늘도 그 오만함을 미워할 것이다. 화끈한 열복은 오래가지 않는다. 아니 사람들에게 그것이 주어져도 오래 보존하지를 못한다. 중간에 꺾이거나 끝이 좋지 않다. 후회해도 이미 때는 늦었다. 이런 일은 정치인과 연예인들 소식에서 종종 듣는 일들이다.

청복은 세상적인 욕심을 지우고 가난한 마음으로 맑게 살아가는 삶이다. 비록 부족함이 있더라도 사람 눈치 안보고, 양심에 꺼릴 것이 없으니 마음만은 부자이다. 세상 권력이나 떼돈에 관심을 끊고 마음을 거두어들여 자기 내면을 응시한다. 마음 맞는 친구와 소박하게 왕래하며 지란지교를 꿈꾼다. 자연의 질서에 순응하며 텃밭을 가꾸며 살아간다. 세상적인 큰 성공보다는 자연과 더불어 '소확행'의 삶을 사는 것이다. 그런데 사람들은 화끈한 열복만 복인 줄 알고, 소박한 청복은 재앙처럼 여기는 경향이 있다.

사실 이 고백은 다산의 체험에서 나온 말이다. 다산은 젊어서 정치 한 복판에 있었고, 정조의 총애를 한 몸에 받았다. 그러나 주변의 시기와 질투로 인해 고난과 귀양살이로 젊음을 다 버렸고 가정도 풍비박산이 났다. 다산은 나이가 든 후에야 비로소 청복이 얼마나 좋은 복인지 알게 된듯하다. 청복이 진짜 좋은 복임을 알면 인생이 철든 것이다. 열복만 복이라고 생각한다면, 아직 인생이 철들지 않은 것이다. 다산의 제자 황상도 이런 청복을 구하며 일속산방에서 한평생 살아갔다.

다산과 욥의 복지론

'가난 구제는 나랏님도 못한다'는 말이 있다. 아무리 유능한 왕이라도 모든 백성을 잘 먹고, 잘 살게 할 수는 없다. 보편적 복지냐 선택적 복지냐의 문제는 늘 논란이다. 사람이 인간답게 살려면, 개인 차원의 도움도 필요하고 정부차원의 정책과 제도도 필요하다. 우연인지 다산이 태어난 1762년에 프랑스에서 루소의 『사회계약론』이 나왔고, 1818년 『목민심서』를 저술할 때는 『자본론』을 쓴 칼 마르크스가 태어났다.

다산은 『목민심서』에서 목민관의 도리는 백성들이 행복하고 안정되게 살게 하는 것이라 한다. 가장 좋은 방법은 왕과 목민관이 정직하고 지혜롭게 선정을 베푸는 것이다. 정치지도자가 엉망이면 백성들은 골병들고 도탄에 빠진다. 흉년이나 전염병돌 때, 특별히 목민관의 지혜와 지도력이 필요하다.

다산은 『목민심서』 4부 '애민'과 11부 '진황'에서 구체적으로 곤고한 백성들을 돌보는 지침을 준다. '애민'에서 노인 봉양, 어린이, 가난한자, 상(喪)당한 자, 병자, 홍수나 화재당한 자 돌보기를 말한다. 다산은 섣달 그믐날 이틀 전에 노인들에게 나누어줄 음식을 이렇게 구체적으로 제시한다.

80세 이상 된 남자에게는 각각 쌀 한말과 고기 두 근을 예단을 갖추어 보내 인사를 하고, 90세 이상 된 노인이게는 진귀한 찬 두 접시를 더한다. 아무리 큰 고을이라도 80세 이상 된 노인은 수십 명에 불과하고, 90세 이상 된 노인은 몇 명 뿐이다. 그러니 소용되는 쌀은 두어 섬이요, 고기도 60근에 불과할 것이다. 기생을 끼고 광대를 불러서 하룻밤을 즐기는 데 거액을 가볍게 내던지는 사람이 수두룩하지 않는가.[26]

(목민심서, 애민, 노인 봉양)

홀아비, 과부, 고아, 자식 없는 늙은이를 사궁(四窮)이라 하는데, 이들은 스스로 움직일 수 없어 남의 도움이 필요하다. 목민관이 사궁을 선정할 때, 주의할 것은 나이, 친척, 재산이다. 나이가 열 살이 넘고 60세 미만이면 건강하므로 스스로 먹고 살아야 한다. 사궁에 해당한 자는 스스로 살아갈 힘이 없으니, 그 지역 관청에서 마땅히 돌봐주어야 한다. 만일 돌보지 않으면, 곤장 60대의 벌을 받는다. 또 도읍에 중매쟁이를 두어 홀아비와 과부를 결혼시키는 것도 큰 선정으로 보았다.

지혜로운 목민관은 풍년이 들면, 기근을 대비해 곡식을 비축해 둬야한다. 유비무환이다. 흉년 때, 긍휼미 분배방식이 중국과 조선이 달랐다. 중국이 유상매입 유상분배라면, 조선은 무상매입 무상분배였다. 조선 방식은 부자에겐 강탈이 되고 가난한자에겐 거지근성을 줄 수도 있는 폐단이 있었다. 다산은 중국식이 더 효율적이라고 여겼다. 무상복지가 다 좋은 것은 아니란 말이다.

백성을 돕고 평안히 살게 하는 4가지 방법은 양식보조, 소로 논밭일 도와주기, 세금 가볍게 하기, 빚 독촉 안하기이다. 또 죽을 주더라도 식은 죽을 주지 말고, 따끈한 죽을 주도록 권한다. 받는 이의 인격을 고려한 것이다. 다산의 구체적인 긍휼사역은 곡산부사 시절에 실행하고 경험한 것들이다.[27] 그러기에 실학이고 힘이 있다.

욥도 상당한 복지의식과 애민사상이 있었다. 욥은 평소에 맹인의 눈이 되고, 다리 저는 사람의 발이 되고, 빈궁한 자의 아버지가 되어주었다. 가난한 자나 고아를 무시하고 혼자 배불리 먹은 일이 없이, 그들의 아버지가 되어 주었다. 옷이 없어 추운 자가 없도록 돌봐주고 힘닿는 대로 사람을 도왔다. 욥은 하나님 앞에서 모든 인간은 평등하다는 것을 알았기에 고아나 과부나 누구든지 인격적으로 도왔다. 욥은 모든 사람이 하나님 앞에 평등하다는 것을 이렇고 고백한다.

> 만일 남종이나 여종이 나와 더불어 쟁론할 때에 내가 그의 권리를 저버렸다면, 하나님이 일어나실 때에 내가 어떻게 하겠느냐. 하나님이 심판하실 때에 내가 무엇이라 대답하겠느냐. 나를 태속에 만드신 이가 그도 만들지 아니하셨느냐, 우리를 뱃속에 지으신 이가 한 분이 아니시냐. (욥기 31:15)

욥의 부자론

성경에 대단한 부자들이 많이 소개된다. 아브라함도 거부였고, 야곱도 거부였다. 솔로몬은 인류 역사상 가장 큰 거부일 듯하다. 욥도 대단한 부자로 소개된다. 욥의 재산은 이렇다

> 그의 소유물은 양이 칠천 마리요, 낙타가 삼천 마리요, 소가 오백 겨리요, 암나귀가 오백 마리이며 종도 많이 있었으니, 이 사람은 동방 사람 중에 가장 훌륭한 자라. (욥기 1:3)

> 여호와께서 욥의 말년에 욥에게 처음보다 더 복을 주시니, 그가 양만 사천과 낙타 육천과 소 천 겨리와 암나귀 천을 두었더라. (욥기 42:12)

'이 사람은 동방 사람 중에 가장 훌륭한 자라'를 새번역 성경은 '그는 동방에서 제일 가는 부자였다.'로 번역한다. 욥의 재산이 현대 가치로 얼마나 되는지 알긴 어렵다. 버논 맥기는 욥을 1970년대 미국 상황으로 말하면, 하워드 휴스, 록펠러, 헨리 포드와 택사스 오일 재벌들을 다 합친 것 같은 부자라 한다.[28] 약대 3천 마리를 사막을 오가는 대상들에게 빌려주었다. 암나귀 5백 마리로 우유를 생산했다. 1000마리 소가 논밭을 가는 것은 요즘말로, 1000대의 트랙터가 논밭을 가는 모습을 상상할 수 있을 것이다.

욥의 재산이 유산인지 자수성가 한 것인지는 알 수 없다. 그러나 욥이 자녀들의 죽음과 재산 강탈 소식에 겉옷을 찢고 머리를 밀고 땅에 엎드려 고백한 것을 보면, 욥의 부의 근원이 무엇인지 알고 있

었다. '내가 모태에서 알몸으로 나왔으니 또한 알몸으로 돌아갈 것이다. 주신이도 여호와시오 거두시는 이도 여호와시니 여호와의 이름이 찬송을 받으실 지어다.' 욥은 생명과 재산의 근원이 하나님께 있음을 분명히 고백한다. 이런 고백 속에서 욥기 42장은 고난 후에 욥의 재산이 두 배로 늘어났다고 밝힌다. 결국 욥의 모든 재산은 하나님이 주신 복이었다.

명심보감에 '큰 부자는 하늘에 달려있고 작은 부자는 부지런함에 달려있다'는 말이 있다. 재벌과 중산층의 경계선이 어디인지, 어디까지가 인간의 노력이고 하늘의 복인지 구분하기는 쉽지 않다. 세상에 부자 되고 싶지 않은 사람이 누가 있는가. 오죽하면 "부자되세요!"가 가장 인기 있는 말이겠는가. 2015년 한국소비자원의 설문조사에 의하면, 소비생활을 기준으로 하류층이 34.8%, 중류층이 62.5%, 상류층이 2.8%라고 응답했다. 스스로 상류층 부자라 생각한 이가 3%정도 밖에 되지 않는다.

우리는 재산이 얼마나 돼야 스스로 부자라고 생각할 수 있을까? 다산은 참된 부자의 특징을 두 가지로 말한다. 자족하는 삶과 나누는 삶이다. 진정한 부자는 자족하는 사람이다. 다산은 내게 없는 '저것'을 아쉬워하기 보단, 내게 있는 '이것'을 소중히 여기라고 강조한다. 이것은 이미 내가 가진 것이다. 하지만, 사람들은 내가 가진 것에 성이 차지 않아서 자꾸만 저것을 바라본다. 한마디로 내손에 쥔 떡보다 저 사람 손에 있는 떡이 더 커 보이는 것이다. 어떻게 사람이 자족할 수 있을까? 바울은 자족을 이렇게 강조한다.

그러나 자족하는 마음이 있으면, 경건은 큰 이익이 되느니라.

(디모데전서 6:6)

내가 궁핍하므로 말하는 것이 아니니라. 어떠한 형편에든지 나는 자족하기를 배웠노니. (빌립보서 4:11)

욥도 다산도 부자를 절대개념이 아니고 상대적인 개념으로 본다. 아무리 돈이 많아도 마음에 차지 않는 사람은 부자가 아니다. 채워지지 않는 욕심 때문에 사기치고 한탕하다 인생이 망가진다. 참된 부자는 소유의 욕망을 잠재우고, 내면의 풍요를 누리며 자족하는 사람이다. 재물이 아무리 많아도 자족하지 못하면 가난한 사람이다.

그렇다면 가난해도 마음만 넉넉하면 되는가? 아니다. 다산은 처자식은 굶주리는데 혼자서 여유만 부린다면, 그것은 허세요, 무책임하고 가증한 일이라고 본다. 다산은 가장이라면 가족이 최소한 먹고 살 도리를 강구해야 한다고 강조한다. 그래서 다산은 유배지 강진에서도 근실히 땅을 사 모았고, 아들들에겐 과수원과 채소밭을 가꾸는 원포의 삶과 뽕나무를 심고 누에를 기르라고 신신당부하였다.[29] 원포와 뽕나무는 다산에게 자립과 자족하는 삶의 중요한 방편이었다.

II. 다산과 욥의 신앙이야기

구약성경은 대표적인 의인으로 노아, 욥, 다니엘 세 사람을 꼽는 다.(에스겔 14:14) 그런데 의인인 욥이 말할 수 없는 고난을 당한다. 의인이 왜 고난당하느냐는 신정론(神正論)의 문제가 욥에게 있다. 욥은 고난의 대명사이다. 욥이 의인임에도 불구하고 까닭을 알 수 없는 고난을 당할 때, 하나님은 침묵하신다. 그리고 마지막 순간에 등장하신다.

정약용은 조선천주교의 초기 맴버이다. 그의 형, 매형, 조카, 사촌 등 가족과 친지들이 핵심 인사들이다. 정조의 총애를 받던 정약용은 천주교로 인해 평생 고난을 당하였다. 정약용은 위기 중에 배교를 선언하였지만, 그의 속엔 천주교를 붙들고 있어 보인다. 소위 외배내신(外背內信)의 문제를 살펴보겠다. 천주교 문제로 정약용은 곤장을 맞고 장기와 강진으로 유배되어 18년을 귀양살이하였다.

II '다산과 욥의 신앙이야기'에서는 다산초당의 정석(丁石)에 얽힌 이야기와 정약용의 천주교 관련 이야기를 살펴보겠다. 고난은 아픈 것이지만, 역설적으로 고난으로 인해 욥은 정금으로 단련되고, 정약용도 옥(玉)으로 정화되는 일이 일어난다. 고난의 역설이다. 욥도 정약용도 고난엔 분명히 하나님의 숨겨진 섭리가 있다고 본다.

고난이 주는 유익은 자기를 돌아보아 정화하고 성숙해가는 것이다. 정약용은 『심경』에서 마음공부와 양심(도심)을 강조한다. 욥도 양심의 중요성을 강조한다. 이상하게도 고난은 양심을 일깨워준다. 또 『칠극』이란 책이 정약용에게 어떤 영향을 미쳤는지 살펴보겠다.

II. 다산과 욥의 신앙이야기

6. 고난을 돌에 새기리라

나의 말이 곧 기록되었으면,
책에 씌어졌으면,
철필과 납으로
영원히 돌에 새겨졌으면 좋겠노라.

(욥기 19:23−24)

다산이 바위에 새긴 丁石

<정약용이 다산초당 뒤편 바위에
직접 새겼다고 전해지는 정석(丁石), 다산초당의 제1경이다>

정약용이 다산초당에 정착한 것은 1808년 봄이다. 본디, 이곳은 외가친척 윤씨의 산 정자(山亭)였다. 다산이 3월16일 초당에 갔더니, 그곳에 외가친척 윤종하가 병 치료차 머물고 있었다. 다산은 10일간 머물며 초당에 흠뻑 빠져들었다. 시끄러운 주막집이나 제자 집에서 눈치 밥을 먹는 것보다 훨씬 편하고 경관도 뛰어났다. 다산은 집주인에게 사용해도 좋다는 허락을 받았다.

다산의 유배는 주군안치로 일정지역 안에서는 자유로이 활동할 수 있었다. 따라서 강진읍, 제자의 집, 다산초당으로 움직일 수 있었다. 반면, 김정희는 제주도의 지정된 집에 가시울타리를 두르고 그 안에서만 사는 위리안치(圍籬安置)였다.

다산은 초당에 10년을 머물며 제자를 가르치며 실학을 집대성했다. 동시에 다산초당을 멋진 원포로 가꾸어 작은 무릉도원으로 만들었다. 다산은 이곳에 뿌리를 내릴 작정을 하고 본격적으로 리모델링하였다. 연못을 파서 잉어를 기르고, 9계단 채마밭을 만들어 야채를 기르고, 차 끓이는 부뚜막 다조를 만들고, 매화와 포도나무를 심고, 여름엔 참외를 심고, 해변에서 괴석을 가져와 석가산이란 돌탑도 세웠다. 어느새 허름하던 초가집이 멋진 다산초당으로 변했다. 소문이 나자 많은 문인들이 찾아와 차를 마시고 시를 짓고 정담을 나누었다.

다산은 특별히 뒤편 바위에 정석(丁石)이란 글씨를 직접 쓰고 새겨 넣었다. 丁石은 다산초당 제1경인데, 다른 수식 없이 丁石이란 두 글자만 새겨 넣었다. 왜 다산은 바위에 丁石을 새겨 놓았을까?

학자들 설명은 이러하다. 丁石의 丁은 정약용이 아니라, 다산초당을 제공해준 주인 윤단(윤규노의 부친)을 기린 것이다. 이는 도연명의 정령위(丁令威) 고사에서 유래한다. 중국의 정령위는 신선같이 살다가 학이 된 사람이다. 그가 학이 되어 날아갈 때, 수건을 떨어트린 바위가 건석(巾石)이다. 다산은 신선처럼 살아가며, 초당을 내어준 마음에 감사해서 윤단을 정령위에 비기어 丁石이란 글자를 새겼다는 것이다. 다산은 바위에 丁石 두 글자를 새기고 이런 시를 읊었다.

대나무 집 서쪽에 돌병풍이 있는데, 부용성 꽃 주인(윤단)은 이미 신선이로세. 학 날고 그림자 떨어져 이끼 푸르고, 기러기 발자국 깊어 글자 자취 푸르구나. 기이한 돌보고 절한 미불은 미친 게 아니라 겸허하였고, 술 취해 누운 도잠은 득의망형이로다. 부열의 바위, 우임금의 석굴도 잡초에 묻혔거늘, 어찌 구구하게 글을 새기랴.[30]

다산은 이 시에 다음과 같은 주석을 달았다.

다산 서쪽 푸른 돌병풍에 '丁石' 두 글자를 새겼다. 이미 이름 내지 않으려는데 왜 이름을 내는가? 없어지지 않을 이름이라면 이름을 내지 않더라도 크게 이름날 것이요, 없어질 이름이라면 이름을 내더라도 홀로 널리 알려질 수 있겠는가? 이름나나 이름나지 않으나 그것이 그것이로다.[31]

정약용은 바위에 丁石 두 글자를 새기며 무슨 생각을 했을까? 먼저 다산초당을 제공해준 윤단에게 고마운 마음을 새겼을 것이다. 윤단도 선비이기에 그 의미를 충분히 알았을 것이다.

또 하나는 정약용의 丁씨로 볼 수도 있다. 다산초당의 주인이 정약용이란 것을 나타낼 수 있다. 다산도 자기가 머물던 곳의 흔적을 남기고 싶은 마음이 있지 않았겠나. 예나 지금이나 사람들은 바위에 이름을 새기고 동굴벽화를 그린다. 갈은구곡 바위에 새겨 넣은 시와 이름도 그런 의미이다. 어쩌면 세월이 지난 후 누군가 이곳에 왔을

때, 丁石 두 글자를 보며 정약용을 기억해주길 바라는 마음도 없지
않았으리라.

다산초당은 허물어지고

정약용은 다산초당에서 10년간 머물렀다. 해배령이 떨어지자 곧
고향 마재로 떠났다. 정약용은 제자들이 마재를 방문하면 초당은 잘
있는지, 나무와 연못 잉어는 잘 자라는지 일일이 물었다. 그리고 부
끄럽지 않게 잘 관리해달라고 부탁했다. 그러나 세월이 지나면, 인
심도 변하고 집도 허물어지기 마련이다. 더군다나 제자들과 관계가
틀어지면서 다산초당을 돌보는 손길도 뜸해졌다.

정약용이 초당을 떠나고 30년 세월이 흐르자, 벌써 다산초당은
폐허로 변해버리고 말았다. 다산의 막내제자인 이시헌의 시 '다산에
서 옛날을 그리며'란 시를 보자.

상전벽해 30년에 내 여기 다시 오니,
초상의 선옹께선 한번 가곤 오질 않네.
잠깐 머문 자취가 丁石으로 남았나니,
바다 구름 산과 달도 그를 위해 서성이네.
일찍이 소단이 굴원 향해 열렸더니,

<다산이 초의선사에게 그리게 한 다산도, 개인소장>

꽃은 지고 물은 흘러 몇 해나 돌았던고
책 상자 졌던 소생 지금은 백발 되니,
봄바람에 호올로 자하대에 올랐네.[32]

　　제자가 30년 만에 다산초당을 올라보니 이미 초당은 허물어지
고 잡초만 무성하다. 그 많던 사람들의 인기척도 책 읽던 활달한 소
리도 끊어진지 오래다. 그저 허물어져 가는 초가집 사이로 무정하게
솔바람소리만 들려온다. 폐허된 초당엔 달이 홀로 덩그러니 떠있고
구름만 흘러간다.
　　다산이 가장 아꼈던 제자 황상도 1850년대 이곳을 찾아와서 '다
산의 옛 터를 슬퍼하며'란 시를 지었다. 황상은 겨우 丁石 글씨만 남

아 옛 자취를 알려주며, 제자라곤 흰 머리난 자기만 남았다고 한탄한다. 그리고 스승의 체취가 묻은 다산초당을 백년도 능히 보전하지 못한다고 탄식한다. 이게 세월이고 인생 아니던가.

그런데 다행히도 바위에 새긴 丁石 두 글자는 이끼 사이로 지금도 또렷하게 남아있다. 아마도 바위에 새긴 丁石 두 글자가 없었다면, 제자들이나 후대들이 정약용의 흔적을 찾기가 어려웠을 것이다.

1930년대 다산초당의 모습

세월이 흘러, 1936년 4월에 간행된 "카톨릭 청년"에 김재석이 쓴 '다산의 유적을 강진에서 찾아'란 기행문이 있다. 방문기는 대략 이런 내용이다.

> 만덕동은 구명으로 '귤동'이라 하는데, 이 동리 깊숙한 골짜기에 정 선생이 17년간 유배 생활을 하였다는 자리가 있습니다. 현존 유적이 라고는 기암 전면에 정석(丁石)이라 양자를 뚜렷하게 새긴 것입니다. 이것은 요안(정약용의 세례명)씨가 친히 쓰고 자수(自手)로 새긴 것 이라 합니다.[33]

1936년이면, 다산이 초당을 떠난 지 118년이다. 100년 세월에 다산초당은 丁石이란 바위에 새긴 두 글자만 남고, 다른 것은 다 사라져 버리고, 잡초만 가득한 폐허가 되고 말았다.

3년 뒤, 1939년 2월 25일에 일본인 이에이리 가즈오가 차문화 연구를 위해 강진과 다산초당을 방문하고 글과 그림을 남겼다. 이에이리는 특별히 "정다산선생 거적도"란 그림을 남겼다. 견학기는 대략 이렇다.

오솔길을 따라 시내를 끼고 오르면, 험한 비탈이 나오고 조금 더 가면, 약간의 평지가 나온다. 이곳에 두 군데 돌담이 있는데 다산초당이다. 돌담을 조금 지나면 높이가 3-4m 가로 5-6m되는 이끼 낀 바위가 있고 丁石이란 두 글자가 새겨져 있다. 근처엔 차나무가 있다. 집 두 채가 있는데, 돌담을 지나 개울 밑에 50~60평 되는 평지가 있다. 중앙에 가장자리를 돌로 쌓은 연못이 있다. 동암은 학생들을 가르치던 서당이고, 서암은 다산선생의 서옥이었다.

다행히도 이에이리는 다산초당을 방문하고 그림을 남겼다. 사진이 아니기에 정확도를 알 수 없지만, 그래도 그 당시 다산초당의 모습을 볼 수 있는 귀중한 자료다. 세월과 함께 다산초당은 허물어지고, 바위에 새긴 丁石 두 글자만 외로이 남아있던 것이다.

욥, 나의 말이 돌에 새겨졌으면

욥은 고난 중에 친구들과 끝없는 논쟁을 한다. 욥이 당하는 고난의 이유에 대하여 이러쿵저러쿵 말이 많다. 때론 친구들의 말이 정담으로 들리지만, 도가 지나치면 상처가 된다. 친구란 말에도 금도가 있어야한다. 친구들은 욥의 고난이 욥의 죄 탓이라고 공격한다. 욥은 친구들의 비난에 상처를 받고 이렇게 부르짖는다.

> 나의 말이 곧 기록되었으면, 책에 씌어졌으면, 철필과 납으로 영원히 돌에 새겨졌으면 좋겠노라. (욥기 19:24)

욥은 친구들이 자신의 말을 들어주지 않자, 차라리 철필과 납으로 바위에 새겨 영원히 기억되었으면 좋겠다고 하소연한다. 옛날부터 사람들은 가슴 속의 언어들을 바위에 새기고 벽화로 남겼다. 점토판이나 파피루스에 혹은 양피지에 기록했다. 현대인은 CD나 핸드폰에 혹은 가상공간(Cloud)에 사진이나 기록을 남긴다. 욥이 바위에 자기의 말을 새겨 놓으려는 이유는 무엇인가?

> 내가 알기에는 나의 대속자가 살아 계시니 마침내 그가 땅 위에 서실 것이라. 내 가죽이 벗김을 당한 뒤에도 내가 육체 밖에서 하나님을 보리라. 내가 그를 보리니 내 눈으로 그를 보기를 낯선 사람처럼 하지 않을 것이라. 내 마음이 초조하구나. (욥기 19:25~27)

욥은 고난 한 가운데서 네 친구와 4:1로 논쟁한다. 아무리 욥이 자기가 의롭다고 말해도 친구들은 무차별적으로 공격한다. 논쟁에서 욥이 말로 밀리지는 않지만, 불리한 것은 사실이다. 논쟁 중에 정당한 심판관도 없다. 끝없는 갑론을박과 좁쌀토론만 있을 뿐이다. 답답한 욥은 차라리 내 말을 바위에 새겨서 훗날 하나님의 심판대 앞에서 증거가 되었으면 좋겠다고 하소연한다.

바위에 새긴 글은 오래 간다. 지금도 만주벌판에 광개토대왕비가 있다. 1600년이 지났지만, 돌비에 새겨진 글씨는 또렷하다. 이 세상에 비석이나 돌비가 없다면, 인류역사의 대부분은 사라져버렸을 것이다. 그러나 돌비에 새겨 놓았기에 후대들이 지난 역사를 알 수 있다. 욥은 자기의 억울함과 고난을 친구들이 이해하지 못하자, 차라리 돌에라도 새겨 나중에 하나님의 심판을 받고 싶다고 하소연한다.

정말 우리가 돌에 새겨야할 것은 무엇일까? 속담에 '원수는 물에 새기고 은혜는 돌에 새기'란 말이 있다. 이렇게 된다면, 세상이 얼마나 좋아질까. 그런데 현실은 정반대다. 원한은 돌에 새기고 은혜는 흘러가는 물에 새기니 세상이 점점 각박해진다.

욥은 구원자 하나님이 이 땅에 우뚝 서실 날을 기다린다. 비록 하나님이 늦게 오셔서, 욥이 죽고 육체가 썩을지라도, 하나님을 뵈올 것을 확신한다. 그런 믿음과 소망이 있기에 지금 당하는 고난과 모욕을 이겨낼 수 있다. 지금도 많은 돌비와 묘비엔 인생의 사연과 하나님을 향한 소망이 기록되어 있다. 내 묘비엔 무엇이라 써 넣을 수 있을까.

7. 다산은 신부였다

1786년 가을, 이승훈을 중심으로
천주교리더들이 모이기 시작했다.
밖으로 감시가 있었지만,
속으로 천주교는 확산되고 있었다.
이벽의 빈자리와 늘어난 천주교인들을 돌보기 위해
이승훈과 리더들은 중요한 결정을 내린다.
10인의 신부를 세우기로 한 것이다.
최초의 세례자 이승훈은 10명의 신부를 임명했다.

(파란1, 216p)

정약용은 한 마디로 정의하기 힘든 거목이다. 그가 쓴 500여권의 책은 정치, 경제, 사회, 문화, 예술, 건축 등 거의 모든 분야를 섭렵했다. 나아가 동양과 서양의 학문적 융합도 시도했다. 학자군주 정조의 어떤 질문도 막힘없이 척척 대답한 다산이다. 다산의 큰아들 정학연(1783~1859)의 친구인 추사 김정희(1786~1856)는 다산을 일컬어 "선생의 백세대업(百世大業)은 위대하다!"라고 찬탄했다. 다산의 천주교 관련사건을 간추려 보겠다. 과연 정약용은 천주교신앙을 배교했나? 아니면 끝까지 지켰나?

정민의 다산독본 『파란』을 중심으로 몇 장면을 살펴보자.

다산과 노아방주

정조대왕은 어느 날, 문신들을 모아 놓고, '홍수'란 제목으로 시를 짓게 했다. 다산이 응제시를 올렸다. 다산의 시 중에는 놀랍게도 나아방주(挪亞方舟) 이야기가 나왔다.

나아방주란 노아방주를 말한다. 기이하게 여긴 왕이 묻는다. 방주의 이야기는 어느 책에 나오느냐? 다산이 답했다. 신이 전하를 모시고 읽을 적에 그 책에서 이 뜻을 보았나이다. 이전에 정조와 다산이 함께 천주교와 성경 관련 책을 보았다는 말이다.

다산의 천주교 인맥

조선천주교 핵심 맴버 대부분이 다산의 일가친척들이다. 한국최초의 세례자 이승훈은 매형이다. 훗날 다산은 자청하여 이승훈에게 세례를 받고 약망(若望, 요한)이란 세례명을 받았다. 다산의 형 정약종은 천주교 평신도대표 총회장이다. 당시 공식 천주교 교리서인 『주교요지』를 썼다. 정약종의 아내 유소사(체칠리아), 아들 정하상, 딸 정정혜 모두 순교하였다. 황사영백서의 주인공 황사영은 큰형의 사위로 다산의 조카사위다.

황사영의 아내는 소설 『난주』의 주인공 정난주(마리아)다. 황사영은 죽고 난주는 1801년(29살) 관비(官婢)가 되어 제주도 서귀포에서 37년을 살았다. 조상의 신주를 불태워 천주교 박해의 빌미가 된 윤지충은 다산의 외종사촌이다. 최초의 천주교리더인 이벽은 큰형수의 동생으로 사돈이다. 다산의 친가와 외가로 4촌 이내로 가톨릭 성인과 성녀가 셋, 복자가 셋이다. 순교자는 훨씬 많다. 사실 초기 조선천주교의 모든 핵심 맴버는 다산의 가족들이다. 다산과 천주교는 불가분의 관계였다.

이벽을 통해 천주교를 만나다

정약용이 처음 천주교를 접한 것은 1784년 4월 15일, 23세 때이다. 다산의 큰형수는 전염병으로 죽었다. 큰형수의 남동생 이벽이 누님 제사를 위해 마재로 왔다. 제사를 마치고 한양으로 돌아가는 배안에서 이벽은 다산 형제들에게 천주교를 전파했다. 훗날 다산은 형 정약전의 묘비명에 당시를 이렇게 회고했다.

> 우리 형제는 이벽과 함께 한배를 타고 내려오다가 배 안에서 천지조화의 시작과 육체와 정신, 삶과 죽음의 이치에 대해 들었다. 멍하니 놀라고 의심스럽기가 마치 은하수가 끝없는 것만 같았다.[34]

정약용은 이벽을 통해 천지창조와 인간의 영혼, 천국지옥 등에 대해 들었다. 한마디로 복음을 들은 것이다. 다산의 첫 반응은 '멍하니 놀라고 의심스러웠다'이다. 창황(愴怳)하단 말은 너무 놀란 나머지 정신이 멍해진 상태를 뜻한다. 이게 도대체 무슨 말이야. ... 그리고 난 후, 은하수가 끝없이 펼쳐지는 것 같은 느낌이 들었다.

쉽게 말해, 처음엔 황당하다는 생각이 들었고, 그 다음엔 황홀한 느낌이 밀려온 것이다. 신앙체험을 해본 사람들은 이 말이 무슨 뜻인지 안다. 처음엔 글쎄... 그럴 리가... 그러다 마음의 문이 열리면, 걷잡을 수 없는 감동과 기쁨으로 빠져드는 신앙의 신비 말이다. 다산도 비슷한 체험을 한 듯하다. 이후 다산 형제는 『천주실의』와 『칠극』에 심취하게 된다.

김범우 집(명동성당)에서 드린 미사

1785년 3월, 기찰포교들이 명례방(명동)을 순찰하다 한 집에 신발이 많은 것을 보았다. 혹시 노름판인가 생각하여 문을 열고 들이닥쳤다. 수십 명의 사내들이 얼굴에 분을 바르고 가운데 인도하던 이는 푸른 두건으로 이마를 가렸다. 놀란 포교들이 방을 수색하니 천주교 책과 예수화상과 십자가가 나왔다. 이곳은 명동성당 터가 된 김범우의 집이었다. 푸른 두건을 쓰고 모임을 인도한 이는 다산 형제에게 천주교를 전한 이벽이었다. 이들은 주일미사를 드리고 있었던 것이다. 그 현장엔 정약전, 정약종, 정약용 삼 형제도 있었다.[35]

　보고를 받고 놀란 형조판서 김화진은 중인(中人)인 김범우만 옥에 가두고 양반자제들은 훈방했다. 그런데, 그 다음날 양반자제들이 형조로 찾아와 압수한 십자가와 예수화상을 돌려달라고 당당히 요구했다. 형조판서가 꾸짖었지만, 자신들도 김범우와 똑같이 처벌하라며, '다만 원하기는 육신을 속히 버리고 영원히 천당에 오르고 싶다'고 주장했다. 이런 일이 며칠간 계속되었다. 이것이 을사추조 적발사건이다. 사건 직후 성균관 유생들의 통문에 보면, 다산도 이 모임에 참석했음에 틀림없다. 1년 만에 정약용은 천주교에 깊숙이 빠져있었다.

다산은 신부였다

위 사건으로 천주교 실제 리더인 이벽은 부친의 엄한 감시 속에서 꼼짝할 수 없었다. 그러다 전염병으로 갑자기 죽었다. 집을 제공한 김범우는 매를 맞고 밀양으로 귀양 가서 2년 후에 죽었다. 찬물을 끼얹듯 천주교리더들은 잠행모드로 들어갔다. 다산도 얼마간 천주교에 대해선 입도 뻥긋하지 않았다. 모두 다 조심하는 분위기였다.

1년 반쯤 지난 1786년 가을, 이승훈을 중심으로 천주교리더들이 다시 모이기 시작했다. 밖으로 감시가 있었지만, 속으로 천주교는 확산되고 있었다. 이벽의 빈자리와 늘어난 신자들을 돌보기 위해 이승훈과 리더들은 중요한 결정을 내렸다. 10인의 신부를 세우기로 한 것이다. 신자관리과 미사 인도 등 할 일이 태산이었다. 최초의 세례자 이승훈은 열 명의 신부를 임명했다. 달레의 조선천주교회사에는 권일신과 이승훈 등 일곱 명의 이름이 있다. 나머지 세 사람은 누구일까? 정민은 그 중에 정약용과 형 정약전이 있다고 확신한다.

다산은 모든 기록에서 자기검열을 철저히 했다. 혹시 있을지 모를 후환을 대비해 자기 이름을 철저히 비밀에 붙인 것이다. 이때 신부란 로마가톨릭교회가 공식으로 세운 신부가 아니다. 현지 교회의 필요에 따라 리더들끼리 세운 것이다. 이를 교회사 용어로 가성직제도라 한다. 가(假)는 가짜가 아니라 임시란 뜻이다.[36] 다산은 몇 년간 신부로 열심히 활동했던 것이다.

다산과 윤지충 사건

1791년 윤지충 사건이 일어났다. 진산(충남 금산)의 선비 윤지충은 모친상 때, 신주를 불사르고 천주교식으로 제례를 지냈다. 이 문제는 조정을 경악케 했다. 조상의 신주를 불태우다니... 윤지충은 유교도덕을 문란케 하고 무부무군(無父無君)의 사상을 신봉했다는 죄명으로 사형에 처해졌다. 최초의 천주교 박해사건으로 신해사옥 혹은 진산사건이라 한다.

다산은 이 사건에 연루되어 이름이 오르내렸다. 윤지충은 윤선도의 7대손으로 남인 명문가였다. 그는 다산의 외사촌으로 다산 형제를 통해 천주교를 믿은 사람이다. 다산은 이 사건의 배후로 지목되어 곤경에 빠져들게 되었다. 이 사건으로 조선천주교 최고 지도자 권일신이 고문으로 죽었다. 칼끝이 이승훈, 정약전, 정약용에게 다가오자 이들은 공개적으로 배교의사를 표했다.[37] 어쩔 수 없는 상황이 벌어진 것이다. 이후 다산이 진짜로 천주교를 배교했느냐, 아니면 겉으론 배교하고 속으론 믿었느냐는 논쟁이 지금까지도 계속된다.

다산과 윤지충의 관계를 재조명해주는 사건이 있다. 가톨릭평화신문(2021년 10월 10일)에 의하면, 윤지충의 묘와 유해가 전주에서 발견되었다. 무덤에서 발견된 직경 15Cm의 사발에는 윤지충의 인적 사항이 적혀있다. 그 내용은 "성균생원(成均生員) 윤공지묘(尹

<전주에서 발견된 윤지충의 사발지석>

公之墓). 속명지충(俗名持忠), 성명보록(聖名保祿), 자우용(字禹庸),
기묘생(己卯生), 본해남(本海南)"이다. 성균관 생원 윤지충의 묘로
세상 이름은 지충이며, 세례명 성명(聖名)은 바오로(保祿)라 적어
놓았다.

더욱이 놀라운 것은 무덤에서 출토된 사발지석의 글씨가 정약용
의 글씨체로 보인다는 것이다. 다산 연구의 권위자인 정민 교수는
사발지석의 글자와 다산의 필체를 감정한 결과 거의 확실하게 정약
용이 쓴 것으로 본다. 사발에 적힌 매장 일시는 1792년 10월 12일

이다. 윤지충은 1791년 11월 12일에 처형되었다. 사발에는 정확하게 사망 후 11개월이 지난 날짜를 적어놓았다. 형장에서 시신을 수습하여 가매장 한 뒤 1주기를 한 달 앞두고 시신을 이장하며, 망자의 인적 사항을 적은 사발을 함께 묻은 것이다. 만일 사발지석을 다산이 썼다면, 그것은 자기가 전도한 윤지충이 순교한 것에 대한 미안함과 부채감이 있기에 그리하였을 것이다.

다산 주문모 신부를 숨겨주다

1795년 부활주일에 조선천주교 최초로 주문모 신부의 집례로 정식 미사를 드렸다. 중국인 주문모가 조선에 잠입했다는 소문이 왕의 친위대 별군직에 보고되었다. 정조는 포도대장에게 주문모를 체포하라 명했다. 긴급한 일이 숨 가쁘게 일어나고 있었다. 이 위기의 순간에 주문모를 살려낸 이는 누구일까? 구베아 주교의 보고서는 당시 상황을 이렇게 기록한다.

　이 일이 터진 것은 6월 27일입니다. 그 사람이 조선 대신들에게 밀고하는 자리에 어떤 무관 한 사람이 같이 있었는데, 그 사람은 한때 천주교신자였다가 배교했던 사람입니다. 하지만 그 무관은 배교의 죄를 진심으로 뉘우치고 신부님께 고해성사를 받을 날을 애타게 기다리고 있었습니다. 다른 신자들은 이 무관에게 신부님이 오셨다는 사실을 알려주지 않았습니다. 혹시 그 사람이 누설하지 않을까 두려워했기 때문입니다. ... 그 무관은 고발을 듣고는 곧장 신부님이 있는 집으로 달려가서 위험하다는 것을 알려주었습니다. 그리고 자기가 신부님을 다른 곳으로 모시고 가겠다고 나섰습니다.[38]

위 사람은 바로 다산이었다. 당시 다산은 우부승지로 있다가, 잠시 오위(五衛)의 무직인 부사직으로 있었다. 다산은 주문모가 위험에 빠지자, 쏜살같이 달려가 그를 강완숙의 집으로 피신시켰다. 주문모는 강완숙 집에서 6년간 숨어 지냈다. 주문모와 함께 있던 3인은 체포되어 고문으로 죽었다. 주문모의 행방을 아는 증인들을 죽여버린 것이다. 죽은 자는 말이 없는 법이다. 그때 상황이 정조의 모친 혜경궁홍씨의 회갑연이 코앞이었고, 화성(수원) 건설도 한참이었다. 정조는 일이 커지는 것을 막고 싶었던 것이다.

윤지충사건 때, 배교를 천명했던 다산이 주문모를 숨겨준 것을 보면, 다산의 겉과 속이 다름을 알 수 있다. 소위 외배내신(外背內信)이다. 다산의 자찬묘지명과 구베아의 편지는 겹치는 부분이 많다. 다산은 겉으론 정조란 하늘을 믿었고, 속으론 천주 하느님을 믿은 것이다. 이 해석은 이론의 여지가 있지만, 천주교와 정민은 이런 입장이다.

다산의 외직 금정찰방(역장)

다산은 천주교와 관련되어 계속 반대파의 공격을 받았다. 정조도 두둔만할 수 없어서 승지(정3품)인 다산을 금정찰방(종6품)으로 좌천시킨다. 다산이 33세 때다. 좌천의 표면적 이유는 글씨체가 삐딱해서 글을 바르게 쓰라는 것이다.[39] 그러나 실제 이유는 세 가지다. 반대파의 소나기를 피하려는 것, 그 지역의 천주교인들을 검거하여 본을 보이라는 것, 지방 유지인 이익의 후손과 남인들과 좋은 관계를 맺으라는 것이다.

금정(충남 청양군) 찰방은 국가가 운영하는 관원의 숙소나 파발마를 제공하는 곳이다. 요즘말로 지방역장이나 우체국장이다. 다산은 승지에서 7품직이 낮아져 시골역장으로 좌천되었다. 주문모의 탈출을 도왔다는 의심을 잠재우기 위해 그 지역 천주교도들을 검거해야했다. 이것은 정조의 의도된 좌천이었고, 충청관찰사도 알고 있었다. 찰방의 임무는 행정사법이 아니라 말과 숙소관리이다.

그런데 의외의 일이 일어났다. 다산이 금정찰방이 된지 보름여만에 지역 천주교지도자 김복성을 체포했다. 얼마 후엔 조선천주교 최고 지도자인 이존창을 두 명의 체포조만 데리고 잡아냈다. 관찰사가 잡지 못한 것을 다산은 척척 잡아냈다. 마치 준비된 연출 같고, 짜고 치는 고스톱 같다. 이렇게 해서 다산은 면죄부를 받게 되었다.

8. 고난은 정금과 옥(玉)을 만들어 낸다

하늘의 은총 입어,
못난 마음 활짝 열려,
육경 깊이 연구하여,
묘한 이치 통하였네.
간사한 이 설쳐댐은, 널 옥(玉)으로 쓰심이라.

(정약용 자찬묘지명, 광중본)

신유박해와 다산의 귀양

정조가 죽고 난 후, 1801년 조정은 오가작통법과 연좌제를 선포했다. 정조 때 천주교에 수용적이던 정부가 순조(11살)가 왕이 되며 180도 바뀌었다. 실권은 대왕대비에게 있었다. 오가작통법이 선포되고 8일 후에 엄청난 사건이 터지고 말았다. 조선천주교 최고 리더인 정약종이 천주교서적, 성호, 성물, 주문모의 편지를 담은 상자를 옮기다 불심검문에 걸려들었다. 상자를 열어본 포도대장은 이것이 판도라 상자임을 금세 알아챘다. 편지에 나온 사람들이 잡혀와 취조가 시작되었다.

정약용도 체포되어 심문을 받았다. 심문관이 물었다. 편지에 나오는 정약망(若望)이 누구냐? 정약용이 답한다. 우리 집안에는 그런 이름을 가진 사람이 없습니다. 그것은 거짓말이었다. 약망은 다산의 세례명 요한의 한자어다. 다행이 심문관이 그것을 몰라서 넘어갔다. 심문관은 황사영의 편지에 대해 물었다. 황사영은 다산의 조카사위다. 여러 자료들은 그를 점점 옥죄어 왔다. 정약용은 곤장 30대를 맞고 일단 풀려났다.

곤장을 맞은 이틀 후, 정약용은 다시 심문을 받았다. 이때 정약용은 평소 그답지 않게 천주교 리더 최창현과 천주교의 고급정보들을 발설하였다. 심문이 진행되며 정약용이 천주교와 거리를 두고 있다는 정황증거들이 나왔다. 신유박해로 천주교는 거의 와해되었다.

정약종, 이승훈, 최창현 등 여섯 명이 서소문 밖에서 참수되었다. 거짓말처럼 정약용은 유배형으로 감형되었다. 참담한 마음으로 귀양길에 오른 정약용은 충주에 있는 아버지 무덤을 찾아 절하며 시 한수를 남겼다. '하담의 작별'이다.

아버님 아십니까 모르십니까? 어머님 아십니까 모르십니까? 집안이 온통 모두 뒤엎어져서, 지금에 죽고 삶이 이러합니다. 남은 목숨 비록 보전한대도, 큰 바탕은 이미 다 망가졌지요. 자식 낳고 부모님 기뻐하셨고, 품고 길러 부지런히 살피셨지요. 마땅히 하늘 은혜 갚으렸더니, 이렇게 내쳐질 줄 뜻했으리까. 세상사람 다시는 자식 낳고서, 기뻐하지 못하게 하고 말았네.[40]

아버지 무덤 앞에서 부르짖는 정약용의 통곡소리에서 욥의 부르짖음 '어찌하여, 어찌하여'란 절규를 듣는 것 같다. 정약용은 충주 하담의 아버지 묘에 이별을 고하고, 탄금대를 지나 괴산 연풍을 거쳐 새재를 넘고, 문경과 함창을 지나 귀양지 포항 장기에 이르렀다.[41] 이때 다산 나이 마흔, 1801년 3월 9일이었다.

다산의 배교

다산에 대한 사료들을 보면, 세 번 배교한 것으로 보인다. 첫째, 진산사건 때 배교의사를 표했다. 둘째, 정조에게 올린 자명소에 나타난다. 다산은 1797년 6월 정3품 동부승지로 정조의 부름을 받았다. 이때 다산은 장문의 사직 상소를 올렸다. 자명소의 정식 명칭은 '비방을 해명하며 동부승지를 사직하는 상소'다. 다산은 자기가 동부승지를 받을 수 없는 이유로 천주교 문제를 말한다.

철없던 20대 초반에 『칠극』 등을 보고 한때 현혹되었지만, 진산사건 이후 천주교를 원수처럼 미워했노라 고백한다. 반대자들이 계속 다산의 천주교 전력을 물고 늘어지니 이런 상태로 벼슬을 받을 수 없다는 것이다. 상소의 내용은 모함을 끊어 달라는 것과 자기가 천주교를 버렸다는 고백이다. 세 번째 배교는 신유박해(1801년) 때이다. 구사일생 살아난 다산은 곤장 30대를 맞고 포항 장기를 거쳐 강진으로 18년간 유배되었다.

다산 해배 이후 신앙 회복기

다산이 신유박해 이후 신앙을 완전히 버렸느냐, 아니면 다시 회복했느냐 하는 문제는 아직도 의견이 분분하다. 일반 학자들은 다산이 배교상태로 죽었다고 주장한다. 반면 천주교 학자들은 다시 신앙을 회복했다고 주장한다. 지금까지 밝혀진 문건과 연구를 보면, 다산이 신앙을 회복한 것에 좀 더 무게가 있어 보인다. 정민의 글과 김옥희의 '다산 정약용의 서학사상연구'를 중심으로 몇 가지를 살펴보자.

20년간(1846년-1866년) 조선선교사로 있던 다블뤼 주교는 다산이 해배 후, 다시 신앙생활을 한 것으로 본다. 한 가지 염두에 둘 것은 다산의 모든 글은 겉으론 유교의 언어체계를 갖고 있지만, 속엔 천주교의 내용을 은밀히 담고 있다는 점이다. 다산은 모든 글에서 철저히 자기검열을 하였다. 그렇지 않으면, 살아남을 수 없는 시대였다. 다블뤼는 이렇게 말한다.

> 정약용(요한)은 귀양에서 풀려난 지 2-3년 후부터 신앙생활을 다시 시작하였다. 천주교 진리는 그에게 항상 명백하게 보였다. 그는 늘 외딴 방에 틀어박혀 소수의 친구 밖에는 만나지 않았고, 속죄를 위해 자주 단식과 그 밖의 고행을 했다. 그는 자신이 직접 만든 몹시 고통을 주는 띠를 늘 매고 있었고, 또한 몸의 여러 곳을 작은 쇠사슬로 감고 있었다. 그는 또한 오랫동안 묵상하곤 했다.[42]

다산의 회개생활은 단순히 내면적인 것으로 끝나지 않고, 은둔과 고행과 단식으로 구체적이었다. 다산은 마치 수도사처럼 스스로 고행하며 깊은 묵상생활을 하였다고 한다. 이런 모습은 다산의 4대손인 정규영의 『사암선생연보』 후기에서 다산이 '대월 공부'에 열심이었다는 것에서도 엿볼 수 있다. 기독교에서 회개는 중요한 덕목이다.

베드로도 세 번이나 예수님을 부인했으나, 회개하여 사도 베드로가 되었다. 다블뤼는 다산의 배교와 회개를 선교 초기 상황에서 있을 수 있는 일로 본다. 중요한 것은 다산이 회개 후에 흩어진 조선 천주교회의 정신적 지주가 되어, 교회의 재건에 공을 세운 것으로 평가한다. 만일, 다산이 배교 상태로 죽었다면, 엄격한 프랑스주교가 무엇이 아쉬워 다산을 그렇게 긍정적으로 평가하겠는가. 다블뤼는 다산의 죽음을 이렇게 기록하였다.

요한 다산은 신원복직이 된 다음에도 여전히 은둔생활을 계속하며 그의 열심은 날로 치성하여 전에 나쁜 표양을 뵈어준 교우들을 즐겁게하며 많은 감명과 모범을 보여주었다. 정약용(요한)은 1835년 유방제신부가 들어온 뒤 그의 손으로 마지막 성사(종부)를 받은 후 세상을 떠났다.[43]

다블뤼는 선교편지에서 자기가 확실히 다산이 말년에 쓴 '한국복음전례사'를 보았다고 한다. 그러나 안타깝게 그 책은 현존하지 않는다. 이유는 1863년 화재로 다블뤼가 수집한 문헌들이 다 타버렸기 때문이다. 다블뤼의 편지는 프랑스 선교본부에 보고되었고, 이를 바탕으로 쓴 것이 달레의 조선천주교회사이다.

달레는 조선천주교회사에서 '귀양이 풀린 정약용(요한)은 자기 죄를 오랫동안 진심으로 통회하였고, 모범적인 열심으로 교우들을 감화시키며 죽음을 맞았다고 한다. 그는 여러 종교 서적을 남겼고, 특히 복음이 조선에 들어온 것에 대한 수기(des mmoire sur l'introduction de l'Evangile en Core)를 남겼는데, 이 책에 기록한 사실들은 대부분 그의 수기에 의한 것이다.'[44] 라고 기록했다.

정약용의 호 다산과 사암

정약용의 대표적인 호 다산은 강진 유배시절 학문적 만남을 가졌던 이재의가 정약용의 처지와 학술성과를 알리면서 정다산(丁茶山)으로 부른데서 유래한다. 다산은 차가 많은 산이란 뜻이다. 다른 호들도 정약용의 상황에서 유래한 것이 많다.

삼미(三眉)는 어린 시절 마마를 앓고 눈썹에 세 개의 흉터가 남았기에 지은 호다. 한양 명동에 살 때엔 죽란산인이란 호를 사용했다. 강진 유배 초기에는 탁옹(籜翁)과 탁피족인이란 호를 사용했는데, 대나무 껍질 같이 쓸모없는 사람이란 자조가 담겨있다. 또 사군자처럼 절개를 지키려는 마음도 있으리라.

정약용의 고향 마재는 5대조 정시윤이 자리 잡은 곳이다. 마현(馬峴) 혹은 마재란 '철마산 고개' 혹은 '말이 쉬어가는 언덕'이란 뜻이다.[45] 고향에 돌아온 뒤로 한강의 옛 이름인 열수(洌水)란 호를 사용했다. 마재와 관련된 호로 철마산인, 철마산초(철마산의 나무꾼),

철마초부가 있다. 다산의 생가 서쪽에 철마산이 있기 때문이다.

정약용은 자기 집의 당호를 '여유당'이라 하였다.[46] 회갑 때 쓴 자찬묘지명에서 자신의 호를 '사암'이라 했다. 사암은 기다릴 사(俟) 와 초막 암(菴)자란 뜻이다.[47] 그 당시 정약용의 사회개혁사상과 학문의 가치를 알아주는 사람은 아무도 없었다. 그러니 자기를 알아줄 다음 세상을 기다리는 수밖에 없었을 것이다. '사암'이란 호 속에는 정약용이 마음 놓고 말할 수 없었던, 천주교 신앙의 문제도 내포된 것은 아닌가 싶다.

다산의 자찬묘지명, 玉이 되리라

정약용은 18년의 길고 긴 유배를 마치고 고향 마재로 돌아왔다. 18 년 세월이 흐르는 동안 다산도 이젠 이가 빠지고 머리가 센 노인이 되었다. 회갑(1822년)을 맞은 정약용은 지난 세월을 돌아보며 "자찬묘지명"을 지었다. 자찬묘지명은 집중본과 광중본 두 가지인데, 이것은 광중본이다.

임금의 총애 입어, 곁에 모셔 들어갔네.
그분의 복심되어, 아침 저녁 가까웠지.
하늘의 은총 입어, 못난 마음 활짝 열려,

육경 깊이 연구하여, 묘한 이치 통하였네.
간사한 이 설쳐댐은, 널 옥(玉)으로 쓰심이라,
거두어 깊이 감춰, 훌훌 털고 멀리 뜨리.

(정약용 자찬묘지명, 광중본)[48]

욥이 고난당할 때, 고백한 가장 유명한 말은 그가 나를 단련하신 후에 '내가 정금같이' 되어 나오리라는 것이다. 다산은 18년 긴 귀양살이를 했다. 이제 고향에 돌아와서 회갑잔치를 앞두고 자신의 생애를 되돌아본다. 젊은 날, 다산에겐 두 하늘이 있었다. 땅의 지존인 정조와 하늘의 지존인 천주(하느님)다. 자찬묘지명 앞의 '임금의 총애'가 정조와 만난 18년이라면, 뒤의 '하늘의 은총'은 강진 귀양의 18년일 것이다.

다산은 참으로 신산했던 인생 60년을 돌아보며, 땅의 왕 정조와 하늘의 왕 하느님의 은총을 고백한다. 그 고백 끝에서 다산은 참으로 중요한 말을 한다. 이 모든 일들이 '자신을 옥(玉)으로 쓰려는' 섭리였다고.[49]

욥의 고백 '정금'과 다산의 고백 '옥'은 서로 일맥상통한다. 금광석 1톤을 정련하면, 4g의 순금을 얻는다고 한다. 나머지는 다 불순물이다. 순금과 옥(玉)이 되는 것은 말처럼 간단한 일이 아니다. 금광석이 깨지고 불에 타고 불순물이 사라져야 비로소 순금을 얻는다. 고난은 사람을 '정금과 옥'으로 정화시키는 신비한 힘이 있다.

다산과 욥, 흔들리며 피는 꽃

다산은 인생 고비마다 여러 번 흔들렸고 배교도 하였다. 그러나 마지막엔 중심을 잡은 것 같다. 욥도 고난을 당하며 여러 번 흔들렸다. 하나님께 반항하는 마음도 생기고, 하나님이 계시지 않은 것 같은 불안에 휩싸이기도 했다.

> 욥이 대답하여 이르되, 오늘도 내게 반항하는 마음과 근심이 있나니 내가 받는 재앙이 탄식보다 무거움이라... 그런데 내가 앞으로 가도 그가 아니 계시고 뒤로 가도 보이지 아니하며, 그가 왼쪽에서 일하시나 내가 만날 수 없고, 그가 오른 쪽으로 돌이키시나 뵈올 수 없구나. (욥기 23:1-9)

욥은 고난 한 가운데서 하나님께 반항하며 분노한다. '하나님 도대체 내가 무엇을 잘못했다고 나에게 이러십니까.' 반항한다. 고난에 가려 하나님이 보이지 않자 마음도 흔들린다. 그러나 결국, 귀로만 듣던 하나님을 눈으로 뵙는 믿음의 자리로 나간다.

사람은 누구나 고난 한 가운데 서면 흔들리기 마련이다. 태풍의 눈은 고요하지만, 고난의 눈은 고통스럽기 그지없다. 그러나 인생과 믿음의 신비는 고난으로 흔들려 넘어질 듯하지만, 오히려 흔들리며 더 강하게 자란다는 것이다. 도종환은 '흔들리며 피는 꽃'에서 이렇게 노래한다.

흔들리지 않고 피는 꽃이 어디있으랴
이 세상 그 어떤 아름다운 꽃들도
다 흔들리면서 피었나니
흔들리면서 줄기를 곧게 세웠나니
흔들리지 않고 가는 사랑이 어디 있으랴...

다산과 욥의 이름이 오랜 세월 뒤에도 향기를 발하는 것은 그들이 흔들리면서도 꽃을 피웠기 때문이다. 만일 그들에게 흔들림이 없었다면, 혹은 흔들려 넘어졌다면, 우리에게 이런 향기를 남기지 못하였을 것이다. 그들은 흔들렸기에 더 뿌리를 깊이 내렸고, 흔들렸기에 더 아름다운 향을 발하게 된 것이다.

9. 다산과 욥의 마음공부, 심경과 양심

시경에 이르기를
'상제(上帝)께서 너에게 임하고 있으니
두 마음을 품지마라.'
또 이르기를
'두 마음을 품지 말고 근심하지 마라.
상제께서 임하여 계신다'라고 했다.

(심경 2경, 시경, 대아)

다산의 마지막 공부 심경

『심경밀험』(心經密驗)은 정약용이 다산초당에 머물 때, 마지막으로 저술한 54쪽의 작은 책이다. 심경은 다산이 육경사서에 대한 경서(經書) 연구를 마치고, 마지막으로 심혈을 기울여 연구한 책이다. 다산 54세(1815년) 때의 일이다. 다산이 가장 아낀 책이지만, 심경은 잘 알려지지 않았다. 다산은 심경에 대한 애정과 중요성을 서론에서 이렇게 말한다.

> 내가 궁벽하게 살며 할 일이 없자 육경과 사서에 대하여 여러 해 깊이 연구하여, 하나라도 얻어 낸 것이 있으면, 기록하여 간직해 두었다. 이제는 독실하게 실행할 방법을 찾다보니 오직 소학과 심경이라는 책이 모든 경서 중에서 뛰어난 것이었다. 두 책을 참으로 배워 마음을 침잠시켜 실천하련다. '소학'으로는 바깥의 행위를 다스리고 '심경'으로는 마음 의 내부를 다스린다면, 아마도 현자가 되는 길이 있으리라... 심경밀협은 내 자신이 경험한 것으로서 스스로 경계를 삼으려 한다. 지금부터 죽는 날까지 마음 다스리는 방법에 모든 힘을 다하려고 한다. 그래서 경전연구의 업은 심경으로써 끝맺고자 한다. 오호라, 능히 이를 실천할 수 있겠는가?
>
> (1815년 5월 그믐, 다산초당 동암에서 이 글을 쓴다)

이 짤막한 서문을 보면, 저작 목적을 금방 알 수 있다. 심경은 송나라 주자의 제자인 진덕수(1178~1235)가 경서에 나오는 마음에 관한 격언 37구절을 뽑아서 편찬한 책이다. 그리고 명대 학자 정민정(1445~1500)이 심경에 대한 성리학자들의 주석을 모아서 편찬한 것이 '심경부주'이다. 심경은 이황을 비롯한 조선 성리학자들이 많이 읽고 연구했다. 심경은 말 그대로 왕과 선비들의 마음공부에 큰 영향을 끼쳤다.[50] 심경의 첫 세 내용은 이렇다.

> 순임금이 말했다. '사람의 마음은 늘 위태롭고, 도의 마음은 잘 드러나지 않는다. 오직 정밀하게 살피고 한결같이 지켜 그 중심을 붙잡아야 한다.'
>
> (1경, 서경, 우서)

> 시경에 이르기를 '상제께서 너에게 임하고 있으니 두 마음을 품지마라.' 또 이르기를 '두 마음을 품지 말고 근심하지 마라. 상제께서 임하여 계신다'라고 했다.
>
> (2경, 시경, 대아)

> 시경에 이르기를 '그대가 군자들과 사귀는 것을 보니 안색을 온화하고 부드럽게 해서, 혹 허물을 짓지 않을까 삼가는구나. 그대가 방에 홀로 있을 때 살펴야 하니, 이때는 방구석에도 부끄러움이 없어야 한다. 드러나지 않는 곳이라 하여 보는 이가 없다고 하지 마라. 신(神)이 이르는 것은 헤아릴 수 없으니, 어찌 게을리 할 수 있겠는가?
>
> (3경, 시경, 대아)[51]

다산이 『심경밀험』을 쓴 것은 귀양살이로 고단했던 자기의 삶을 반추하며, 깨달은 바를 몸소 실천하고 되새기려는 것이다. 다른 공부들이 실학 연구와 후학들을 가르치는 데 필요한 것이라면, 심경은 다산 자신을 위한 책이다. 지금부터 죽는 날까지 마음을 다스리는 법에 온 힘을 기울이려는 뜻이다. 다산은 평생 공부한 모든 것의 최종 결론이 심경, 즉 마음공부임을 깨달은 것이다. 심경(心經), 이 작은 책에서 정약용의 숨어있는 마음을 한 올이라도 뽑아낼 수 있다면, 다산의 진심을 알 수 있을 것이다.

다산의 마음 이해

인간의 마음과 심성론 대한 연구와 주장은 수천수백 가지이다. 동양엔 맹자의 성선설, 순자의 성악설, 고자(告子)의 선악혼설이 있다. 조선천주교에 막대한 영향을 준 『천주실의』를 지은 마테오 리치는 인간이란 영혼과 육신의 이원적 결합이라 한다. 인간은 하느님(上帝)에 의해 창조된 존재인데, 마음(心)을 짐승의 마음인 수심(獸心)과 사람의 마음인 인심(人心)으로 구분한다. 마테오 리치는 만물에 있는 혼을 3가지로 나눈다. 초목의 혼인 생혼(生魂), 동물의 혼인 각혼(覺魂), 인간의 혼인 영혼(靈魂)으로 혼삼품설을 주장한다.[52]

　다산은 인간이란 존재는 태어날 때, 정신과 형체(몸)가 오묘하게 결합하여 사람을 이룬다고 말한다.[53] 인간의 내면에는 허령(虛靈)과 지각(知覺)이 있는데, 이것을 마음(心), 신(神), 영, 혼이라고도 한다.[54] 이런 말들은 다 마음을 표현하는 용어이다. 사람의 오장육부 안에 심장이 있듯이, 사람의 생명과 활기를 주관하는 것이 바로 마음이다. 마음은 움직임에 따라 다양한 이름으로 불려진다. 내심과 외심, 근심이 있는 우심, 기쁨이 가득한 환심, 도타운 사랑이 있는 인심, 베푸는 마음 혜심, 싸우는 마음 쟁심, 기교적인 마음인 기심이 있다.[55]

다산은 하늘로부터 부여받은 마음의 실체를 다양하게 표현한다. '중용강의보'에서는 마음을 영명(靈明)이라 하고, '중용자잠'에서는 영명하고 형체가 없다는 뜻으로 영명무형지체(靈明無形之體)라 하고, 『심경밀험』에서는 영체(靈體)라 한다. 이러한 명칭은 마음이란 자각 능력이 있고 영명하다는 뜻이다. 다산의 이러한 표현은 현대처럼 심리학 용어가 세밀하지 못한 시대라는 것을 전제해야한다. 그 당시로서는 최선의 언어 선택이었다. 다산이 즐겨 사용한 영명과 영체는 결국, 천주교의 영혼과 매우 비슷한 용어이다.[56]

다산의 마음 이해는 상제천(上帝天) 소주처(所住處)로서의 마음이다. 이 말은 하늘의 하느님(上帝)이 인간의 작은 마음에 거하신다는 것이다. 인간의 마음이란 상제 곧 인격적인 하느님이 거주하는 집이란 개념은 다산의 마음 이해에서 가장 중요한 포인트이다. 다산은 인간의 마음을 신명지소택야(神命之所宅也)라 하여 하느님의 명이 임하는 곳이라 한다.[57] 다산은 하느님의 영이 인간의 마음 안에 현존하며 양심을 통하여 교감한다는 것을 분명히 밝힌다. 다산에게 상제(하느님)는 유일한 인격신이며 천지를 창조하고 이들을 주재하며 양육하는 분이다.[58]

다산의 이러한 사상은 천주교를 전해준 이벽의 생각과 같다. 이벽은 자신이 쓴 '성교요지'에서 사람의 마음은 거룩한 진리인 성도(聖道)가 깃들어 있는 집이므로 그 마음 속에 진기한 보물을 영원히 품고 감추어야 한다고 말한다. 마치 보석함에 보물을 넣고 잘 보관하듯이 마음속에 거룩한 진리를 소중히 보관하라고 권한다. 사람의 마음 안에 하느님이 내주한다는 개념, 곧 인간의 마음이 상제의 거룩한 성전이란 개념은 교부들과 영성가들의 고백이다.[59] 이것은 사도 바울의 고백과 동일하다.

> 너희는 너희가 하나님의 성전인 것과 하나님의 성령이 너희 안에 계시는 것을 알지 못하느냐 (고린도전서 3:16)

다산의 마음공부 신독

사람에게 마음이 있다는 것은 모든 종교와 철학이 동의한다. 그러나 마음이 무엇이며, 마음을 어떻게 다스리느냐(治心)는 방법은 다르다. 주자의 성리학 성인관은 선천적 기질이 결정적 역할을 한다고 보았다.[60] 요순임금의 기질과 폭군의 기질은 태어날 때부터 다르다는 것이다. 성인의 맑은 기질과 보통 사람의 탁한 기질은 선천적으로 다르다고 본다. 만약 그렇다면, 운명결정론이 될 것이다.

다산은 이것을 세 가지 이유로 비판한다. 첫째, 선과 악이 하늘의 결정이라면, 자애로운 하늘이 결정한 기준은 공평한가. 둘째, 당사자 입장에서 어떤 기를 받는가는 순전히 우연적 사건이다. 만약 누구는 우연히 선한 기질을 받아 선인이 되고, 누구는 악한 기질을 받아 악인이 된다면, 이는 부조리한 운명이다. 셋째, 선악이 이미 기질로 결정된다면, 인간이 선해지려는 동기부여와 노력 그리고 잘못을 뉘우치는 회개가 필요 없다. 결국 성인이 되느냐 악인이 되느냐 하는 문제는 운명론이 되고 만다.

다산도 인간에게 선천적 기질이 있음을 인정한다. 그러나 다산은 인간의 도덕적 능력과 지성적 능력은 다르다고 주장한다. 성인의 도덕성은 타고난 자질이 뛰어나서 그리된 것이 아니라, 그들이 삶의 위기마다 노력하여 조금씩 나아진 것이다. 성리학은 결정론적 도덕의 입장에서 인간의 변화 가능성을 회의적으로 보았다. 반면, 다산은 과정론적 도덕의 입장에서 인간은 선의 가능성을 갖고 태어나 죽을 때까지 선의 완성을 위해 노력하는 것이 인생이라고 보았다.[61]

다산은 인간의 자유의지(權衡, 권형)를 매우 강조하며 회심할 수 있는 존재로 본다. 다산은 '마음을 씻는데 방법이 있으니, 뉘우침(悔)이라는 한 글자에 불과하다.'라며 마음 수양의 방법으로 뉘우침(회개)이 중요하다고 강조한다.[62] 다산의 이런 마음 이해는 두 가지

의미가 있다. 첫째, 성리학은 인간과 자연만물은 모두 도덕성이 있다고 보았지만, 다산은 인간만이 도덕적 능력이 있다고 보았다. 둘째, 인간의 기질과 본능 그 자체를 악으로 볼 수는 없다. 그러나 그것을 절제하지 못하면 악이 된다. 인간이 인간일 수 있는 것은 악을 행했을 때, 악을 깨닫고 회개할 수 있다는 점이다.

이런 인간 이해는 기질결정론과 달리 인간이 잘못을 고쳐나갈 가능성을 준다. 곧 개과천선과 회개의 가능성을 열어준다. 이런 의미에서 인간은 윤리적인 존재가 될 수 있다. 인간의 도덕적 능력이 고정된 것이 아니라, 변화 가능하다는 것은 다산의 마음 이해에 대단히 중요하다. 이런 이해 위에서 수기치심과 신독이 가능해진다.

다산에게 마음을 다스리고 정화하는 수기치심(修己治心)의 가장 중요한 방법은 신독(愼獨)이다.[63] 신독은 홀로 있음이다. 영성훈련의 기본도 '홀로 있기' 훈련이다. 홀로 있음은 사막교부들과 수도사의 기본적인 영성훈련이며 다른 모든 종교도 강조한다. 다산의 신독은 세 가지로 요약된다.

첫째, 신독이란 단순히 방에 홀로 단정히 앉아 있는 것이 아니라, 신과 연결된다. 주자는 신독을 남들은 알지 못하나 자기만은 홀로 아는 자리 즉, 장소 개념으로 해석했다. 다산은 군자가 어두운 곳에서도 벌벌 떨며 감히 악을 행하지 못하는 것은 상제가 너희를 내려다보고 있다는 영적 개념으로 해석한다.[64] 신독이란 그냥 우두커니 혼자있는 것이 아니라, 매사를 '하나님 앞'(Coram Deo) 의식으로 살아가는 신앙적 수양론이다. 즉, 신독(愼獨)은 신(神)을 독대(獨

對)하는 것이니 신독(神獨)이라 할 수 있다.

둘째, 다산의 신독은 성리학이 말하는 진실무망의 노력이 아니라, 인격신인 상제 앞에서의 홀로 있음이다. 상제가 날마다 굽어 살피기에 그분을 의식하며 지성을 다해야 한다. 다산은 신독의 의미를 이렇게 말한다.

세밀한 마음으로 조심하여 상제를 섬기되 항상 성신이 옥루 (屋漏, 마음의 가장 깊은 곳)에 임하여 밝게 비추어 주심과 같이, 삼가고 두려워하여 조심스럽게 잘못이 있을까 살펴야 한다.(戒愼恐懼, 계신공구) 과격하고 교만한 행동이나 편벽한 감정에 기울어질까 두려워하며 죄를 범함이 있을까 또한 감정의 싹이 돋을까 두려워하며 그 마음을 평화롭게 가져야한다. 마땅히 기뻐해야할 때 기뻐하며, 성내야할 때 성내며, 슬퍼할 때는 슬퍼하고, 즐거워할 때는 즐거워하는데 그것은 바로 신독의 숨은 노력을 함으로 성취될 수 있는 덕행이다.[65]

셋째, 양심(도심,道心)은 하느님이 말씀하는 기관으로 사람 마음 안에 내재해있다. 인간은 양심을 통해 주시는 말씀이나 명령을 모두 하느님의 말씀으로 들어야 한다. 다산은 말하길 하늘은 인간의 언어로 지성스럽게 타일러 주지 않는다. 하늘의 혀는 양심에 깃들어 있어서 양심이 깨닫고 느끼는 것이 바로 상제의 엄위한 명령인 것이다. 하느님은 양심을 통하여 인간에게 자신의 뜻을 가르쳐주신다.

정약용의 학문에서 가장 독창적인 것은 도심(道心, 양심)을 천명(天命)과 동일시한 것이다. 유교 전통에서 천명은 보통 국가의 진로나 통치권 혹은 개인의 화복과 수명을 뜻한다. 성리학에서는 천지에 유행하는 천리(天理)나 본성으로 내재한 이치를 의미한다. 그런데 정약용은 초월적 주재자의 명령인 천명이 사람의 도심(양심)과 결합하는 것으로 본다. 즉 "도심즉천명(道心卽天命)"이라는 새로운 영성적 자각(spiritual awareness)에 도달한 것이다[66]

그러므로 타인은 이 명령을 듣지 못해도 자신만은 홀로 똑똑히 들을 수 있는 것이다. 이것은 말보다도 더 선명하고 분명하게 깨우쳐주고 가르쳐준다. 양심은 악을 행하면 부끄럽게 여기고 선한 일을 하면 기뻐한다. 다산은 양심의 소리에 귀 기울이는 훈련을 강조한다. 양심훈련은 모든 영성훈련의 기본이다.

양심 성찰

모든 종교는 양심성찰을 강조한다. 예수회 창시자 이냐시오는 그의 『영신수련』(Spiritual exercises)에서 양심성찰을 매우 강조한다. 『영신수련』 32번은 '양심을 깨끗하게 하고 고해성사를 더 잘 하기 위한 일반 양심성찰'[67]이다. 양심은 영혼의 가장 깊은 곳에 있다. 양심은 우리 모든 행위의 주요 원천이고, 그 결과로 삶이 표현된다.

문제는 우리 양심이 절대로 선하지 않다는 것이다. 사람들은 내 양심은 깨끗하다고 말하지만, 다 상대적인 것이다. 절대적인 기준에서 깨끗한 양심은 없다. 악한 양심을 선한 양심으로 계속 정화시키는 것이 영성훈련이다. 이를 위해서는 뉘우침(痛悔,통회)과 결심이 필요하다. 뉘우침은 지난날을 돌이켜 악을 고치고, 결심은 앞날을 준비하며 선을 바라보는 것이다. 정약용도 마음을 씻는데, 가장 중요한 방법이 '뉘우침(悔)이라는 한 글자'가 중요하다고 강조하였다.

사도 바울은 양심이란 모세의 율법을 모르는 이방인에게 하나님이 인간의 마음 본성에 심어준 하나님의 소리라 한다.

> 율법 없는 이방인이 본성으로 율법의 일을 행할 때에는 이 사람은 율법이 없어도 자기가 자기에게 율법이 되나니, 이런 이들은 그 양심이 증거가 되어, 그 생각들이 서로 혹은 고발하며 혹은 변명하여 그 마음에 새긴 율법의 행위를 나타내느니라. (로마서 2:14-15)

다산은 양심(도심)을 '하늘의 혀'라고 말한다. 양심이란 하느님이 인간 마음에 심어 놓은 하늘의 혀이고 말씀이다. 그러기에 누구든지 양심에 정직하고 민감하기만 하다면, 무엇이 옳고 그른지 답을 스스로 알 수 있다.[68] 그러나 인간의 양심은 타락하였고, 무디어지고 양심에 털 난 사람들이 많다. 간혹 양심의 가책을 받지만, 양심대로 하면 손해 본다는 생각 때문에 애써 양심의 소리를 외면한다.

바울은 양심을 네 종류로 나눈다. 선한 양심, 착한 양심, 청결한 양심, 화인 맞은 양심이다. 예나 지금이나 사람이 양심대로만 산다면, 세상에 무슨 문제가 있겠는가. 그러나 사람들이 양심을 휴지통에 버리고 양심 없이 살기에 인생도 괴롭고 세상도 죄악으로 가득하다.

다산은 특히 신독, 홀로 있음을 훈련할 때, 양심의 소리에 귀 기울이는 것이 중요하다고 강조한다. 다산은 양심을 도심(道心)으로 표현했다. 양심은 하느님이 인간에게 말씀하는 기관이며 혀이다. '하늘(상제)은 인간이 태어날 때, 태초에 하늘의 명령(천명, 양심)을 내려주고, 또 평상시에도 시시각각으로 계속 이 명령을 내려주신다.'[69] 즉 인간의 마음속에는 태어날 때와 태어난 이후에도 계속 하늘의 명령(天命之性)이 존재한다. 또 인간은 자유의지(權衡, 권형)를 가진 존재이다. 여기에서 인간은 윤리적인 존재와 책임적인 존재가 될 수 있는 것이다.

사람의 마음 가장 깊은 곳에 숨어있는 것이 양심이다. 맹장처럼 너무 깊이 숨어 있기에 웬만해선 보이지도 않는다. 많은 사람들은 양심이 있는지도 모른다. 신독, 마음훈련 중에 가장 중요하고 기본적인 것이 바로 양심성찰이다. 양심에 거리낌이 없다면, 그가 성인이고 군자가 아니겠는가.

다산의 현손(玄孫, 4대손)인 정규영이 정약용의 일대기를 모아 정리한 『사암선생연보』는 다산의 생애에 대한 가장 좋은 자료이다. 정규영은 편집자의 후기에서 다산은 "만년에는 대월(對越)의 공부와 병중흑백두(甁中黑白豆)에 엄하였다."[70]고 말한다. 일종의 양심성찰이다.

예수회 중국선교사 마이야(Mailla)의 『성경광익』은 이냐시오의 영신수련 8일 피정을 소개한 책이다.[71] 마이야는 성찰 방법으로 구슬을 실에 꿰어 죄를 범했을 때와 선을 행했을 때 구슬을 옮기어 세어보라 한다. 다산은 구슬대신 콩을 사용한 것으로 보인다. 병중흑백두란 병 두 개를 놓고, 착한 마음이 들면 한 병에 흰콩을 넣고, 악한 마음이 들면 다른 병에 검은 콩을 넣는 것이다. 다산은 세월이 지날수록 점점 흰콩이 많아졌다고 한다.

대월은 묵상의 첫 단계로 자신이 천주 앞에 있음을 생각하고 천주께 나아가는 것이다. 묵상을 깊이하면 마치 베가 물속에 잠기어 푹 젖는 것과 같다. 대월 다음엔 기구(기도)와 통회가 있다.[72] 정규영의 편찬자 후기를 보면, 결국 다산은 말년에 묵상과 마음공부와 양심성찰에 집중하였음을 알 수 있다.

욥 내 양심은 깨끗하다

자기 양심에 거리낌이 없는 사람이라면 성인, 군자, 의인이라 할 수 있다. 마음공부의 핵심 두 가지를 꼽으라면, 감정 성찰과 양심성찰이다. 인간의 마음속에 늘 문제가 되는 것은 감정과 양심의 문제이

다. 어느 누구도 나는 감정을 통달했어, 혹은 나는 양심에 전혀 꺼
릴 것이 없어, 그럴 사람은 없다. 감정의 성숙이란 땡감의 떫은맛
을 우려내어 단감을 만들어 가는 것과 비슷하다. 날 것 같은 감정
(emotion)을 홍시처럼 농익은 정감(affection)으로 성화시켜가야
한다. 양심은 자주 성찰하여 맑고 밝게 만들어가야 한다.

　양심성찰 훈련은 다양하다. 그 중에 가장 좋은 특효약이 고난이
다. 고난을 당하면 사람은 본능적으로 양심을 돌아본다. 고난은 더
러운 양심을 정화시키는 탁월한 능력이 있다. 욥은 엄청난 고난을
겪으면서 스스로 양심선언을 한다. 욥은 친구들의 거친 공격을 받으
며 이렇게 토로한다.

　　내가 거듭 말하지만 나에게는 아무 잘못도 없으며 내 양심은 깨끗하
　　다. (욥기 27:6, 현대인의 성경)

　욥은 자기가 비록 고난당하지만, 양심에 비추어도 떳떳하며
깨끗하다고 고백한다. 자기 스스로 자기를 비웃지 않을 것이라
말한다. 사람들 가운데 자기 스스로 자신을 비웃는 사람이 얼마
나 많은가. 남 보기엔 훌륭하고 성공한 사람처럼 보이지만, 홀로
가만히 생각해보면 자신이 얼마나 가식덩어리며 엉터리인지 알
기에 스스로 조소하는 사람들이 많다.

　현대인의 불행은 자기 양심을 가만히 들여다볼 고요한 시간조차
도 없다는 것이다. 다산의 말처럼 신독의 시간이 없다. 혹시 홀로 있
는 고요한 시간이 있어도, 그 고독을 견디지 못해 핸드폰과 술과 커

피로 나돌기 십상이다. 심리학자 칼 융은 일찍이 '조급함은 마귀에게서 나온 것이 아니라, 그 자체가 마귀다'[73]라고 일갈하였다.

욥은 고난 한가운데서 칠 일간 침묵했다. 매일 밤마다 잠 못 이루고 재위에서 깊은 고독과 묵상의 시간을 가졌다. 이 고난은 도대체 어디에서 온 것일까? 내가 무엇을 잘 못하였나? 하나님의 뜻은 무엇인가? 끝도 없고 답도 없는 고난 속에서 욥은 묻고 또 묻는다. 그 무엇보다 자기 양심을 깊이 들여다보며 혹시 양심에 꺼릴 일이 없는지 자문자답하였으리라. 사람이 자기 자신에게 부끄럽지 않은 삶을 살았다면, 더 할 나위가 없다.

다산은 회갑을 맞아 쓴 자찬묘지명에서 남은 삶을 반성하고, 회개하며 살아가겠노라 고백한다.

무릇 평생 동안 지은 죄가 너무 많아 가슴속에 회한이 가득하다. 금년(1822년) 이르러 내가 태어난 임오년(1762년)을 다시 맞은 해이므로 이른바 회갑을 맞은 것이다. 다시 태어난 것처럼 한가히 세월 보내는 일을 그만두고 아침저녁으로 성찰하는 데 힘쓰면, 하늘이 내려주신 성품을 회복할 수 있을 것이니 지금부터 그렇게 살아간다면 큰 잘못이 없으리라.

(자찬묘지명, 광중본 중)

욥은 자기 양심에 비추어 부끄럽지 않다는 고백을 여러 번하였다.

내가 내 눈과 약속하였나니 어찌 처녀에게 주목하랴. 그리하면 위에 계신 하나님께서 내리시는 분깃이 무엇이겠으며 높은 곳의 전능자께서 주시는 기업이 무엇이겠느냐. (욥기 31:1-2)

만일 내 마음이 여인에게 유혹되어 이웃의 문을 엿보아 문에서 숨어 기다렸다면, 내 아내가 타인의 맷돌을 돌리며 타인과 더불어 동침하기를 바라노라. 그것은 참으로 음란한 일이니 재판에 회부할 죄악이요. 멸망하도록 사르는 불이니 나의 모든 소출을 뿌리째 뽑기를 바라노라. (욥기 31:9-12)

사람들 마음속에 은밀히 타오르는 것이 음욕이다. 『칠극』에서도 인간의 음욕을 다룬다. 음욕에서 자유로운 사람이 몇이나 되겠는가. 심심치 않게 나오는 정치인들의 비리 중 하나가 성 접대다. 욥은 아리따운 처녀에게 이상한 눈길을 한 번도 주지 않았다. 꿈속에서라도 음란한 일을 생각지 않았다. 만일 그랬다면, 자기 아내가 타인과 동침하며 맷돌을 돌리며 노동을 해도 좋다고 말한다.

정약용은 다산초당에 머물던 어느 날, 꿈속에서 어여쁜 여인과 이야기를 나누는 꿈을 꾸었다. 꿈이지만 잠시 마음이 흐트러진 것을 부끄러워하며 시를 지은 일이 있다. 이러한 내용이다. '1809년 11월 6일 다산 동암에서 혼자 자는데, 꿈에 한 어여쁜 여인이 찾아와 장난을 걸었다. 나 또한 마음이 동했지만, 조금 있다 사절하여 보내며 시 한수를 주었다.'[74]

욥은 양심에 비추어 한 점 부끄러움이 없노라 말한다. 다산도 양심이 비추어 부끄러움이 없노라 말한다. 윤동주의 '서시'처럼 하늘을 우러러 한 점 부끄러움이 없는 삶을 살 수 있다면 얼마나 좋겠는가.

10. 다산과 욥의 칠극七克이야기

모든 악한 일은 욕망에서 나온다.
그러나 욕망은 본래 나쁜 것이 아니다.
이것은 하느님(上帝)이
사람의 몸을 보호하고 정신을 도우라고 내려준,
공평한 의리와 정당한 도리를 가진 밀사이다.
그런데 사람들이 그것을 오직 자신을 위해서만
다스렸기 때문에 비로소 죄가 되고 허물이 되어
온갖 악이 그것을 뿌리로 삼게 된 것이다.

(칠극, 13p)

칠극 어떤 책인가

정약용이 천주교로 급격하게 마음을 빼앗긴 것은 『칠극』의 영향이 매우 크다.[75] 『칠극』은 스페인출신 예수회신부 판토하(1571-1618, Diego de Pantoja)가 중국선교를 위해 한자로 지은 책이다. 『칠극』은 1614년 북경에서 출판되었는데, 사람이 극복해야 할 7가지 악한 마음이 주제다. 교만, 질투, 인색, 분노, 탐욕, 음란, 게으름이다. 소위, '죽음에 이르는 7가지 대죄'이다.

7대죄의 원조는 이집트 사막교부 에바그리우스(345-399)이다. 에바그리우스는 수도사가 경건한 삶을 살기 위해서는 이 8가지 악과 싸워야 한다고 말했다. '8가지 악한 생각'은 탐식, 정욕, 탐욕, 우울, 분노, 나태, 허영, 교만이다.[76] 이것이 제자 카시아누스(360-435)에 의해 유럽으로 전파되었고, 후에 교황 그레고리우스(540-604)는 이것을 '일곱 가지 대죄'라고 명명했다. 영어로 seven capital sins 혹은 seven deadly sins라 부른다. 후에 토마스 아퀴나스와 단테의 『신곡』에도 이것을 언급했다.

7대죄는 교회역사에서 신앙성숙의 중요한 지표가 되었고, 마음공부와 영성훈련에서 정복해야 할 마지막 산으로 여겨졌다. 브래드 피트와 모건 프리먼이 주연한 영화 세븐(SE7EN)도 이 주제를 다룬다. 퍼팩트 센스(Perfect Sense)에서도 중의적으로 7대죄를 다룬다. 심지어 일본 만화작가 스즈키 나카바의 '칠대죄'란 만화를 바탕으로 한 인기 애니메이션 '일곱 개의 대죄'를 활용한 넷마블 '칠대죄'(GRAND CROSS)는 대단한 인기를 끌고 있다.

판토하는 『칠극』 서문에서 이렇게 말한다. 사람 마음의 병은 일곱 가지요, 이것을 치료하는 약 또한 일곱 가지다. 핵심은 묵은 악업을 없애고 새 덕업을 쌓는 것이다.(消舊積新) 즉 7가지 죄를 이겨내고 7가지 덕을 쌓는 것이다. 오만은 겸손으로 이기고, 질투는 어짊과 사랑으로 극복하며, 탐욕은 베풂으로 풀고, 분노는 인내로 가라앉힌다. 욕심은 절제로 막으며, 음란함은 정결로 차단하고, 게으름은 부지런함으로 넘어서야 한다.[77] 칠극은 7장으로 구성되어 그 단계에 따라 적절한 예화와 함께 처방전을 내리듯 친절하게 설명한다.

칠극이 조선에 미친 영향

판토하는 1599년에 중국 마카오에 도착하여 마태오 리치를 만났다. 그는 1600년 리치를 따라 북경으로 가서 함께 선교활동을 하였다. 『칠극』은 『천주실의』와 비슷한 시대의 작품이다. 『천주실의』가 중국인들에게 천주교를 소개한 교리서면, 『칠극』은 천주교 신앙을 실천하는 방법으로 죄의 근원을 극기(克己)와 수덕으로 극복해야 한다는 수양론을 제시한다. 따라서『천주실의』와『칠극』의 내용은 서로 보완적이다.

　판토하의 선교전략은 중국문화와 그리스도교문화를 조화시키며 보유론(補儒論)의 입장에서 천주교를 전하려하였다. 즉, 천주교의 실천 덕목을 유학자들이 받아들일 수 있는 방법으로 설명하였다. 판토하는『칠극』서문에서 이렇게 말한다.

　모든 악한 일은 욕망에서 나온다. 그러나 욕망은 본래 나쁜 것이 아니다. 이것은 하느님(上帝)이 사람의 몸을 보호하고 정신을 도우라고 내려준, 공평한 의리와 정당한 도리를 가진 밀사이다. 그런데 사람들이 그것을 오직 자신을 위해서만 다스렸기 때문에 비로소 죄가 되고 허물이 되어 온갖 악이 그것을 뿌리로 삼게 된 것이다.
　이 악의 뿌리가 마음에 숨어있으면, 부(富)를 바라고, 귀(貴)를 바라고, 안락을 바라는 세 가지의 줄기가 생겨난다. 이 줄기는 다시 가지들을 낳는데, 부를 바람은 재물에 대한 탐욕을 낳고, 귀를 바람은 거만을 낳고, 안락을 바람은 음식에 대한 욕심을 낳고, 방탕을 낳으며, 게으름을 낳는다. 그리고 부와 귀와 안락을 바람이 자아를 이기면 질투를 낳고, 그것이 자아를 빼앗으면 분노를 낳는다. 그러니 사욕이란 그 뿌리를 하나로 하고 있는 것이다.[78]

　하나님이 인간에게 주신 욕망은 삶의 에너지다. 그런데 이것을 사욕을 위해 쓰다 보니 죄가 되었다. 사람들은 죄를 이기고 덕을 닦는 일에 평생 애쓰지만, 좋은 열매를 맺지 못한다. 그 이유는 근본을 알지 못하고, 마음이 깨끗하지 않고, 절차를 모르기 때문이다. 그러기에 『칠극』을 통해 근본을 알고 절차를 터득하여 덕을 수행하라는 것이다. 이러한 『칠극』의 보유론적 접근은 중국과 조선의 유학자들에게 엄청난 매력을 던져주었다. 보유론이란 유교의 부족한 부분을 『칠극』이 부분적으로 보충해줄 수 있다는 견해다.

정민은 『칠극』을 이렇게 평가한다. 중국인들에게는 희로애락애오욕이란 칠정을 끊는 인의예지라는 사단이 있다. 서양에도 교만·질투·탐욕·분노·식탐·음란·나태란 7가지 죄를 다스리는 겸손·사랑·관용·인내·절제·정결·근면이란 처방이 있다. 『칠극』은 유학에서 말하는 것과 같은 것이라고 종교색을 빼고 들려준 것이다. 그러기에 중국인과 조선선비들은 이단 신앙(천주교)을 받아들이는데 거부감이 적었다. 판토하의 이러한 선교 전략적 접근은 매우 효과적이었다.

또 중국의 정치인 진량채의 적극적인 추천사는 『칠극』의 권위를 더해 주었다. 진량채는 이렇게 『칠극』을 추천하였다.

> 나는 이 책을 다 읽어 보았는데, 이 책은 정성스럽고 참되며 절실하여 우리 유자들이 법도에 맞다고 말할 만한 것이 많이 있다. 구절과 글자 모두 다 뼈를 찌르고 마음에 사무쳐지니, 이것은 유자를 고쳐시켜 주는 것이요, 언제나 하느님(上帝)을 따르고 믿어서 하늘의 보답을 누릴 것을 바라고 괴로움에서 영원히 벗어날 것을 바라고 있으니, 이것은 유자(儒者)를 보좌해 주는 것이다.[79]

기록에 의하면, 사도세자도 이미 『칠극』을 읽었다. 사도세자는 자신이 읽은 책 목록을 만들었는데, 놀랍게도 그 목록 가운데 복음

해설서인 『성경직해』와 『칠극』이 등장한다. 천주교가 조선의 뜨거운 감자로 떠오르기 약 30년 전에 구중궁궐 가장 깊은 곳에서 사도세자가 『칠극』을 이미 읽고 있었다. 참으로 놀라운 일이 아닐 수 없다. 또 사도세자의 부인 혜경궁홍씨도 천주교신자였다는 말이 돌았다. 정조의 친동생인 은언군의 아내 송씨와 며느리 신씨도 천주교인이었다.[80] 이들은 정조가 죽은 후, 1801년 신유박해 때 발각되어 처형당했다.

실학의 선구자인 성호 이익도 『칠극』을 긍정적으로 평가했다. 이익은 서학(천주교)의 윤리사상이 유교윤리에 보완적 역할을 한다고 인정하였다. 이익은 『칠극』을 인간의 일곱 가지 욕망을 극복하는 천주교의 수양론으로 보았다. 이익은 『칠극』을 유교의 극기(克己)를 위해 유용한 보완서로 인정하여 이렇게 긍정적으로 평가했다.

칠극은 우리 유교의 극기 이론이다. 조리에 질서가 있으며, 비유가 절실하다. 간혹 우리 유교에서 계발하지 못한 것도 있으니, 예법을 회복하는 공부에 도움 됨이 크다. 다만 '천주와 귀신'의 이론으로 뒤섞고 있다는 것이 해괴하다. 만약 잡된 것을 제거하고 뛰어난 이론만 채택한다면, 바로 유교의 유파일 뿐이다.[81]

이익의 제자들의 『칠극』에 대한 평가는 두 개로 나뉜다. 안정복, 홍낙안, 이기경은 천주교를 유교의 부족한 부분을 채워주는 보유론으로 본다. 이들을 공서파(攻西派, 성호우파)라 하는데, 천주교의 영적 부분은 거부하고 공격한다. 반면 다산, 이승훈, 이벽, 권철신 등

젊은 남인들은 칠극을 보유론을 넘어 신앙으로 받아들였다. 이들을 신서파(信西派, 성호좌파)라 하는데, 이들은 천주(상제)를 인격적인 신으로 믿고, 영혼과 천국과 지옥의 교리를 심각하게 받아들였다.

이들은 『칠극』을 단순한 마음공부가아니라, 신앙으로 받아들이며 영적문제로 깊이 끌고 들어갔다. 젊은 남인들이 이처럼 『칠극』과 천주교에 매료된 것은 『칠극』의 구성과 내용이 워낙 재미있고 교훈적이기 때문이다.

또한 18세기 조선후기의 상황이 유교의 이념이 생명력을 다하고 한계를 드러내자, 새로운 사상을 찾던 시기였다. 임진왜란과 병자호란으로 나라가 초토화되었고, 당파의 대립과 사회적 모순이 극도로 심각해진 시대였다. 이러한 혼란의 시대에 『칠극』은 성호좌파를 거쳐 한글로 번역되어 백성과 여인들에게도 급속하게 퍼져나갔다.

다산이 평생 아낀 칠극

다산은 천주교 관련 책들을 많이 읽었다. 그 중 다산의 마음을 가장 많이 끈 것은 『칠극』이다. 『칠극』은 정약용이 23세에 처음 접하고, 그의 생애 전반을 함께한 책이었다. 정민 교수는 강진 유배 이후에도 『칠극』의 그림자가 다산의 글 곳곳에서 나타난다고 본다. 다산은 제자들에게 증언(贈言) 형식의 훈계를 많이 남겼다. 증언첩에 실린 글은 잠언풍의 토막글인데, 전통적 글쓰기와 외형상 비슷하지만, 무엇인가 달랐다.

　다산의 글쓰기는 이전 유학자들의 훈계와 결이 달랐다. 다산의 이런 독특한 글쓰기 뒤에는 『칠극』이 있었다. 그런 사실을 잘 보여주는 글이 다산의 '취몽재기(醉夢齋記)'이다. 술에 취해 꿈처럼 몽롱하게 산다는 말이다. 취몽재기는 『칠극』의 논의를 쉽게 풀어 쓴 것이다. 다산은 강진에 귀양 가서 5년쯤 지난 무렵, 제자 황상의 아버지와 가깝게 지냈다. 그는 이름난 술꾼으로 늘 술에 절어 살았다. 다산은 그를 위해 취몽재기를 써주었다. 한 부분을 보면 이렇다.

　취한 사람에게 취했다고 하면 원통해하며 자기는 취하지 않았다고 말한다. 높은 벼슬에 오르거나 귀한 보물을 얻는 꿈을 꾸는 사람은 깨기 전에는 그것이 꿈인 줄 모른다. 정말 병이 위독한 사람은 자기가 병든 줄을 알지 못한다. 자기가 미쳤다고 말하는 사람은 진짜 미친 것이 아니다. 정말 간사함이나 음탕함, 게으름에 빠진 사람은 그것이 나쁜 것을 알지 못한다. 그것이 나쁘다고 스스로 말할 수 있는 사람은 그 잘못을 고칠 수 있다. 그러니 스스로 취했다고 하고, 꿈꾼다고 하는 사람은 술과 잠에서 깨어날 가능성이 있는 사람이다.[82]

　그런데 놀랍게도 이와 비슷한 내용이 『칠극』 제1편 '교만을 이겨내기는 어렵다'에도 있다.

그것이 꿈이었다고 말하는 이는 이미 꿈에서 깨어난 사람이다. 그리고 그가 나빴음을 아는 사람은 반드시 선으로 옮겨갈 수 있을 것이다. 병을 치료하려면 반드시 병이 들었음을 알아야 한다. 만약 병이 들었는데도 병이 들었다는 것을 깨닫지 못한다면, 치료할 방법을 찾지 않을 것이니, 그 병은 고치기 어려울 것이다. 교만이 마음에 들어오면 그것은 곧 마음의 눈을 흐려버린다.[83]

다산은 취몽재기 끝에서 '나는 취하고 꿈꾸는 것에 대해 들은 주장이 있으므로 마침내 써서 준다.'고 했다. 다산이 들은 것이 바로 『칠극』에 나오는 글이었다. 배교선언 이후, 강진 유배 기간 중에도 다산은 계속 『칠극』의 가르침을 되새기고 있었던 것이다.

다산은 '두 아들에게 써준 가훈'에서 '재화를 비밀스럽게 감춰두는 것으로 남에게 베풀어 주는 것만 함이 없다. 단단히 잡으려 하면 할수록 더욱 미끄럽게 빠져나가니 재화란 것은 점어(鮎魚, 메기)와 같은 것이다'라고 했다.[84] 『칠극』에도 귀한 지위를 얻고 싶어 하는 것은 진흙 속의 미꾸라지를 잡는 것과 같다.[85] 왜냐하면, 미꾸라지는 꽉 잡으려고 하면 할수록 빨리 놓치고 만다고 했다.

제자 윤종심에게 준 증언(贈言)도 『칠극』의 느낌이 짙다. 곡산부사 시절에 다산은 고을의 토지 문서를 살펴보았다. 100년 사이에 보통 대여섯 번 주인이 바뀌고, 심한 경우 아홉 번까지 바뀌었다고 다산은 말한다. 창기는 남자를 자주 바꾼다. 어찌 내게만 유독 오래 수절하기를 바라겠는가? 토지를 믿는 것은 창기의 정절을 믿는 것과 같다. 부자는 넓은 밭두렁을 보며 자손을 향해 자랑스레 외친다.

만세의 터전을 너희에게 주노라.[86] 하지만, 그가 눈을 감기도 전에 그 자식은 여색과 노름에 빠져 재산을 탕진하고 만다.

『칠극』 3편 '탐욕을 풀다'에서, 성 아우구스티누스가 탐욕과 인색함으로 재물을 모으는 자에게 물었다.

> 당신은 누구를 위해 그토록 애쓰고 고생합니까? 제 아들들을 위해서입니다. 당신의 아들은 누구를 위해서 애쓰고 고생합니까?라고 묻자, 그는 아들의 아들을 위해서 입니다라고 하였다. 이에 아우구스티누스가 그에게 다음과 같이 말해주었다. 그렇다면 끝없이 내려가더라도 당신 자신을 위하는 것은 없지 않습니까?[87]

결국, 세상의 재물은 나의 재물이 아니다. 다만 내 손을 거쳐 가는 것일 뿐이다. 내가 재물을 모아 자식에게 준다한들 그 자식이 주색에 빠지거나 사업이 망하거나 주식으로 날릴지 우리는 알 수 없는 것이다. 그러니 자식을 정말 사랑한다면, 재산보다 덕을 남겨주라 한다. 덕을 남겨주면 재산도 따라올 것이다. 재물은 모든 죄를 담고 있는 판도라상자이다. 만약 어린아이가 그것을 끼고 있다면, 이는 마치 미친 사람이 날카로운 칼을 끼고 있는 것과 같아서 자신과 남을 해치게 될 것이라 경고한다.

다산의 글 중에 적지 않은 부분이 『칠극』에 바탕을 두거나 표현을 바꾼 것이다. 구문을 바꾸고, 미꾸라지를 메기로 바꿨어도 뜻의 뿌리는 『칠극』에서 나온 것이다. 이처럼 다산은 배교 선언 이후 강진 유배 기간 중에도 『칠극』의 가르침을 계속 되새기고 있었다.[88]

『칠극』의 영향은 다산뿐 아니라, 천주교를 믿지 않았던 연암 박지원의 글에도 여럿이라고 정민은 말한다. 『칠극』은 18-19세기 조선에서 천주교신앙 여부를 떠나 왕실과 실학자들과 민중들과 여인들에게도 심대한 영향을 준 책이다.

칠극과 게으름

다산은 매우 부지런한이다. 다산에 대한 전설적인 이야기가 과골삼천(踝骨三穿)이다. 다산초당에서 방바닥에 앉아 부지런히 책을 쓰다 보니 복사뼈에 세 번 구멍이 났다는 것이다. 정말 기가 막힌 이야기다. 초당 10년 세월에 500여권 저술을 남긴 것을 봐도 짐작할 수 있다. 추사 김정희는 붓글씨 연습으로 벼루 열개가 구멍 나고, 붓 천필이 달아 없어졌다한다. 그런데 다산은 공부와 연구에 몰입하다보니 복사뼈에 세 번 구멍이 났다는 것이다.

다산이 제자 황상에게 준 가르침은 '부지런하고, 부지런하고, 또 부지런하라.'는 삼근계(三勤戒)다. 다산은 제자나 아들에게도 거듭 부지런하라 당부했다. 황상은 76세가 되어서도 다리 부러진 돋보기를 코에 걸치고 책을 읽고 붓을 들어 메모하고 정리했다. 황상은 자기를 비웃는 이들에게 스승의 과골삼천 이야기를 들려주며, 스승에 비하면 부끄럽기 그지없다고 말하였다. 그 스승에 그 제자다.

『칠극』은 잠언, 전도서, 욥기, 복음서 등 많은 성경과 교부들의 신앙을 우화형식으로 쉽게 풀어썼다. 『칠극』의 일곱 번째가 '게으름을 채찍질하다'이다. 이렇게 시작한다.

게으름이란 무엇인가? 그것은 덕행을 싫어하고 두려워하는 것인데, 모든 욕망에 거리낌이 없고, 귀찮은 일을 견디지 못하고, 선에 대한 굳은 자세가 없고, 여가를 바라고, 하는 일 없이 놀고, 잠이 많은 것들은 모두 게으름의 가지이다. 그리고 음란한 욕망, 먹고 마심에 절제가 없는 것, 도둑질하는 것, 남을 시기하는 것, 농담을 하는 것, 쓸데없이 웃는 것, 나쁜 일을 꾀하는 것, 남을 헐뜯는 것 등의 여러 가지 일들이 모두 게으름에서 흘러나온다.[89]

『칠극』은 게으름에 대해 잠언을 인용해 경고한다. 성경에 '게으른 이들아. 너희는 언제자는 것을 그만두고, 언제 누운 몸을 일으키려고 하는가? 잠깐만 눕고 잠깐만 자더라도, 가난은 마치 우치(郵置, 말로 관리를 호송하거나 물건을 빠르게 전달하는 일을 하던 곳)처럼 오고 마치 갑옷을 갖추어 입은 용사와 같이 너희를 쫓아올 것이다'라는 말씀이 있다. 이것은 잠언을 중국에 맞게 풀어 쓴 것이다.

그런데 너 게으른 자야, 언제까지 잠만 자겠느냐? 언제 잠에서 깨어 일어나겠느냐? 조금만 더 자야지, 조금만 더 일손을 쉬어야지! 하겠느냐? 그러면 가난이 부랑배처럼 들이닥치고 빈곤이 거지처럼 달려

든다. (잠언 6:9-11, 공동번역)

『칠극』에서 한가함은 게으름의 가까운 짝이며, 모든 악의 어머니라 한다. 마귀와 사악한 감정과 더러운 욕망은 게으름을 표적으로 삼는다. 조물주가 새에게 두 날개와 사람에게 두 손을 준 것은 날고 일하라는 것이다. 끓는 물에는 파리가 앉을 수 없으나 물이 식으면 날아든다. 사람이 부지런히 일할 때는 사악한 생각이 들어오지 못한다. 그러나 빈둥거리고 한가롭게 여유를 부리면, 어느새 마귀는 다가온다. 그래서 성 예로니무스는 '마귀가 너희를 찾아왔을 때, 언제나 너희가 일을 하고 있는 것을 만나게 하라'[90]고 경고하였다.

칠극과 욥기

『칠극』에 욥기가 여러 번 인용된다. 『칠극』 1편 '교만을 누르다'에서 욥을 성인으로 소개하며 이렇게 말한다. 성서에 모든 아름다운 은혜는 하늘에서부터 온 것이요, 대부(大父, 하느님)가 보내준 것이다.[91] 하느님(天主)은 네게 해로운 것은 모두 네가 만든 것이요, 너를 도와주는 것은 모두 하느님이 주신 것이라고 말한다. 그러므로 선을 행한 명예는 하느님께 돌려야지 자기 것 인양 자랑하며 교만해선 안

된다.

　사실 우리가 행한 선도 그것이 진짜 선인지 아닌지 우리는 알수가 없다. 그래서 욥(若白) 성인도 '나의 마음이 비록 순수하고 맑다고 하지만, 그것은 내 스스로 알 수 있는 것이 아니다.'라고 말했다.[92] 이것은 "재난은 티끌에서 일어나는 것이 아니며 고생은 흙에서 나는 것이 아니니라. 사람은 고생을 위하여 났나니 불꽃이 위로 날아가는것 같으니라."(욥기 5:6-7)는 말씀을 다듬은 것이다. 선악은 사람이 결정할 수 있는 것이 아니라, 하느님만 결정할 수 있다는 것이다.

　『칠극』 3편 '탐욕을 풀다'에서는 욥의 고난을 소개한다. 세상의 재물과 부는 모두 꿈같은 것이다. 굶주린 사람이 꿈속에서 맛있는 음식과 술을 먹더라도 꿈에서 깨어나면, 전과 같이 굶주리고 목마르다. 탐욕스러운 이는 재물이 가득하면 활기가 넘치나, 재물이 사라지면 굶주림과 목마름을 느낀다. 인생길 끝에는 누구나 반드시 지나가는 죽음이란 관문이 있는데, 그 문에서는 크든 작든 물건 하나라도 지니고 갈 수 없다. 다 빈손으로 지나가야 한다. 그러기에 지나친 탐욕을 그치란 것이다.

　『칠극』 4편 '분노를 없애다'에서 욥의 고난을 자세히 설명한다. 욥은 홀연히 엄청난 고난을 당하여 자식들이 떼죽음 당하고 재산도 사라지고 온 몸이 악창으로 시달리지만 원망하거나 분노하지 않았다. 오히려 '알몸으로 어머니 배에서 나왔으니 알몸으로 돌아가는 것이 마땅하다'고 고백한다. 고난 중에도 욥은 담담하게 '알몸론'을 말한다.

　욥의 고난을 보다 못한 아내가 차라리 천주를 욕하고 죽으라고 말하자, 욥은 아내의 어리석음을 꾸짖으며 천주께서 복을 주셨으니, 고난도 참아야한다고 말한다. 원래 천주께서 욥에게 이런 고난을 주신 것은 죄에 대한 벌이 아니요, 인내의 덕이 세상의 모범과 본보기가 되게 하려는 것이었다. 『칠극』은 욥의 고난이 14년 후에 끝나고 처음보다 갑절로 복을 받았다고 말한다.[93]

　『칠극』에 욥이 여러 번 나오는 것을 보면, 다산도 욥을 분명 알았을 것이다. 다산이 반대파의 정치공세로 고난을 당할 때, 또 18년의 긴 귀양살이를 하면서 혹시 욥의 고난을 생각하지는 않았을까. 다산은 회갑을 맞아 쓴 자찬묘지명 끝 부분에서 이렇게 고백한다.

　　네가 네 선행 기록하되 연편누독 장황하니, 네 숨은 사특(邪慝) 기록하면 책에 다 적을 수 없으리. 너는 말하기를, 나는 사서육경을 안다하지만, 그 행실 상고하면 부끄럽지 않을 수 있으랴. 너는 명예 구하나 찬양은 없도다. 몸으로 증명하여 나타내고 빛내지 아니하랴. 네 분운함을 거둬들이고 네 창광함을 중지하라. 힘써 상제(上帝)를 밝게 섬겨야 마침내 경사 있으리라.

　　　　　　　　　　　　　　　　　　　(정약용 자찬묘지명, 집중본 중)

　다산은 60년 인생을 회고하며, 선행보다 사특함이 많다고 고백한다. 죄와 사특함을 책에 다 적을 수 없으리라 한다. 사서육경 공부는 잘 하였지만, 행실은 그렇지 않다고 말한다. 아는 것을 삶으로 살아내지 못한 것을 부끄러워한다. 따라서 이러니저러니 많은 말로 남 탓하지 말고, 힘써서 상제(하느님)를 밝게 섬기면, 마침내 좋은 일이 있으리라 기대한다. 다산은 회갑을 맞이하여 세상 탓과 남 탓보다는 자신의 부덕을 안타까워하며 상제 앞에 바르게 서려한다.

III. 다산과 욥이 꿈꾼 무릉도원

욥의 거기(There)와 유토피아(무릉도원)

욥은 고난의 대명사이다. 욥이 당한 고난은 총체적이다. 자녀들의 떼죽음, 재산 상실, 몸의 질병, 저주하며 떠난 아내, 믿었던 친구들의 비난, 깜깜한 고난 중에 침묵하는 하나님. ... 인간이 경험할 수 있는 모든 고난을 욥은 한 몸으로 받아냈다. 그러기에 욥의 절규는 한마디 한마디가 태산보다 무겁고 천금보다 값지다.

이 세상 누구도 욥만큼 고난을 당한 사람은 없을 것이다. 그러기에 욥을 묵상하면, 조금이라도 고난을 이해하거나, 이기거나, 인내할 힘을 얻게 된다. 욥에 비하면, 내 고난은 그리 크지 않다고 느껴서 상대적인 위안을 얻을 수도 있다. 우리는 욥을 통해 간접적으로 고난을 배운다. 지금 세상은 코로나로 고난당하고 있다. 고난(suffering)은 반드시 고통(pain)과 고생을 동반하기 때문에 힘들고 어렵다. 욥기 3장에서 욥은 고난의 절규를 3가지로 부르짖는다.

첫째, '하였더라면'이다. 욥은 고난 한 가운데서 지난 과거를 아파하며 '하였더라면'이라고 부르짖는다.

> 내가 난 날이 멸망하였더라면, 사내아이를 배었다 하던 그 밤도 그러하였더라면, 그 날이 캄캄하였더라면, 하나님이 위에서 돌아보지 않으셨더라면, 빛도 그 날을 비추지 않았더라면, 어둠과 죽음의 그늘이 그 날을 자기의 것이라 주장하였더라면, 구름이 그 위에 덮였더라면, 흑암이 그 날을 덮었더라면 ... 좋았을 것을 (욥기 3:3-5)

사람은 고난이 극심하면 지나간 과거를 생각하며 후회하고 아파한다. 지나간 과거는 돌이킬 수 없기에 더욱 아프고 안타깝다. 욥은 욥기 3장에서 열다섯 번이나 '하였더라면'이라고 부르짖는다. 얼마나 고통이 심하였으면 열다섯 번이나 부르짖었을까.

둘째, '어찌하여'이다. 욥은 이유를 알 수 없는 고난 한 가운데서 '어찌하여, 어찌하여'탄식한다.

> 어찌하여 내가 태에서 죽어 나오지 아니하였던가 어찌하여 내 어머니가 해산할 때에 내가 숨지지 아니하였던가, 어찌하여 무릎이 나를 받았던가 어찌하여 내가 젖을 빨았던가, 그렇지 아니하였던들 이제는 내가 평안히 누워서 자고 쉬었을 것이니... 어찌하여 고난당하는 자에게 빛을 주셨으며 마음이 아픈 자에게 생명을 주셨는고... 길이 아득한 사람에게 어찌하여 빛을 주셨는고 (욥기 3:11-23)

욥은 고난 한 가운데서 '어찌하여 어찌하여' 부르짖는다. 사람은 자기가 고난당하는 이유를 분명히 알면 그래도 견딜 수 있다. 또 고난의 이유를 알았기에 돌이킬 수도 있다. 그러나 대부분의 고난은 그 이유를 알 수 없기에 두렵고 힘들다. 욥은 까닭을 알 수 없는 고난 한 가운데서 Why? Why? 왜왜? 어찌하여 절규한다.

셋째, '거기서는'이다. 고난을 당하면 사람은 누구나 현실을 도피하고 싶은 마음이 든다.

> 거기서는 악한 자가 소요를 그치며 거기서는 피곤한 자가 쉼을 얻으

며, 거기서는 갇힌 자가 다 함께 평안히 있어 감독자의 호통 소리를
듣지 아니하며, 거기서는 작은 자와 큰 자가 함께 있고 종이 상전에
게서 놓이느니라 (욥기 3:17-19)

사람들은 지금 여기가 너무 고통스러우면, '고통 없는 거기'를
그리워한다. 고난이 닥치면, 사람들은 본능적으로 거부, 반발, 은둔,
도피, 수용 등 다양하게 반응한다. 거기는 다양하다. 작게는 커피숍
이나 시원한 해변이 될 수도 있다. 때론 알코올이나 마약 중독으로
나타난다. 때론 죽음 너머의 저 세상, 혹은 유토피아, 무릉도원, 피
안의 세계를 말한다.

토마스 모어의 "유토피아"는 섬으로 형상화된다. 반면 도연명의
"무릉도원"은 깊은 산골 이미지이다. 그 이유는 토마스 모어가 살던
영국은 해양 국가이며 토마스 모어 자신이 배를 타고 해외여행을 많
이 했기 때문이다. 그러기에 바다 속 외딴 섬을 유토피아의 모델로
사용한다. 무릉도원이 산 속인 것은 중국이 내륙 국가이기 때문이
다.사람들이 꿈꾸는 유토피아나 무릉도원도 자기가 살고 있는 현실
에 어느 정도 영향을 받을 수밖에 없다.

욥기 3장에서 욥이 부르짖은 "거기서는"(There)은 고난 없는 유
토피아에 대한 갈망으로 볼 수 있다.

III '다산과 욥이 꿈꾼 무릉도원(유토피아)'에서는 무릉도원의 다
양한 모습을 살펴보려한다. 갈은구곡은 무릉도원 같은 도피처를 찾
아 나선 것이다. 소쇄원은 세상과 현실을 떠나 은둔한 것이다. 안평
대군은 꿈을 현실로 만들어가려고 시도했던 사람이다. 도연명의 무

릉도원과 토마스 모어의 유토피아는 상상의 나래를 펴고 문학과 이
데오르기로 상징화한 것이다. 정약용의 다산초당은 고난의 현실을
수용하며 작은 무릉도원을 만들어 간 곳으로 볼 수 있다.

11. 갈은구곡과 욥기 3장 거기서는

거기서는 악한 자가 소요를 그치며
거기서는 피곤한 자가 쉼을 얻으며,
거기서는 갇힌자가 다 함께 평안히 있어
감독자의 호통 소리를 듣지 아니하며,
거기서는 작은 자와 큰 자가 함께 있고
종이 상전에게서 놓이느니라.

(욥기 3:17-19)

갈은구곡과 욥의 거기서는

<갈은구곡의 첫 문인 갈은동문(葛隱洞門)>

충북 괴산군 칠성면 갈론리, 깊은 산속에 갈은구곡(葛隱九曲)이 있다. 갈은구곡은 갈은동문에서 시작된다. 갈은(갈론)마을 끝에서 계곡 길을 따라 1km 정도 올라가면, 오른쪽에 길고 높은 바위절벽이 있다. 그 위에 큰 바위가 하나 우뚝 솟아있는데, 그곳에 '갈은동문'이란 글자가 새겨져있다. 동문(洞門)은 신선이 살 정도로 그윽하고 운치 좋은 계곡으로 들어가는 문을 말한다. 갈은구곡의 선계(仙界)로 들어가는 입구란 뜻이다.

163

구곡이란 아홉 구비 계곡으로 12세기 중국의 성리학자 주자가 천하절경인 무이산에 머물며, 제5곡에 무이정사를 짓고 무이구곡도가(武夷九曲圖歌)를 지은 것에서 유래한다. 조선의 많은 선비들도 산 좋고 물 좋은 계곡에 구곡의 이름을 붙이고 구곡시를 지었다. 대표적인 것으로 이황이 경치에 반해 아홉 달을 머물며 이름을 지었다는 선유동구곡, 율곡 이이의 고산구곡, 송시열의 화양구곡, 전덕호가 만든 갈은구곡 등이 있다.

괴산 출신 전덕호는 1902년(고종39년) 중추원의관(종2품)에 임용된 선비다. 갈은구곡 끝자락엔 신선들이 바둑을 둔다는 선국암이 있고 널찍한 바위에 사노동경(四老同庚, 4명의 동갑내기 신선)이란 글과 한시도 새겨져있다. 시대적배경이 구한말과 일제강점기로 고난을 피해 산속에서 신선처럼 살고 싶었던 모양이다. 사람들은 고난을 당하면 본능적으로 도피처를 찾는다. 갈은구곡도 그와 같은 곳이다.

갈은구곡의 아홉 이야기

1곡 장암석실(場嵒石室)

장암석실은 집 바위로 불리는데, 이름에 걸맞게 겨울에도 바람이 들이치지 않을 정도로 안온하고 여름이면 그늘이 져 시원한 곳이다. 전덕호는 그곳에 예서체(隸書體)로 시를 새겨 놓았다. 한시 해석은 이상주 교수의 것이다.

> 겨울엔 따솜 따솜 여름엔 서늘 서늘,
> 태고의 자연과 벗하며 사노라니 마냥 좋아라.
> 평평하고 하이얀 암반은 채소밭 하면 안성맞춤,
> 청산은 겹겹이 높이 솟아 담장이어라.[94]

2곡 갈천정(葛天亭)

갈천정 왼쪽 아래로 전덕호의 이름이 새겨져 있다. 갈천정은 갈천(葛天)씨가 살던 장소란 뜻이다. 갈천씨는 중국 상고시대의 왕으로 세상을 다스리는데 말하지 않아도 믿고 교화하지 않아도 저절로 교화가 되었다한다. 갈천씨의 백성이란 욕심 없고 순박한 사람이란 뜻이다. 이런 유래로 지명이 갈론(葛論)이다. 갈은과 갈론은 혼용되어 사용된다. 갈천정 시는 이렇다.

> 햇살은 청산 너머로 저물어가고,
> 해가 갈수록 백발이 늘어만 가누나.
> 오래도록 몇몇 군자(君子)들과 함께,
> 갈천씨(葛天氏)의 백성이 되고파라.

3곡 강선대(降僊臺)

강선대는 신선이 내려온 것이다. 신선은 현실 세계에 존재하지 않지만, 사람들은 고난을 당하면 상상 속에서 신선을 만들어내고 신선처럼 살고 싶어 한다. 강선대 앞에 서면 시원한 시냇물과 바람소리가 세속의 욕심을 깨끗이 씻어준다.

황당하다고 해야 할까! 진짜라고 해야 할까?
이 세상에 신선을 본 사람 몇이나 되리오?
참으로 이상도하지. 여기에 찾아오는 사람은,
가슴속 상쾌해져 절로 속된 마음 사라진다네.

4곡 옥류벽 (玉溜壁)

옥류벽은 구슬 같은 물방울이 맺히는 절벽이란 뜻이다. 시에 나오는 단약(丹藥)은 신선이 먹는 장생불사약을 말한다.

용은 단약 솥에 엎드리고 거북은 연꽃 위에 올라가는데,
참말로 신선되어 오르기 어렵다네.
절벽사이 방울방울 흐르는 물 경장수니,
오래도록 먹으면 응당 장수할 수 있다네.

5곡 금병(錦屛)

금병은 암벽이 비단병풍처럼 둘러싸고 있는 아름다운 형상이란 뜻이다.

온갖 꽃이 무성하고 햇빛이 붉게 비치니,
오색 가사를 등에 걸친 중이리라.
층층히 쌓인 바위 금병의 그림자 어떠한고?
차거운 연못에 꺼꾸로 비치니 푸르고 맑도다.

6곡 구암(龜嵒)

구암은 거북이 모양의 바위다. 글씨를 새겨놓은 바위 아래 조그만 물웅덩이 소(沼)가 있어 거북이와 잘 어울린다. 거북이는 장수 동물로 유명하다. 구암은 졸박한 전서체 각자와 칠언절구가 있다.

오래 묵은 거북이 차거운 샘물을 들이켰다 내뿜었다하며,
구슬모양 오므렸다 폈다하여 멀리 가까이에서도 볼 수 있네.
한 번 석문이 우레 맞아 부서진 이후로,
이 영산(靈山)을 잘 아껴서 지켜주지 못했다네.

7곡 고송류수제(古松流水齋)

수직 암벽에 행서체로 새긴 고송류수제는 보기에도 명필이다. 고송은 오래된 소나무로 절의의 상징이다. 소나무는 사군자에 속하지 않지만, 세한삼우(歲寒三友)로 겨울 추위에 잘 견디는 소나무, 대나무, 매화를 말한다. 고송은 단지 늙은 소나무라기보다는 절의의 상징이다.

논어에 세한연후 지송백후조(歲寒然後 知松栢後彫)란 말이 있다. 날이 추워진 후에야 소나무와 잣나무가 늦게 시드는 것을 알 수 있다는 뜻이다. 추사 김정희의 유명한 세한도(歲寒圖)가 바로 이 글귀에서 유래한 것이다. 고송 아래로 흐르는 물가에서 이렇게 노래한다.

일찍이 학은 여기에 아름다운 곳이 있는 줄 어떻게 알았을까
다만 나의 취미도 학과 같다네.
바둑판 하나 새기고 한 칸 집 지어 놓고,
두 늙은이 기쁜 마음으로 마주 앉았네.

8곡 칠학동천(七鶴洞天)

칠학동천은 일곱 마리 학이 사는 동네이다. 학은 신선이 타는 새로 알려져 있다.

여기에 일찍이 일곱 마리 학이 살았다 하나,
학은 날아가 보이지 않고 구름만 떠가네.

지금 달 밝고 산은 공허한 밤인데,
이슬 싫어하는 학의 소리 들리는 듯하누나.

9곡 선국암 (仙局嵒)

괴산군은 매년 갈은구곡을 홍보하기 위해 바둑대회를 연다. 선국암은 신선들이 바둑을 두는 바위이다. 속담에 신선놀음에 도끼 자루 썩는 줄 모른다는 말이 있다. 흔히 바둑 9단을 입신(入神)의 경지에 이르렀다고 말한다. 전덕호는 동갑내기 친구 네 명과 종종 이곳에서 바둑을 두었다. 바둑판 네 귀퉁이에 사노동경(四老同庚)이란 말이 그런 뜻이다. 지금도 괴산군은 갈은구곡 홍보를 위해 이곳에서 바둑을 시연한다.

옥녀봉 산마루에 해는 저물어가건만,
바둑은 아직 끝내지 못해 각자 집으로 돌아갔네.
다음날 아침 생각나서 다시금 찾아와 보니,
바둑알 알알이 꽃 되어 돌 위에 피었네.

갈은구곡은 9개의 구곡시를 구곡암석에 새겨놓은 전국에서 유일한 곳이다. 또한 각 한자마다 행서(行書), 전서(篆書), 예서(隸書), 별자(別字), 통자(通字) 등 다양한 서체로 새겨 넣었다. 이것도 전국에서 유일하다. 따라서 갈은구곡은 야외 학습장, 한시

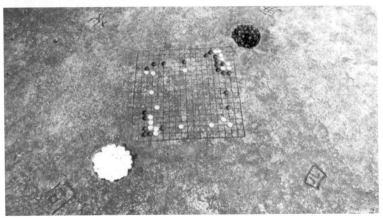

<갈은구곡의 9곡인 선국암바위에 새겨진 바둑판
괴산군은 매년 갈은구곡 홍보를 위해 바둑대회를 연다. 충북일보>

학습장, 서체연구, 자연학습장, 나아가 고난을 피하거나 이겨내
는 지혜를 배울 수 있는 곳이다.

III. 다산과 읍이 꿈꾼 무릉도원

고난이 정금으로

욥은 고난 한가운데서 '거기서는'이라고 외친다. 거기는 고난이 가득한 지금 여기가 아닌, 고난 없는 '저기'를 말한다. 사람들은 고난이 극심하면, 현실을 도피해 무릉도원이나 유토피아를 찾는다. 도연명이 그러했고, 토마스 모어도 그러했다. 사람은 누구나 고난을 벗어나 고난 없는 저기를 찾는 본능이 있다. 어떤 이는 소설이나 시와 음악으로 또는 술과 마약으로 도피한다. 혹자는 쾌락이나 게임이나 망상으로 도피한다. 혹은 현실세계에서 무릉도원 비슷한 그 무엇을 만들어간다.

갈은구곡을 만들고 신선처럼 살기를 꿈꾸었던 전덕호는 어떻게 되었을까? 그는 구한말과 일제강점기란 고난의 시대를 살았다. 그래서 물 좋고 산 좋은 곳에 갈은구곡을 만들고 친구들과 신선처럼 바둑을 두며, 소나무와 학을 그리워했다. 바위 곳곳에 친구와 가족의 이름을 새겨 넣었다. 벽초 홍명희의 할아버지 홍승목의 이름도 있다. 아들과 손주들의 이름도 새겨 넣었다. 그러나 지금은 도시개발로 전덕호의 무덤은 사라졌고, 비석도 찾을 수 없다. 간혹 사람들이 갈은구곡을 둘러보지만, 허무하기 짝이 없다.

욥의 위대함은 무엇일까? 욥은 고난당할 때, 단지 '거기서는'이라고 피안의 세상을 찾는데 그치지 않고, "나의 가는 길을 오직 그가 아시나니 그가 나를 단련하신 후에는 내가 정금 같이 나오리라."(욥기 23:10)는 고백에 있다. 단순한 도피가 아니라, 하나님을 신뢰함으로 고난을 이겨내고 마침내 정금이 될 것을 바라본다. 욥은 인류 역사에서 고난의 의미를 가장 명확하게 안 첫 사람이다.

우리는 고난하면, 힘들고 고통스럽고 고생하는 것만 생각하여 언급을 회피한다. 그런데 욥은 고난을 정면으로 응시하고 고난을 통과하여 정금으로 빚어질 것을 바라보고 있다. 욥의 위대함은 고난이 주는 고통이나 연약한 자신을 바라보는 게 아니라, 고난 너머에서 손짓하며 자신을 정금으로 빚어가는 하나님을 바라보는데 있다. 욥은 고난을 통하여 자기가 정화된다는 것을 깨달은 최초의 사람이다. 욥이 깨달은 '자아에 대한 정화'(the purification of the self), 즉 '정화의 영성'은 후대에 지대한 영향을 주었다.

욥이 말하는 "거기"는 어디일까? 어떤 이는 무릉도원과 유토피아를 말한다. 혹자는 지상낙원과 복지국가를 말한다. 그러나 욥은 거기가 단순히 유토피아나 무릉도원이 아니라, 하나님나라임을 분명히 말한다.

내 살갗이 다 썩은 다음에라도, 내 육체가 다 썩은 다음에라도, 나는 하나님을 뵈올 것이다. (새번역, 욥기 19:26)

나의 이 가죽, 이것이 썩은 후에 내가 육체 밖에서 하나님을 보리라. (개역한글, 욥기 19:26)

육체 밖에서 하나님을 보리라는 욥의 고백은 고난을 이겨내는 강력한 힘이다. 너나 할 것 없이 고통당하는 요즘, 조금 더 나아질 새 세상과 하나님나라 소망으로 고난을 이겨나가면 좋겠다.

12. 소쇄원에 얽힌 조선 네 사나이 이야기

어찌하여 내가 태에서 죽어 나오지 아니하였던가.
어찌하여 내 어머니가 해산할 때에
내가 숨지지 아니하였던가.
어찌하여 무릎이 나를 받았던가.
어찌하여 내가 젖을 빨았던가.
그렇지 아니하였던들
이제는 내가 평안히 누워서 자고 쉬었을 것이요.

(욥기 3:11-13)

소쇄원이 만들어진 역사적 배경

소쇄원은 우리나라에서 가장 아름다운 한국적인 정원이다. 소쇄원은 대나무의 고장 담양에 있다. 대나무는 절개의 상징으로 사군자의 하나이다. 소쇄원의 소(瀟)는 빗소리 소 혹은 물 맑고 깊을 소이고, 쇄(灑)는 물 뿌릴 쇄나 깨끗할 쇄란 뜻이다. 소쇄란 중국 제나라 공덕장의 '북산이문'에 나오는 말로 '깨끗하고 시원하다'는 말이다. 소쇄원은 물이 맑고 시원하며 깨끗한 원림(園林)이다. 이곳을 만든 양산보는 자신의 호를 소쇄옹이라 불렀다. 소쇄원은 그리 크지 않지만, 그 정신적 깊이는 매우 깊고도 깊다.

소쇄원은 500년 전 조선의 네 사나이 조광조(1482~1519). 양팽손, 양산보, 김인후의 의리와 피땀과 눈물로 세워진 곳이다. 조광조는 연산군을 몰아낸 중종의 전폭적인 지지를 받던 사림(士林) 출신 정치인이다. 그는 중종이 훈구세력의 눈치를 보며 힘들어할 때, 혜성처럼 나타났다. 대사헌(검찰총장)에 오른 조광조는 급진적으로 개혁을 밀어붙였다.

그러나 결국, 기묘사화로 전남 능주로 유배되고 사약을 받았다. 정계 진출 4년만의 일로 나이 38세였다. 조광조에 대한 평가는 엇갈린다. 이이는 학문이 미숙한 아마추어 정치인으로 보며, 이황은 뜻은 좋았으나 과격한 개혁으로 반발을 샀다고 본다. 평가는 다르지만, 후대 선비들은 그를 정몽주, 길재, 김종직으로 이어지는 사림파의 정맥(正脈)으로 인정한다.

조광조가 사약을 받고 죽는 현장을 지켜본 이가 양팽손이다. 그는 조광조의 정치적 동지로 조광조를 위해 상소를 올렸다 파직당해 고향 능주(화순)로 내려갔다. 조광조가 유배되자 운명적으로 다시 만나고, 그의 마지막을 지켜본 친구이다. 조광조는 양팽손을 일컬어, '더불어 이야기함에 마치 지초(芝草)나 난초의 향기가 사람에게서 풍기는 것 같다. 그 기상은 비 개인 뒤의 가을하늘이요, 구름이 막 걷힌 직후의 밝은 달 같다.'고 하였다.[95] 조광조는 양팽손에게 '태산이 무너지는가. 대들보가 꺾이는가. 철인은 시드는가'라는 공자의 마지막 말을 뇌이고 절명했다. 조광조는 죽으며 절명시(絶命詩)를 남기었다.

임금 사랑하기를 어버이 사랑하듯 했고
나라 걱정을 내 집 걱정하듯 했노라.
밝은 해가 이 세상을 내려다보고 있으니
내 충성된 마음을 환히 비추리라.

양팽손은 조광조의 시신을 임시로 묻었다가, 이듬해 고향인 경기도 용인에 묻어주었다. 조광조 묘는 용인 수지 상현동에 있고, 묘 맞은편에 심곡서원이 있다.

소쇄원을 만든 양산보(1503~1557)는 양팽손의 조카뻘 되는 사람이다. 양팽손의 부탁으로 양산보는 조광조의 제자로 성균관에서 공부했다. 그러나 기묘사화로 조광조가 유배되자 함께 따라 내려갔

<원쪽 심곡서원, 오른쪽 조광조 묘>

다. 스승의 처참한 죽음을 본 양산보는 정치에 대한 미련을 깨끗이 버리고, 고향땅에 자기의 이상향 소쇄원을 만들었다. 조광조가 조선 왕국을 요순시대로 만들려는 이상향을 꿈꾸었다면, 양산보는 소박하게 자기 고향땅에서 소쇄원을 통해 작은 천국을 만든 것이다.

욥은 고통 한 가운데서 '거기서는, 거기서는'이라고 부르짖는다. 사람은 누구나 현실이 너무 힘들면 고통 없는 저기를 꿈꾼다. 저기가 무릉도원이든, 유토피아든, 천국이든 나름의 이상향을 꿈꾼다. 스승 조광조의 비참한 죽음을 본 양산보는 평생 소쇄원을 만들며 자기만의 '저기'를 만들어갔다. 양산보는 후손에게 이러한 유언을 남겼다. '소쇄원을 남에게 팔지 말며 원래 그대로의 모습으로 보존할 것이며 어리석은 후손에게는 물려주지 말라.' 그래서인지 지금까지 잘 보존되어 있다.

소쇄원에 혼을 불어 넣은 김인후

소쇄원에 혼을 불어 넣은 이가 김인후(1510~1560)이다. 그는 22세에 성균관에 들어가 퇴계와 함께 공부한 동문이다. 영남에 퇴계가 있다면, 호남에 김인후가 있다. 그의 본격적인 정계활동은 조광조 사후이다. 그는 조광조를 흠모하여 중종에게 조광조의 무죄와 명예회복을 탄원했다. 그의 학문에 감동한 중종은 그를 세자의 스승으로 세웠다. 김인후는 장차 왕이 될 세자(인종)에게서 조선의 이상향을 발견하고 열심히 가르쳤다. 그 기간이 9개월에 불과했지만, 얼마나 깊이 교감했는지 두 사건에서 볼 수 있다. 인종은 김인후에게 주자대전을 하사하였고, 또 세자시절엔 직접 묵죽도를 그려주었다. 묵죽도를 하사받은 김인후는 답례의 시를 지어 바쳤다.

> 뿌리 가지 마디 잎새 모두 정미롭고
> 굳은 돌은 벗인 양 주위에 둘러 있네
> 성스러운 님 조화를 짝하시니
> 천지랑 함께 뭉쳐 어김이 없으시다.[96]

대나무는 인종이고 대나무 주변의 돌은 김인후 같은 충성스런 신하들이다. 그러나 안타깝게 인종은 즉위하고 8개월 만에 의문의 죽음을 맞는다. 나이 30세로 조선왕 중에 가장 짧은 재위기간이다.(1544.11~1545.7) 인종의 죽음엔 계모 문정왕후 윤씨의 독살

설이 늘 따라붙는다. 인종이 죽자, 문정왕후 아들이 명종으로 즉위한다. 인종의 갑작스런 비보에 절망한 김인후는 벼슬을 버리고 낙향하여 후학을 기르는데 힘을 쏟는다. 김인후는 매년 인종의 기일에 산에 들어가 슬피 통곡하며 밤을 새고 내려왔다 한다.

김인후의 친구가 소쇄원을 만든 양산보이다. 양산보가 만든 소쇄원에 정신적이고 영적인 의미를 부여해준 이가 김인후다. 그는 소쇄원 48영(四八詠) 시를 통해 소쇄원의 48경관을 노래했다. 조광조가 조선을 요순시대로 만들려는 큰 꿈을 꾸었다면, 제자 양산보는 소쇄원을 통해 작은 천국을 실제로 만들었고, 김인후는 시를 통해 의미를 부여했다. 이처럼 소쇄원은 조광조, 양팽손, 양산보, 김인후라는 조선의 네 사나이의 이상향이 어우러진 곳이다. 한국에 이처럼 시대와 공간을 가로질러 애틋하고 절절하게 유토피아를 꿈꾸며 가꾼 뜻 깊은 공간이 또 있을까 싶다.

소쇄원은 겉으로 보기엔 아름답고 평화로운 작은 천국 같다. 하지만 오곡문(五曲門) 아래로 흐르는 시냇물 소리엔 네 사나이의 피를 토하는 부르짖음이 흐르는 듯하다. 숫자 1에서 9까지의 중간은 5이다. 1,2,3,4,는 이쪽이고, 6,7,8,9는 저쪽이다. 1-4는 차안(此岸) 여기이고, 6-9는 피안(彼岸) 저기이다. 산수화는 대개 또렷한 앞부분과 희미한 뒷부분 이중 구조로 그려지는데, 그 가운데는 시냇물이나 구름 골짜기가 가로지른다. 시내와 골짜기가 여기와 저기, 현실과 이상세계의 경계선이다.

소쇄원의 오곡문이 바로 그런 곳이다. 오곡이란 주자가 무이구곡의 다섯 번째 계곡인 오곡(五曲)에 무이정사를 짓고 제자를 가르친 것에서 유래한다. 소쇄원은 세상 근심이 없는 완벽한 무릉도원도 아니요, 그렇다고 이해관계에 따라 죽고 죽이는 더러운 속세도 아니다. 세속과 무릉도원이 공존하는 작은 천국이다. 그곳에는 피비린내 나는 '어찌하여'란 통곡소리도 있지만 그것을 뛰어 넘는 자연 그대로의 시냇물이 졸졸졸 흘러가기도 한다.

김인후의 48영 詩

인종의 죽음 후, 실의에 찬 김인후는 소쇄원을 자주 찾아갔다. 소쇄원은 조광조를 잃은 양산보와 인종을 잃은 김인후가 자주 만나던 곳이다. 두 사람은 친구이자 사돈인데, 양산보가 소쇄원 하드웨어를 만들었다면, 김인후는 48영시를 통해 소프트웨어를 불어 넣었다. 소쇄원을 들어가는 길은 대나무 숲이다. 대나무는 사군자의 하나로 선비의 절개, 의리, 꼿꼿함을 상징한다. 입구의 첫 정자는 대봉대인데, 이곳에 서면 소쇄원 정경이 한 눈에 들어온다.

작은 오두막 대봉대(待鳳臺)는 벽오동나무 그늘에서 봉황새를 기다리는 집이다. 예부터 봉황은 황제를 상징하는 새로 수컷을 봉, 암컷을 황이라 한다. 상상 속의 봉황은 벽오동 가지에만 앉으며, 대나무 열매만 먹는다한다. 봉황은 지절(志節)이 굳고 품위를 지키는 새로 뛰어난 사람을 상징한다. 대한민국 정부수립 후, 봉황 문양은 대통령의 상징이 되었다. 대통령의 상장, 기념품, 휘장, 집무실, 차량 등을 황금빛 봉황 문양으로 장식한다.

황진이의 시조를 개사한 김도향의 노래 '벽오동 심은 뜻'엔 '벽오동 심은 뜻은 봉황을 보잤더니 어이타 봉황은 꿈이었다 안오시뇨'란 가사가 있다. 아마도 양산보는 대봉대에서 비명에 간 스승 조광조와 요순 같은 성군을 하염없이 기다리지 않았을까.

광풍각은 친구와 손님을 위한 사랑방이다. 광풍각은 사방에 마루가 있고, 안에 작은 온돌방이 있다. 마루에 앉아 있다 추워지면, 안으로 들어와 몸을 데우라는 것이다. 친구를 위한 세심한 배려이다. 요즘말로 벽난로나 찜질방 같은 운치 있는 곳이다. 인생과 세상이 춥고 시릴 때, 몸과 마음을 뎁혀 줄 공간과 사람이 있다면, 이 또한 행복한 일이 아니겠는가.

이제 김인후의 소쇄원 48영시 몇 개를 소개한다. 번역은 이기동 교수의 『천국을 거닐다, 소쇄원 김인후와 유토피아』 것이다.[97] 이기동은 김인후의 시를 '소쇄원이 정치 패배자의 감옥이 아니라, 하늘이 빚은 작은 천국이며 천사들의 소리가 아롱지는 곳'이라 해석한다.

제1영. 작은 정자의 난간에 기대어(소정빙란 小亭憑欄)

소쇄원 안에 있는 모든 경치는

하늘이 빚어 만든 천국의 모습
보기만 해도 시원하고 흐뭇해지네
천사의 소리 아롱아롱 귀에 들리고

제47영. 애양단의 겨울 낮(양단동오 陽壇冬午)

단 앞의 시냇물 아직 얼어 있는데
단 위에 쌓인 눈은 모두 녹아 버렸네
팔을 베고 따뜻한 햇볕을 맞고 있으니
닭 울음소리 이 별천지에 들려오네

애양단은 햇볕을 사랑하는 곳이다. 아무리 추운 겨울이라도 이
곳에 오면 따사로운 햇볕이 온 몸과 마음을 녹여준다. 추운겨울, 쉬
는 시간에 양지바른 곳에 옹기종기 모여 쉬던 학창시절이 생각난다.
양산보와 김인후도 추운겨울이면 애양단에서 몸과 마음을 따사롭게
덥혔던 모양이다.

제48영. 긴 담장에 걸린 소쇄원 제영(장원제영 長垣題詠)

백 척의 긴 담장이 가로 질러라
하나하나 새 시를 써 붙였구나
영락없이 병풍을 벌려 놓은 듯
비바람에 속아선 안 되고말고

<소쇄처사양공지려는 송시열이 쓴 글씨이다>

제월당으로 가는 긴 담장에 '소쇄처사양공지려'라는 글이 있다. '소쇄처사 양산보의 오두막집'이란 뜻으로 송시열의 글씨이다. 담장은 마치 한 폭의 병풍 같아서 세상의 바람에서 소쇄원 안에 있는 사람들을 보호한다. 양산보와 김인후는 세상의 험악한 꼴을 너무 많이 보았다. 그들에게 담장 안은 감옥이라기보다는 안식처고 작은 천국이었다.

본디 소쇄원은 양산보의 은둔의 공간이다. 그러나 시간이 지나며 소쇄원의 아름다움과 정신적 의미를 알고 많은 선비들이 모여들었다. 이곳을 방문한 이들이 70여 명인데, 정철, 고경명, 기대승, 임억령 등 호남의 내로라하는 선비들이 모여들었다. 이들을 일컬어 '소쇄원 시단'(詩壇)이라 한다.

마치 유럽이 카페를 중심으로 철학과 시를 꽃피웠던듯이, 소쇄원을 중심으로 당대 문학과 사상이 꽃피고 무르익었다. 역설적으로 소쇄원은 고난과 울분의 은둔 공간이 아니라, 새로운 학문과 시단의 창조 공간으로 탈바꿈한 것이다. 바로 여기에 고난의 신비가 있다.

욥의 어찌하여, 고난 너머의 신비

소쇄원은 욥의 부르짖음처럼 '어찌하여'가 메아리치는 곳이다. 욥은 고난 한가운데서 '어찌하여, 어찌하여' 부르짖는다.

> 어찌하여 내가 태에서 죽어 나오지 아니하였던가, 어찌하여 내 어머니가 해산할 때에 내가 숨지지 아니하였던가, 어찌하여 무릎이 나를 받았던가, 어찌하여 내가 젖을 빨았던가. (욥기 3:11-12)

'어찌하여'란 부르짖음에는 인간으로선 어찌할 수 없는 숙명 같은 그 무엇이 놓여있다. 안타까운 사건을 되 돌이킬 수 없는 절망적인 상황에서 우리가 할 수 있는 일이란 '어찌하여' 탄식하는 것뿐이다. '어찌하여'는 과거에 대한 아쉬움이며, 동시에 고통당하는 현실의 신음소리다. 또한 무력한 인간의 탄식이며, 동시에 하나님을 향한 울부짖음이며 기도이다. 욥은 고난 한가운데서 '어찌하여 내가 태어났는가'(욥기 10:18), '어찌하여 악인이 형통하는가'(욥기 20:7) 탄식한다. '어찌하여'란 탄식이 훗날 정금이 되는 것은 고난의 신비이다.

소쇄원을 보면, 고난이 꼭 고통으로 끝나지 않음을 볼 수 있다. 소쇄원의 시작은 조광조의 억울한 죽음과 양팽손, 양산보, 김인후의 절망과 눈물이었다. 그러나 역사의 긴 안목으로 보면, 고난의 현장인 소쇄원이 호남 선비들의 산실과 인큐베이터가 되었다. 이것은 마치 이스라엘이 400년간 애굽에서 노예생활을 한 것과 비슷하다. 이스라엘은 이 기간에 70명에서 60만 명의 거대한 민족으로 자라났다. 고난의 땅 애굽이 인큐베이터 역할을 한 것이다.

고난엔 우리가 다 알지 못하는 신비가 늘 숨어있다. 욥의 고난도 말할 수 없이 컸지만, 그 고난의 끝은 회복과 감사로 마무리 된다. 물론 그 과정은 말로 다 할 수 없는 고통임에 틀림없다. 그러나 하나님은 간혹 고난을 통해 더 큰 신비를 만들어 가신다. 욥은 아들딸과 재산을 다 잃고 '어찌하여 어찌하여' 울부짖으며 '저기서는'이라 탄식했지만, 결국은 정금같이 단련되었다. 고난의 해피엔딩이다.

13. 안평대군의 몽유도원도와 무개정사

내가 난 날이 멸망하였더라면,
사내아이를 배었다 하던 그 밤도 그러하였더라면,
그날이 캄캄하였더라면,
하나님이 위에서 돌아보지 않으셨더라면,
빛도 그 날을 비추지 않았더라면,
어둠과 죽음의 그늘이
그 날을 자기의 것이라 주장하였더라면,
구름이 그 위에 덮였더라면,
흑암이 그 날을 덮었더라면,
그 밤에 즐거운 소리가 나지 않았더라면,
그 밤이 광명을 바랄지라도 얻지 못하며
동틈을 보지 못하였더라면 좋았을 것을...

(욥기 3:3-9)

안평대군 무릉도원 꿈을 꾸다

조선 500년 역사상 가장 아까운 인물이 있다면 누구일까? 사람마다 생각이 다르겠지만, 필자는 안평대군이라 생각한다. 만일 안평대군이 수양대군에게 허무하게 죽지 않았더라면, 조선 역사는 확실히 달라졌을 것이다. 르네상스를 견인한 메디치가는 15세기에 시작했다. 안평대군도 15세기 사람이다. 만일 안평대군이 살아 세종의 르네상스를 계승했더라면, 조선은 이탈리아 이상의 르네상스를 일구었을 것이다.

안평대군 이용(李瑢)은 세종의 셋째 아들이다. 이용은 11세에 왕실종친 최고 품계인 정일품에 제수되고 안평대군에 봉해졌다. 같은 날 둘째 형도 진평대군(훗날 수양대군)에 봉해졌다. 대군의 품계를 받으며 토지 250결(약50만평)을 하사받았다. 또 자식 없이 죽은 숙부 성녕대군(세종의 동생)의 양자가 되어 그의 유산까지 받았다. 안평대군은 당대 조선 최고의 갑부였다. 세종의 치세, 안평대군의 천재적인 탁월성, 넉넉한 재산, 집현전 학사들과 시너지를 만들어 조선 최고의 학문과 문화예술을 만들어냈다.

안평대군을 시서화(詩書畵) 삼절(三絶)이라 부르는데, 가장 대표적인 것이 무릉도원을 꿈꾼 몽유도원도이다. 그는 스물아홉 살 때(1447년), 그 유명한 무릉도원의 꿈을 꾸었다. "도원기"를 요약한다.

안평대군은 어느 날 밤, 정신이 아른거리며 홀연히 꿈속으로 빨려들어 갔다. 꿈속에서 그는 박팽년과 함께 복숭아나무 사이로 난 오솔길을 걸었다. 한참을 걷다가 오솔길 끝 갈림길에 섰을 때, 소박한 산관을 쓴 한 촌로를 만났다. 그는 이 길을 따라 쭉 올라가면, 골짜기에 드는데 그곳이 도원입니다라고 일러주었다.

안평대군과 박팽년은 말을 달려 100굽이의 계곡을 돌고 돌아 동굴을 지나니 탁 트인 넓은 곳이 나왔다. 산으로 둘러싸인 마을엔 자욱한 안개 사이로 흐드러지게 꽃핀 복숭아나무들이 즐비했다. 대나무 숲 사이로 소박한 집들이 있고, 조용히 흐르는 시냇가엔 조각배 하나가 흔들거리고 있었다. 그 정경은 마치 신선이 사는 곳 같았다. 한참을 바라보던 안평대군은 박팽년에게 이곳은 정녕 도원이로다! 감탄하듯 말했다. 이때 뒤 따라온 최항과 신숙주가 도착했다. 그들은 함께 어울려 무릉도원을 실컷 구경하고 내려오다, 홀연히 꿈에서 깨어났다.

(안평대군, 도원기 中)

서울 인왕산 기슭 수성동계곡에 비해당이 있다. 수성(水聲)이란 계곡의 물소리가 아름다운 곳이란 말이다. 이곳은 세종이 안평대군의 결혼 즈음에 선물로 준 곳이다. 비해당은 수성궁의 사랑채 별당으로 세종과 안평대군 시절 조선의 최고 문인들이 모여 르네상스를 만들어 낸 곳이다. 당시 법에 따르면, 대군저택은 방 60간, 누각 10간 정도로 지을 수 있었으니, 대단한 저택임에 틀림없다. 지금은 그 자취가 사라지고 바위와 소나무와 잡초들만 무성하다.

안평대군은 십대부터 많은 재산과 특유의 안목으로 1만권의 책과 희귀한 그림 222점을 수집하였다. 요즘 말로, 조선 최고의 수집광이며 덕후다. 간송 전형필도 따르지 못할 대단한 신분과 재력과 안목과 열정이 있었다. 안평대군은 스물여덟 살이 되던 해, 신숙주를 불러 소장품을 보여주며 목록을 정리하고 기록하라고 명했다. 신숙주는 안평대군과 나눈 대화와 목록을 "보한재집"에서 이렇게 기록한다.

당나라 시인 장돈간이 수집한 그림은 겨우 10여 점밖에 안 되는데, 안평대군이 모은 것은 수백 축이었다. 이것들은 동진, 당, 송, 원, 조선, 일본의 35명 서화가 작품 중, 산수화 84점, 새, 짐승, 초목화 76점, 누각 인물화 29점, 글씨 33점 으로 모두 222점이다.[98]

그러나 계유정난(수양대군의 쿠테타) 이후, 안평대군의 소장품은 역적의 것이라 하여 모두 불태워졌다. 이후에 안평대군 같은 대수집가는 다시 나타나지 않았다. 세종과 안평대군이 합심하여 만들어낸 르네상스가 수양대군의 쿠테타 한방으로 사라진 것이다. 아이러니하게도, 안평대군의 엄청난 수집품에 감탄하며 기록했던, 신숙주는 훗날 안평대군을 배신하고 마포의 별장 담담정을 차지하였다. 자고로 견물생심이다. 우정도 충성도 돈과 권력 앞에선 별것이 아닌가 보다. 욥의 친구들도 욥이 망하고 병들자 위로하기보단 책망하며 힐난한다. 네 죄 탓이라고 몰아붙인다. 이것을 보면 인간의 본성은 크게 다르지 않은가보다.

<몽유도원도가 태어난 안평대군의 비해당 터, 서울 수성동 계곡>

<수성동계곡 앞에 정선의 '장동팔경첩' 수성동계곡 그림이 안내판으로 있다. 위 사진과 그림이 매우 흡사하다>

III. 다산과 욥이 꿈꾼 무릉도원

안평대군이 무릉도원을 꿈꾼 비해당 계곡에 기린교(麒麟橋)가 있다. 35cm×3.7m 장대석 두 개를 붙여 만든 다리로 폭은 70cm 정도인데, 600년 전 원형이 그대로 보존되어 있다. 겸재 정선의 "장동팔경첩" 그림 중에도 기린교가 보인다. 이곳에 옥인시범아파트가 있었지만, 철거되고 옛 모습을 찾아가고 있다. 드라마 미스터 션샤인의 촬영지이기도 하다. 실학자 유득공의 아들 유본예가 쓴 '한경지략'은 수성동과 비해당을 이렇게 기록했다.

> 수성동은 인왕산 기슭에 있다. 골짜기가 깊고 그윽해서 물 맑고 바위 좋은 경치가 있어 더울 때 소풍하기에 제일 좋다. 혹은 이 동리는 옛날 비해당 안평대군이 살던 터라 한다. 개울 건너는 다리가 있는데 이름을 기린교라 한다.[99]

안견이 3일 만에 그린 몽유도원도

안견은 조선 최고의 화가이다. 안견은 꿈 이야기를 듣고 삼일 만에 몽유도원도를 그려냈다. 1447년 4월 23일이다. 몽유도원도는 흰 비단 뒷면에 갈색물감을 발라 연황색으로 만든 후, 그려낸 수묵화로 크기는 40Cm×110Cm이다. 몽유도원도는 안평대군의 신비로운 꿈과 안견의 솜씨가 만들어낸 조선 최고의 걸작이다. 그림은 왼편

아래쪽 현실에서 꿈의 세계인 무릉도원을 향해 오른편 위쪽으로 전개된다. 보통 그림이 오른쪽에서 왼쪽으로 그려지는 것과 반대방향이다. 무릉도원의 원조는 도연명의 "도화원기"(桃花源記)이다.

몽유도원도가 완성되자, 안평대군은 당대 최고의 문인들을 초청한다. 세종의 사랑받는 아들이 무릉도원의 신비로운 꿈을 꾸고, 최고 화가 안견이 삼일 만에 그림을 그려냈으니, 그야말로 잔치 분위기였다. 모여든 문사들은 조선에 요순시대가 오는구나, 그야말로 무릉도원이 펼쳐지는구나 생각했을 것이다. 한국 오천년 역사에 세종이란 걸출한 왕, 무릉도원을 꿈꾼 문예의 절대고수 안평대군, 꿈을 그림으로 그려낸 안견, 집현전학사라는 최고의 문사들이 어우러진 시대는 없었다. 전에도 없었고 후에도 없었다. 아마 앞으로도 없을 것이다. 한국 역사에서 가장 찬란한 시대가 열린 것이다.

몽유도원도에 찬문을 쓴 21명은 당대 내로라하는 사람들이었다. 그러나 몽유도원도를 보고 즐기던 친우 21명의 운명은 얄궂게도 수양대군의 쿠테타로 갈라지고 만다. 훗날 21명의 이름은 살생부가 되어, 안평대군과 수양대군 편에 선 자들로 나뉜다. 한때 친구요 동지였던 이들이 서로 죽고 죽이는 적이 된다. 역사의 아이러니요 아픔이다. 세종과 안평대군을 중심으로 세워진 조선의 르네상스가 한순간에 무너져 버리고 말았다. 그 후 다시는 그런 시대, 그런 르네상스가 오지 않았다. 정조와 실학파의 후기 르네상스도 이에 비교할 수가 없다. 참으로 안타까운 일이다.

다행스럽게도 몽유도원도는 수양대군의 손을 벗어나 지금도 보존되고 있다. 현재 일본 텐리(天理)대학 박물관에 보관중인데, 어떻게 몽유도원도가 일본에 있는가? 안평대군의 모든 작품은 대역죄인의 것이기에 철저히 파괴되었다. 몽유도원도가 살아남은 것은 기적과 우연의 연속이다.

유력한 가설은 안평대군은 당시 정세가 불안함을 알고 몽유도원도를 대자암에 보관한듯하다. 대자암은 태종부부, 세종부부, 문종부부를 모시는 원찰(願刹)이기에 수양대군도 손을 댈 수 없었다. 아마 안평대군은 자기의 꿈을 그린 몽유도원도를 이곳에 은닉하거나 봉헌했을 것이다. 그렇지 않고는 그림이 원형대로 보존되기는 힘들다.

그럼 어떻게 일본에 넘어 갔을까? 대자암은 임진왜란 때 소실된 것으로 보인다. 임진왜란 당시 시마즈 요시히로 부대는 경기도북부 지역에 7개월간 주둔했다. 대자암은 경기도 벽제에 있다. 시마즈는 무사지만, 유학자이며 수집가로 왕실 사찰인 대자암에 보물들이 있음을 간파하였을 것이다. 사실 몽유도원도는 수백 년간 이 가문에 보관되었다. 시마즈 가문은 일본 가고시마 지역을 700년 통치한 명가로 비록 약탈당했지만, 그림이 안전하게 보존되었을 것이다.

안타까운 것은 몽유도원도가 텐리대학에 넘어가기 전, 한국에서 구입할 기회가 있었다한다. 전해지기로는 1949년도 골동품상이 팔자를 내놓았고, 1950년 6.25전쟁 당시 일본 정치인이 이승만대통령에게 몽유도원도 구입을 주선했다. 이승만은 한 재벌에게 흥정을 시켰는데, 그는 '비단에 그려진 아주 낡은 그림'이어서 구입할 의사가 없었다 한다.[100] 당시 가격이 3만 달러의 거금이었는데, 돌아보면 참으로 안타깝기 그지없다. 땅을 치고 후회해도 돌이킬 수 없는 일이 되어버렸다. 그때 그 재벌이 몽유도원도를 구입했더라면...

무릉도원의 터 무계정사

1450년 안평대군은 창의문 밖 산자락을 걷다가 4년 전, 꿈에서 보았던 무릉도원과 비슷한 장소를 발견했다. 하늘이 감복한 것인지, 안평대군은 꿈에서 보았던 무릉도원을 실제로 만난 것이다. 그리고 이곳에 무계정사를 짓는다. 무계정사란 무계동(武溪洞)에 있는 정사란 뜻이고, 무계란 무릉도원 계곡이란 말이다. 흔히 정사(精舍)는 3가지 복합적 의미가 있다. 유교에서는 학문의 집, 도교에서는 도를 닦는 정신 수련장소, 불교에서는 절을 말한다. 안평대군은 3가지 요소를 복합적으로 사용한듯하다. 안평대군은 무계정사를 지은 이유를 이렇게 기록하였다.

> 나는 정묘년(1447년) 4월에 도원 꿈을 꾸었다. 작년(1450년) 9월에 이곳을 유람하다가 국화꽃이 계곡물에 떠내려오는 것을 보고, 다래 넝쿨과 바위를 부여잡고 계곡을 올라가 보니, 풀과 나무와 물가의 그윽한 모습이 내가 꿈에 본 도원의 모습과 흡사했다. 그래서 금년(1451년) 이곳에 서너 칸의 집을 짓고 무릉계곡의 뜻을 취하여 '무계

<안평대군 이용 집터인 무계정사지(武溪精舍址),
'무계동'은 안평대군이 직접 쓴 것이라 한다. 한국학중앙연구원>

정사'라 했다. 이곳은 진실로 정신을 편안케 하는 은자의 땅이로다.
이에 잡영시 다섯 편을 지어 묻는 자들에게 대비하고자 한다.
1451년 7월 21일 천석주인(泉石主人,자연의 주인) 낭간거사 (안평
의 호) 청지 쓰다. (안평대군 무계수창시, 병서에)

그러나 꿈은 꿈으로 있을 때가 좋은가보다. 무계정사를 지을 때
는 세종이 죽고 문종의 병세가 악화되던 미묘한 시기였다. 안평대군
이 무계정사를 지은 것은 자기의 꿈을 이룬 것이며, 동시에 현실정
치에서 손을 떼고 은거의 삶을 살려한 것이다. 또 야욕이 많은 형 수
양대군에게 '형님도 정치에서 손을 떼시오'란 싸인이기도 했다. 세
종은 수양대군의 작호를 진평대군, 함평대군, 진양대군, 수양대군으

로 네 번이나 바꾸었다.

세종은 왜 수양(首陽)이라 불렀을까? 수양하면 유명한 수양산의 백이숙제 고사가 떠오른다. 백이숙제는 충절과 의인의 상징으로 왕위를 양보하고 수양산에 들어가 평생 고사리를 캐먹고 살다죽었다. 아마 세종은 야욕이 강한 둘째아들에게 수양이란 작호를 내림으로 백이숙제와 같은 충성을 요구한 것이리라.

그러나 세종의 바람과 달리 수양대군은 단종과 안평대군을 죽이고 스스로 왕이 되었다. 만일 수양대군이 왕이 되지 않았더라면, 만일 문종이 오래 살았더라면, 만일 세종이 수양에게 단단히 충성을 서약 받았더라면, 만일 안평대군에 선수를 쳐서 수양대군을 제압했더라면... 역사는 분명 달라졌을 것이다.

쿠데타에 성공한 수양대군은 무계정사를 안평대군이 반역을 모의한 비밀 아지트로 몰아갔고, 무계정사는 파괴되고 말았다. 세워진 지 2년 만이다. 아니러니하게도 무릉도원이 역모의 장소로 둔갑되어 주인은 죽고 집은 허물어져버렸다. 아마 이 땅에 진정한 무릉도원과 유토피아는 없나보다.

지금 무계정사가 있던 부암동 옛터엔 소설가 현진건집터란 푯말이 있다. 현진건이 이곳에 살게 된 것은 1935년 동아일보 재직 중에 손기정선수의 일장기 삭제 사건으로 1년 징역을 살고 이곳에 은둔한 것이다. 현진건은 이 집에서 생계를 위해 닭을 치며 『무영탑』 같은 역사소설을 썼다. 그는 43세(1943년)에 장폐결핵으로 죽었다.

안평대군의 무릉도원 꿈과 르네상스가 꽃피었던 장소는 인왕산 아래 비해당, 마포 강변의 담담정, 북악산 뒤편의 무계정사이다. 세 장소 중에 비해당만 수성동계곡 공원으로 시민에게 열려있다. 나머지 두 곳, 무릉도원 꿈을 이룬 부암동 무계정사는 개인 주택으로 담장이 높이 둘려있어 안을 볼 수가 없다. 마포 강변 담담정은 안평대군의 별장으로 1만 권의 책을 소장했던 곳이다. 이곳은 안평대군과 집현전 문인들이 담담정 12영시와 48영시를 짓던 곳으로 세종과 안평대군 르네상스의 상징적인 장소이다. 그런데 지금은 개인빌라가 있어서 담담정 옛터에서 한강을 볼 수가 없다.

만일 서울시에서 이 장소들을 옛 모습대로 복원한다면, 세종과 안평대군의 르네상스 장소로 부활할 수 있을 것이다. 이것은 동대문 옆의 이대부속병원 자리에 성벽을 복원한 것 이상의 가치 있는 일이 될 것이다. 언젠가 그런 일이 있길 기대해본다.

안평대군의 가족들은 어디로 갔는가

수양대군의 쿠테타로 세종 르네상스는 무너지고 조선의 운명도 뒤틀리고 만다. 안평대군은 계유정난 당일 체포되어 18세인 아들과 함께 강화도를 거쳐 절해고도 교동도로 압송되었다. 그리고 사약을 받는다. 푸르디푸른 36세, 안평대군은 교동도 바닷가에서 흔적도 없이 사라져버렸다. 그의 시신이나 무덤에 대한 기록은 어디에도 남아있지 않다. 필부필부도 양지바른 산기슭에 무덤 하나는 남기는데, 안평대군은 그 흔한 무덤조차 없는 것이다.

세종의 셋째 아들로 태어나 사랑받던 안평대군, 집현전학사들과 학문을 논하던 선비, 당대 최고의 화가 안견과 몽유도원도를 남긴 꿈꾸는 사나이. 비해당, 담담정,[101] 무계정사를 짓고 조선르네상스와 무릉도원을 꿈꾸던 사나이는 그렇게 서해바다 속으로 사라져버렸다. 참으로 허무하기 짝이 없다. 그 후, 우리 역사에 그처럼 무릉도원을 꿈꾸는 사나이는 다시 나타나지 않았다.

계유정난으로 안평대군이 죽고 가족들도 죽거나 흩어졌다. 그의 공든 탑도 한 순간에 공중분해 되고 말았다. 안평대군의 아들은 교동도에서 진도로 유배되어 죽임을 당했다. 그로인해 후사는 완전히 끊어져버리고 말았다. 안평대군의 아내는 계유정난 전에 죽었다. 안평대군의 어린 딸과 며느리는 황해도 풍천 관비로 끌려갔다가 몇 년 후, 권남의 사노비가 되었다.[102] 권남은 집현전 출신이므로 안평대군과도 아는 사이였을 것이다. 그러나 수양대군에 붙어 출세하고 안평대군의 딸과 며느리를 사노비로 부려 먹는다. 권력과 의리와 우정은 무엇인가. 참으로 비애감이 든다.

계유정난으로 세종의 아들들은 풍비박산되었다. 계유정난 당시 살아있던 세종의 왕자들은 12명이었는데, 한 명만 수양대군의 협박으로 동의하고 나머지 왕자들은 거부하였다. 특히 금성대군은 무력으로 단종복위를 꾀하다 비밀이 누설되어 죽임을 당했다. 금성대군의 귀양지는 풍기인데, 근처에 소수서원이 있다. 세종의 아들들은 권력에 눈먼 수양대군에 의해 도륙을 당했다. 조선 최고의 성군 세종이 자식 교육을 잘한 건지 못한 건지 ... 이병철의 말처럼 자식 농사는 내 맘대로 안 되는 모양이다. 자식 문제만 따져보면, 욥과 정약용과 세종 중에 누가 더 나은 것인지 알 수가 없다.

욥의 탄식, 그때 ~ 않았더라면

사람들은 지나간 일이 너무 아쉬우면, "아이고 ~하였더라면"이라 탄식한다. 역사에 만일(If)이란 가정은 통하지 않지만, 만일 안평대군이 수양대군에 의해 비명횡사하지 않았더라면, 차라리 수양대군보다 안평대군이 왕이 되었더라면, 문종이 좀 더 오래 살았더라면, 만일 안평대군이 수양대군보다 더 강력한 권력의지를 가졌더라면, 조선의 역사와 한국의 오늘은 분명 달라졌을 것이다.

'하였더라면'은 지나간 일에 대한 아쉬움이고 헛된 신음소리이다. 욥도 그러했고, 힘든 하루하루를 사는 우리들도 역시 그러하다. 욥은 자녀들의 떼죽음, 아내와 친구들의 배신, 재산의 상실, 악창으로 인한 고통 한가운데서 부르짖는다.

내가 난 날이 멸망하였더라면, 사내아이를 배었다하던 그날도 그리 하였더라면, 그 밤이 캄캄한 어둠에 잡혔더라면, 해의 날 수와 달의 수에 들지 않았더라면, 그 밤에 자식을 배지 못하였더라면, 리워야단을 격동시키기에 익숙한 자들이 그 밤을 저주하였더라면, 그 밤이 광명을 바랄지라도 얻지 못하며 동틈을 보지 못하였더라면 좋았을 것을 (욥기 3:3-9)

욥은 고통 한 가운데서 '하지 않았더라면'이라고 열다섯 번이나 부르짖는다. 욥의 고통이 얼마나 컸으면, 한두 번이 아니고 열다섯 번이나 부르짖었을까. 지금 우리는 코로나와 싸우며 힘든 하루하루를 살아가며, '아.. 초기에 중국이 분명하게 밝혔더라면, 아.. 정부가 이렇게 했더라면, 아.. 그 모임에 가지 않았더라면' 되뇌이며 고통 중에 살아간다.

신기한 것은 '하였더라면'이란 절망 사이로 '거기서는'이란 소망이 생겨난다. 마치 잔설 사이로 복수초가 피어나듯, 고통의 신음소리 사이로 '거기서는'이란 기대가 피어난다. '하였더라면'이란 탄식과 '거기서는'이란 희망을 동시에 부른 이가 욥이다. '하였더라면'이 과거와 사람에 대한 탄식이라면, '거기서는'은 미래와 하나님을 향한 소망이다. 우리도 매일 '어찌하여, 하였더라면, 거기서는'을 오가며 살아간다. 욥이 부르짖은세 단어는 모든 인생의 원초적인 부르짖음이다. 해아래 새것은 없고, 인생의 본질은 동일하다.

안평대군이 무릉도원의 꿈을 꾸고 안견이 몽유도원도를 그렸을 때가, 우리 역사에서 유토피아에 가장 가까이 다가갔던 시대다. 정말 꿈이 아니라, 현실이 될 수 있는 여러 여건이 잘 준비된 시기였다. 그러나 그 모든 일은 말 그대로 일장춘몽 꿈이 되고 말았다. 만일 안평대군이 수양대군의 손에 비명횡사하지 '않았더라면'...

14. 도연명의 무릉도원과 다산의 우복동

삼한의 나라 개국한지 얼마나 오래인가,
종이 위에 누에 깔리듯 인구가 많고,
나무하고 밭일구어 발 안 닿은 곳 없는데,
어찌 묵어 있는 빈 땅이 있겠는가.
적이 쳐들어와도 나라 위해 죽어야지,
어찌 처자식 데리고 떠난단 말인가.
아내를 독려해 방아 찧어 세금 내게 해야지,
아 우복동이 세상에 어찌 있겠는가.

(정약용, 우복동가(牛腹洞歌) 중에서)

무릉도원의 역사적 배경

무릉도원을 처음 이야기한 도연명(365~427년)은 동진 사람이다. 이름은 잠(潛)이며 자는 연명이다. 405년 팽택현령을 사직하고 고향에 돌아와 평생 은둔의 삶을 살았다. 도연명은 41세 때, 현령으로 재직하며 상급관리들에게 굽신거려야 하는 현실을 깨닫고 모욕감을 느꼈다. 도연명은 '어찌 오두미(五斗米, 쌀 다섯 말의 봉급) 때문에 허리굽혀 향리의 소인배에게 알랑거리겠는가!' 말하고 사표를 던졌다. 요즘말로 갑질에 대한 을의 반란이리라. 그는 고향으로 돌아오며 유명한 귀거래사(歸去來辭)를 지었다.

그는 집 주변에 다섯 그루의 버드나무를 심고 스스로 오류(五柳) 선생이라 했다. 도연명이란 이름을 세상에 알리게 된 것은 '귀거래사'와 무릉도원을 노래한 '도화원기' 때문이다. 두 글은 후대 한중일 모든 지식인들에게 심대한 영향을 끼쳤다. 지금도 우리들의 마음속엔 무릉도원의 꿈이 꿈틀대고 있다.

어쩌면, 소로우의 '월든'보다 훨씬 탁월하다. 소로우가 월든 호숫가 통나무집에서 농사지으며 소박하게 산 것은 2년 2개월간이다. 소로우는 이 경험을 바탕으로 자연을 예찬하고 문명사회를 통렬히 비판하였다. 반면, 도연명은 자연과 더불어 살며 시를 쓰고 이상향을 추구했다. 그 대표적인 게 무릉도원이다. '도화원기'를 요약하면 이렇다.

동진 효무제 때(377~397)에 무릉(武陵)에 사는 한 어부가 고기잡이를 나갔다가 뱃길을 잃고 헤매다 우연히 복숭아꽃 만발한 마을에 이르게 되었다. 그곳 사람들은 행복하게 살고 있었다. 깜짝 놀란 어부가 이 마을에 대한 사연을 물었다. 그들은 진시황 때, 난을 피해 처자식을 이끌고 이곳에 와 세상과 담을 쌓고 사는 사람들이었다. 어부가 그들에게 지금은 진시황이 죽고 한나라도 망하고 동진시대라 하니, 그들은 세월이 그리 많이 흘렀는지 놀라며 탄식하였다. 벌써 500년이 흘러간 것이다.

어부는 융숭한 대접을 받고 돌아오며 길 곳곳에 표시를 해두었다. 고을 원님께 그 사실을 아뢰고 다시 도화원(桃花源, 무릉도원)을 찾았으나 길을 찾을 수가 없었다. 그 후 많은 이들이 무릉도원을 찾으려했으나 뜻을 이루지 못했다. 오로지 무릉에 살던 어부 한 사람뿐이었다. 그 후로는 도원으로 가는 나루를 찾는 사람이 없었다.

도연명이 도화원기를 쓸 때의 나이 58세였다. 사직하고 귀향하여 자연인으로 산지 17년이다. 도화원기를 쓴 시대적 배경은 진(晉)이 멸망하고 송나라가 세워지는 과도기다. 정치사회적으로 극심한 혼란기다. 사람들은 진시황의 폭정과 세금 때문에 도저히 고향에서 살 수 없어서 새로운 세상 무릉도원으로 피신한 것이다. 진시황은 만리장성을 쌓으며 강제노동과 엄청난 세금을 매겼다. 무릉도원은 폭정과 세금이 없는 복숭아꽃 만발하고 뽕나무와 대나무가 우거진 평화로운 곳이다. 먹고 사는데 문제가 없는 행복동산이다. 그러기에 무릉도원이다.

도연명의 탁월함은 무릉도원 이야기를 통해 모든 사람에게 유토피아의 이상향을 심어준 것이다. 도연명은 사람들의 마음속에 무릉도원은 곧 이상향이란 등식을 각인시켜 주었다. 도연명은 세계 최고의 스토리텔러(Storyteller)이다. 지금도 얼마나 많은 사람들이 마음속으로 무릉도원을 그리워하는가.

무릉도원의 다양한 버전

무릉도원의 배경은 크게 세 가지이다. 첫째, 시대적 배경이다. 인간은 누구나 그가 살던 시대상황에 절대적인 영향을 받는다. 도연명은 동진이 망하고(420년) 송나라가 세워지는 과도기에 살았다. 도연명이 살던 시대는 정치적으로 격변기였다. 송무제(유유)는 동진황제를 죽이고 스스로 송나라 황제가 되었다. 그 시대는 고난의 시대였다.

둘째, 개인적인 인생체험과 기질이다. 도연명은 현령으로 있을 때, 월급 때문에 내키지 않는 고개를 숙이지 않고 사표를 던졌다. 41세 때이다. 갑질과 불의에 타협하지 않는 선비기질이다. 삶은 넉넉하지 못했지만, 평화롭고 소박한 농촌생활을 즐겼다. 그의 삶은 '부지런히 일하며 천명을 즐기며 분수에 맡기고 한 평생을 살았다'

고 평가받는다.[103] 천명을 즐기며 분수에 맡기는 낙천위분(樂天委分) 네 글자가 그의 인생철학의 총결이라 하겠다.

셋째, 도연명의 종교관과 철학관이다. 누구나 자기만의 철학과 종교관이 있다. 그것에 따라 인생 해석이 달라진다. 도연명은 겉으론 유교적이지만, 속으론 도교적인 성향이 있다. 불교와는 거리가 있다. 그의 철학을 한마디로 '귀근숙명의 자연 명정론'이라 한다. 인간의 생사화복 즉, 죽고 사는 것은 명이 있고, 부귀는 하늘에 달려 있다는 것으로 자연에 순응하는 일종의 숙명론이다.[104] 도연명은 세파에 거칠게 대응하지 않고 비교적 순응하며, 주어진 여건 속에서 유유자적하며 살아갔다. 이러한 배경 속에서 도연명의 무릉도원과 귀거래사를 이해할 수 있다.

도화원기는 세월이 지나며 후대에 여러 버전으로 전해졌다. 무릉도원에 사는 촌로들이 신선으로 변한다. 300년 후, 당나라 왕유(701-761)는 심산유곡을 신선들이 사는 신비한 땅, 선원(仙源)으로 표현한다. 또 300년이 지나 송나라 왕안석(1021-1086)은 무릉도원을 복숭아열매를 따먹고 복숭아나무를 땔감으로 쓰는 땅으로 묘사한다. 그곳 사람들은 세상과 격리되어 아버지와 아들만 알고, 임금과 신하는 있는 줄도 모르는 사회로 묘사한다. 가족의 사랑이 넘치고 정치 악이 없는 땅이 무릉도원인 것이다.

무릉도원의 배경은 진시황의 폭정과 세금이다. 고난 가득한 여기에서 도저히 살 수 없으니, 저곳으로 탈출하려 한다. 그 방법으로 도연명은 어부를 등장시킨다. 어부는 도연명의 아바타다. 도연명은 무릉도원을 통해 정치인들에겐 요순 같은 선한 정치를 요구하고, 민초들에겐 심리적 위안을 주었다. 어쩌면, 무릉도원이 실재하지 않기에 우리는 무릉도원을 더 그리워하는지 모른다. 무릉도원은 마음속 가상공간이며, 희망의 나라다. 오늘도 우리는 팍팍한 현실에 몸담고 살기에 '저기' 무릉도원을 바라지 않는가.

타이타닉과 터미네이터를 만든 명감독, 제임스 카메론의 영화 아바타(Avatar)가 있다. 아바타의 배경이 공교롭게도 장가계와 원가계다. 장가계는 한고조 유방의 토사구팽을 피해 도망간 장량이 살았던 곳이다. 도연명이 도화원기를 쓴 것은 장량이 장가계로 숨어든지 약500년 후이다. 혹시 도연명은 무릉도원을 생각하며, 장가계에 들어가 신선이 되었다는 장량을 염두에 두었을까?

장량이 유방을 피해 장가계로 피한지 이천년이 지나고, 도연명이 무릉도원을 꿈꾸고 1600년이 지난 21세기, 영화감독 카메론은 장가계에서 또 다른 무릉도원을 꿈꾼다. 영화 아바타이다. 장가계는 아바타의 촬영지이다. 아바타(Avater)는 화신(化身)이란 뜻이다.[105]

영화 끝 부분에서 전쟁에서 승리한 제이크는 생존한 인간들을 지구로 돌려보낸다. 제이크는 마지막 영상을 전송한 다음, 인간의 몸을 포기하고 의식을 통해 아바타에 정신을 이동시켜 나비족으로 눈을 뜨며 영화가 끝난다. 도연명이 도화원기를 통해 무릉도원을 꿈꾸었다면, 카메론은 아바타를 통해 또 다른 무릉도원과 신선을 꿈꾼 것은 아닐까.

지리산 청학동과 다산의 우복동가

무릉도원은 한국인의 생각에 심대한 영향을 끼쳤다. 지금도 무릉도 원과 관련된 지명과 식당이름이 얼마나 많은가. 청학동, 우복동(牛 腹洞) 같은 지명도 많다. 강원도 영월군에 무릉도원면이 있다. 무릉 리와 도원리에서 딴 것으로, 강이 흐르고 들판이 있어 풍족하고 평 화로운 마을이다. 은퇴 후, 얼마간 살아보고 싶은 동네다.

한국에서 무릉도원이 처음 언급된 것은 고려시대다. 고려문인 이인로(1152-1220)는 친구와 함께 한국의 무릉도원으로 알려진 지리산(두류산) 청학동을 찾았다. 시대적 배경은 고려무신정권 폭정 기로 고난과 암울이 가득한 시대다. 이인로의 답사기를 들어보자.

> 두류산은 높고 구름 낮으니, 만학천암의 절경이 외계산과 같네. 지팡 이 잡고 창학동을 찾았으나, 숲 저편 흰 원숭이 울음만 부질없이 들 었네. 누대는 아득하고 삼산은 먼데, 쌍계석문(雙溪石門) 네 글자는 이끼 끼어 희미하네. 묻나니 선원 (仙源)은 어디에 있느뇨. 낙화가 물 에 흘러가 사람을 혼미하게 하네.[106]

이인로는 지리산 청학동에서 무릉도원을 찾았으나, 결국 찾지 못한다. 다만, 흰 원숭이와 계곡물에 무심히 흘러가는 복사꽃만 본 다. 청학동 답사기는 후대에 많은 영향을 주었다. 고려시인 진화는 무릉도원은 동해 바다에 있는데, 고을 아전들의 세미(索米,세금) 받으러 문을 두드리는 소리가 없다고 한다. 과도한 세금징수 없는 곳이 무릉도원이란 말이다. 기가 막힌 이야기다. 세금폭탄으로 백성들이 골병들고 허리가 휘면, 그곳은 결코 무릉도원이 아니다.

실학자 정약용도 무릉도원을 진시황의 폭정을 피해 산속으로 숨어든 사람들로 본다. 다만, 정약용은 신선이 사는 선계로서의 지상낙원 무릉도원을 부정하며, 도연명의 상상으로 본다. 정약용은 강진에 유배되었을 때(1808년), 다산초당에서 우복동가(牛腹洞歌)를 지었다. 이러한 내용이다.

속리산 동편에 항아리 같은 산이 있어, 그 속에 우복동이 숨어 있다고들 하네. 산봉우리 골짝 물 천 겹 백 겹 둘러싸서, 여민 옷섶 겹친 주름 터진 곳도 없는듯하네...
동구 문은 대롱만큼 아주 작은 구멍 하나, 송아지가 배깔고서야 겨우 들어갈 정도 들어서면 가파른 절벽이 여전히 깜깜하다, 깊이 들어가면 해와 달의 광채 퍼지며, 잔잔한 시내 끊긴 산자락 그림자 싣고 흐르고, 기름진 땅 샘물이 농사짓기 알맞네.
(중략)
삼한의 나라 개국한지 얼마나 오래인가, 종이 위에 누에 깔리듯 인구가 많고, 나무하고 밭 일구어 발 안 닿은 곳 없는데, 어찌 묵어 있는 빈 땅이 있겠는가. 적이 쳐들어와도 나라 위해 죽어야지, 어찌 처자식 데리고 떠난단 말인가. 아내를 독려해 방아 찧어 세금 내게 해야지, 아 우복동이 세상에 어찌 있겠는가.

(정약용 '우복동가(牛腹洞歌)' 중에서)

과연 실학자다운 무릉도원가다. 전쟁나면 도망가지 말고 목숨 바쳐 싸워 나라 지키자. 아내를 독려해 방아 찧어 나라에 세금 잘 바치자. 이게 무릉도원이란다. 사람들은 이 세상과 다른 저 세상, 세금 없는 곳을 갈망한다. 그러나 실학자 다산은 현실에서 무릉도원을 구현하려한다.

다산은 제자에게 보낸 편지에서 '새처럼 높이 날고 짐승처럼 멀리 달아나서 우복동만 찾지 마라. 한번 그 속에 들어가면, 자손들이 토끼나 노루처럼 될 것이다. 비록 평안히 농사짓고 물마시고 자손이 번성한들 무슨 이익이 있겠는가? 제군들은 우선 과거를 통한 벼슬살이에 마음을 두고 다른 마음은 먹지마라.'고[107] 당부한다. 무릉도원이니 우복동이니 헛소리하지 말고, 과거합격해서 정계에 진출하라는 것이다. 다산은 실학자답게 이상주의보다는 현실에서 무릉도원을 찾으려한다.

속리산 우복동과 지리산 청학동은 한국의 무릉도원과 유토피아의 대표 장소이다. 서양의 유토피아가 섬이라면, 동양의 무릉도원은 산속 이미지다.[108] 우복동과 청학동의 다른 점은 무엇일까. 장소 이미지가 다르다. 우복동은 소의 배 속 같이 편안하고 넉넉한 골짜기다. 청학동은 푸른 학이 나는 청아하고 신비로운 골짜기다. 우복동이 풍요로운 복지생활형이라면, 청학동은 신선이 사는 이상향이다.

또 다른 점은 청학동이 개인적인 유토피아 담론이라면, 우복동은 사회공동체적 이상향 담론이다. 이것은 고려무신시대 이인로와 조선후기 실학자 정약용으로 대표된다. 조선초기엔 안평대군의 개

인적인 몽유도원도와 무계정사로 이상향 무릉도원 담론이 나타났
다.

오늘 우리에게 무릉도원은 어디인가

21세기 한국인에게 무릉도원은 어디인가. 청학동이나 우복동이 아
니라, 남진의 '저 푸른 초원위에 그림 같은 집을 짓고', 이 노래가 무
릉도원 찬가로 들린다. 이 노래에 현혹되어 시골로 간 사람들이 얼
마나 많은가. 저 푸른 초원위에 그림 같은 전원주택이 21세기 한국
인의 무릉도원이리라.

　남자들의 로망은 은퇴 후, 귀향과 귀촌이다. 전원주택을 짓고,
텃밭을 가꾸고, 맑은 공기 마시고, 때로 삼겹살 구우며, 친구와 소주
와 커피 한잔을 기울이며 담소하는 삶, 생각만 해도 가슴이 설렌다.
그러나 현실은 현실, 시골에서 꿈을 이룬 사람도 있지만, 꿈이 깨진
이들도 적지 않다.

　21세기 시점에서 한국의 무릉도원은 어디일까. 잠실이 아닐까한
다. 도연명의 무릉도원엔 복숭아나무, 뽕나무, 대나무가 등장한다.
손오공은 천도원을 지키며 복숭아를 따먹고 괴력을 발휘한다. 동방
삭(東方朔)도 천도복숭아를 먹고 삼천갑자(三千甲子)를 무병장수했

다는 전설이 있다. 삼천갑자는 3000 × 60년이니 18만년을 산 셈이다. 동방삭전은 한무제 때 글이니, 도연명도 이것을 알고 있었을 것이다.

서울 강남 잠실은 세종이 누에치기를 장려하려고 뽕나무밭을 만들어 시범을 보이던 잠소(蠶所)가 있던 곳이다. 잠실의 지명은 이에서 유래했다. 지금 '잠실리 뽕나무'는 고사했지만, 유래는 매우 깊다. 21세기 잠실은 상전벽해. 555m 롯데타워가 서있고, 569m 현대 글로벌비즈니스센터가 세워질 것이다. 주변에 아산병원, 무역센터, 롯데월드, 석촌호수, 올림픽공원이 있다. 한국인이 살고 싶은 동네 중 가장 Hot한 곳이다.

무릉도원은 심산유곡으로 세상 때가 묻지 않은 곳이며, 세금이 없는 땅이다. 그러나 21세기 무릉도원은 IT문화, 교통, 오락, 경제, 네온사인의 화려함이 총 망라한 곳이 아닐까. 그중 하나가 잠실이다. 옛날 무릉도원에선 뽕나무를 심고 오디를 먹었다. 뽕나무의 뽕잎으로 누에를 치며 비단을 뽑아냈다. 비단은 풍요의 상징이다. 오늘 뽕나무밭 잠실에선 고층빌딩을 짓고 IT열매와 문화열매를 따먹는다. 이곳이 현대화된 무릉도원이 아닐까.

욥의 거기와 무릉도원

욥은 자녀의 떼죽음, 전 재산의 파산, 온몸에 난 악창, 야속하게 떠나버린 아내에 대한 고통으로 신음한다. 욥은 그 고통 한가운데서 '거기서는, 거기서는'이라고 부르짖는다. 거기엔 이런 고난과 고통이 없을 것이란 기대가 가득하다. 욥의 거기는 의미상 무릉도원과 유토피아와 비슷하다. 욥의 부르짖음을 들어보자.

> 거기서는 악한 자가 소요를 그치며, 거기서는 피곤한 자가 쉼을 얻으며, 거기서는 갇힌 자가 다 함께 평안히 있어 감독자의 호통 소리를 듣지 아니하며, 거기서는 작은 자와 큰 자가 함께 있고, 종이 상전에게서 놓이느니라. 어찌하여 고난 당하는 자에게 빛을 주셨으며, 마음이 아픈 자에게 생명을 주셨는고. (욥기 3:17~20)

욥이 고통 한 가운데서 부르짖는 '거기서는'에는 우리말로 다 담아낼 수 없는 엄청난 절망과 기대가 동시에 섞여있다. 세상 그 누가 욥보다 더한 고난을 당해 보았는가. 감히 누가 욥의 고통과 아픔을 헤아릴 수 있겠는가. 그럼에도 불구하고, 욥의 '거기서는'에 담긴 마음을 살펴보자.

첫째, 욥의 거기는 쉼을 얻는 가정이다. 욥은 자녀의 죽음, 재산 붕괴, 아내와 이별, 악창으로 온몸과 마음이 만신창이다. 너무 곤고하다. 이젠 쉬고 싶은 마음뿐이다. '즐거운 곳에서는 날 오라하여도' 노래처럼 피곤한 몸과 마음이 쉴 수 있는 곳, 어느 때나 두 팔과 두 다리를 쭉 뻗고 잘 수 있는 곳은 집이다. 세상에서 가장 좋은 무릉도원은 행복한 가정이리라.

둘째, 욥의 거기는 악한자의 소요, 감독자의 호통소리, 상전에게서 놓이는 곳이다. 한마디로 갑질이 없는 곳이다. 예나 지금이나 인생이 피곤한 것은 갑질 때문이다. 갑질만 없어도 인생은 살만하지 않은가. 갑과 을의 사이에서 갑질 없이 서로 인격을 존중하는 그곳이 무릉도원이리라.

셋째, 욥은 몸의 쉼뿐 아니라, 영원한 안식 곧 죽음을 갈망한다. 인생이 너무 피곤하면 영원히 쉬고 싶다. 죽고 싶은 마음이 굴뚝같을 때가 있다. 죽음이 모든 이에게 안식을 주는 것은 아니지만, 사람들은 그리 생각한다. 그래서 자칫 극단적인 선택을 한다. 욥은 자식들의 떼죽음과 몸과 마음이 만신창이 된 상태에서 차라리 죽음을 갈망한다. 내가 '난 날이 멸망하였더라면, 어둠과 죽음의 그늘이 그날을 자기 것이라 주장하였더라면' 탄식한다.

그러나 욥기 전체를 보면, 욥의 죽음에 대한 갈망은 단순한 죽음이 아니라 부활신앙이 깃들어있다. 욥은 '내가 알기에는 나의 대속자가 살아계시니 마침내 그가 땅 위에 서실 것이라. 내 가죽이 벗김을 당한 뒤에도 내가 육체 밖에서 하나님을 보리라'(욥기 19:25-26) 고백한다. 욥은 비록 자기의 가죽이 썩어 죽을지라도 다시 부활할 것을 굳게 믿는다. '내가 알기에 나의 대속자가 살아 계시니' 이 고백은 헨델의 메시야 3부 주제이며, 웨슬리의 찬송 '내 주님은 살아계셔 날 지켜주시니'(찬송170장)의 주제이기도하다.

욥기 3장에서 욥이 부르짖는 '거기서는' 고난과 죽음을 넘어 부활신앙에 맞닿아 있다. 욥은 언젠가 가죽이 썩어 문드러져 죽을지라도, 육체 밖에서 하나님을 뵐 것을 믿는다. 욥이 부르짖는 '거기서는'은 단순히 피곤한 몸이 쉬는 곳, 사람들의 갑질과 호통소리가 없는 곳이 아니다. 죽음 너머 부활생명이 있는 곳, 영원한 안식을 누리는 곳이다. 영생과 부활, 이 고백은 분명히 도연명의 무릉도원과 차원이 다르다. 그러기에 욥의 '거기서는'이란 부르짖음에는 무릉도원보다 더 크고 깊은 울림이 있다.

15. 다산초당 작은 무릉도원

나뭇잎이 떨어져 뿌리로 가서,
다시 잎으로 되돌아오는 동안,
다산초당에 홀로 앉다.
모든 길의 뿌리가 된다는 것을,
어린 아들과 다산초당으로 가는 산길을 오르며,
나도 눈물을 달고 지상의 뿌리가 되어 눕는다.

(정호승, 뿌리의 길)

다산 초당에 이르는 두 길

<다산초당 올라가는 길에 나무뿌리들이 노출되어 있다.
이 길을 흔히 '뿌리의 길' 이라 한다>

다산초당은 전라남도 강진군 도암면 만덕리 귤동에 있다. 귤동(橘洞)이란 유자가 노랗게 익어가는 마을이란 뜻이다. 마을에서 20여 분 가파른 길을 힘겹게 올라가면, 다산초당에 이른다. 정약용은 강진 18년 유배생활 중에 11년을 이곳에서 보냈다. 언뜻 생각에 다산초당은 억울하게 귀양살이한 유배지라 생각한다. 화려한 정치 1번지 한양을 버리고 두메산골에 갇힌 것이다. 맞는 말이다.

그러나 다산초당은 단순히 억울한 유배지만은 아니다. 정약용은 이곳에서『목민심서』등 500여권을 저술했다. 정약용의 거의 모든 실학사상과 책들이 이곳에서 싹트고 영글었다. 그런 의미에서 다산초당은 조선실학의 발상지며 저수지다. 다산초당 없는 정약용과 그의 실학사상과 글은 상상할 수 없다. 다산초당은 단순히 정약용이 귀양살이한 궁색한 산골이 아니다. 그의 학문이 영글고 꿈을 이룬 '작은 무릉도원'이다.

양산보가 소쇄원을 만들었다면, 다산초당은 정약용이 만든 원림이다. 원림(園林)이란 자연을 최대한 살려서 만든 자연친화적 정원이다. 안타까운 것은 소쇄원은 잘 보전되었지만, 다산초당은 방치되어 무너졌다가 다시 복원되었다. 소쇄원은 양산보와 후손들이 대대로 살던 고향이지만, 다산초당은 귀양살이를 한 임시 처소였기에 후손들이 돌보지 못했다. 다산초당을 소쇄원과 견주기엔 규모나 지형이 작고 옹색하지만, 정신적 깊이는 더 크고 깊다하겠다. 다산초당이 단순히 정약용의 귀양지가 아니라, 원림이며 무릉도원이란 것을 살펴보자.

다산초당에 가는 길은 두 길이 있다. 하나는 귤동마을에서 산길을 따라 올라가는 앞 길이다. 가파른 산길을 20여분 걸어 올라가야 한다. 인상적인 것은 여기저기 소나무 뿌리들이 겉으로 드러나 마치 계단처럼 보인다. 그 길을 시인 정호승은 '뿌리의 길'에서 이렇게 노래한다.

> 다산초당으로 올리가는 산 길
> 지상에 드러낸 소나무의 뿌리들
> 무심코 힘껏 밟고 가다가 알았다
> (중략)
> 지하에 있는 뿌리가
> 더러는 슬픔 가운데 눈물을 달고
> 지상으로 힘껏 뿌리를 뻗는다는 것을...

또 한길은 다산초당 뒤편으로 난 조붓한 오솔길이다. 약800m되는 산속 오솔길은 백련사로 통하는데, 이 길은 다산과 혜장선사가 오고간 길이다. 또 다산이 힘들 때, 혜장이 도움의 손길을 펼치던 길이기도하다. 혜장은 다산을 스승으로 모시고 지극한 정성으로 섬겼다. 혜장은 정약용이 다산초당에 자리를 잡자 제자를 보내 음식과 부엌일을 수발들게 했다. 또 이 길을 통해 양식과 차를 전해주기도 하였다. 이 오솔길은 유교와 불교가 교류한 길이며, 다산과 혜장이 우정을 나눈 길이기도하다. 두 사람이 주고받은 편지와 시가 "견월첩"으로 전해진다.

주막집이 서당 사의재로

정약용은 강진유배 1년이 지나, 머물던 주막집에서 사의재(四宜齋)란 서당을 열었다. 사의재란 네 가지 마땅함(宜)을 추구하는 집이란 뜻이다. 네 가지는 담백한 생각, 장중한 외모, 과묵한 말, 무거운 몸가짐이다. 이것은 다산의 교육철학이다. 다산은 강진유배 18년 동안 많은 제자들을 길러냈다. 대표적인 제자가 황상과 이학래이다. 황상은 다산의 가르침을 받아 학문에 일가를 이루고 끝까지 의리를 지킨 유일한 제자다. 이학래는 끝이 좋지 않은 제자다. 황상은 아전의 아들이었다. 어느 날, 다산은 황상을 불러 열심히 공부하라 타일렀다.

황상은 자기가 '둔하고, 앞뒤가 꽉 막혀 있고, 답답해서', 공부를 잘 할 수 없다고 아뢴다. 스승 다산이 자애롭게 일러준다. 잘못 배우는 사람은 세 가지 특징이 있다. 첫째, 암기력이 좋아 잘 외우는 것, 둘째, 예리하게 글을 잘 짓는 것, 셋째, 깨달음이 재빠른 것이다. 이런 이는 자기 재주를 믿고 대충 공부해서 오래가질 못한다. 날카로운 송곳으로 종이를 뚫으면 금세 뚫리지만 곧 아문다. 그러나 뭉툭한 것으로 뚫으면 구멍이오래가는 법이다. 무릇 공부란 그런 것이다. 그리고 삼근계(三勤戒)를 준다. '부지런하고, 부지런하고, 또 부지런하라'는 말이다. 15세 더벅머리 소년은 죽을 때까지 스승의 말씀을 붙들고 그리 살았다.

황상은 스승 다산을 만난 지, 60년이 지나고 75세가 되던 해에 자신의 삶을 돌아보며, 스승과의 만남을 이렇게 회상한다.

옛날 임술년(1802년) 10월 10일 나는 열수(정약용) 선생님께 제자의 예를 갖추었다. 이때 내 나이 열다섯이었다. 내가 제자의 예를 갖춘 지 이레째 되던 날, 선생님은 문사(文史)를 공부하라는 글을 내리셨다. 저는 세 가지 병통이 있습니다. 저는 둔하고, 막혔고, 답답한 사람입니다. 그러자 스승은 뚫는 것은 어떻게 해야 할까? 부지런히 해야 한다. 틔우는 것은 어찌하나? 부지런히 해야 한다. 연마하는 것은 어떻게 할까? 부지런히 해야 한다. 네가 어떻게 부지런히 해야 할까? 마음을 확고히 다잡아야 한다... 비록 이룬 것은 없다나, 마음을 확고히 다잡으라는 세 글자를 받들어 따랐을 뿐이다.[109]

정약용이 죽고 난후에도 황상은 스승의 아들들과 인간적이고 학문적인 교류를 지속하였다. 한번은 추사 김정희가 황상의 소식을 듣고 일부러 깡촌 강진까지 찾아간 일도 있다. 그러나 황상을 만나지 못하고 헛걸음을 친다. 몇 년이 지나서 다산의 아들을 통해 황상과 김정희는 만난다. 이때 황상의 나이 66세다.

직접 만나고 황상의 재주를 시험해 본 추사는 황상의 시를 높이 평가해 한양의 시인으로 추천한다. 당대 최고의 학자 김정희의 찬사로 황상은 많은 문사들을 만나며 일약 유명시인이 되었다. 명문대가 추사는 두 살 아래인 중인 출신 촌놈 황상의 시를 높이 평가해 영의정을 지낸 권돈인과 만남도 주선하였다.

황상의 일속산방(一粟山房)

다산과 황상은 어느 날, 유인에 대해 대화를 나누었다. 유인(幽人)이란 어지러운 세상을 피하여 조용한 곳에 숨어 사는 은자(隱者)를 말한다. 다산은 황상이 은둔의 삶에 관심을 갖자, '제황상유인첩'이란 글을 지어주었다. 내용을 요약하면 대략 이렇다.

은자가 살아가려면, 산수가 아름다운 땅을 택해야 한다. 큰 강과 산이 어우러진 곳보다는 좁은 시내와 자그마한 동산이 어우러진 곳이 더 좋다. 좋은 땅이란 얼마간 골짜기를 따라 들어가면, 그 어귀에 깎아지른 절벽과 바위들이 몇 개 있어야 한다. 안으로 들어가면, 시야가 환하게 틔여 눈이 시원한 곳이 복된 땅이다. 한가운데 땅의 기운이 맺힌 곳에 정남향으로 띳집 서너 칸을 짓는다.

방 안은 순창에서 나는 설화지(雪花紙)로 하얗게 도배한다. 방 위쪽엔 산수화를 걸어 놓고, 문 옆에는 고목과 돌과 대나무를 그리거나 시를 써 놓는다. 방안에 책꽂이 두 개를 설치하고 거기엔 1300~1400권의 책을 꽂아 놓는다. 방안엔 모과나무로 만든 탁자를 놓고, 책상엔 논어 한권을 펼쳐 놓는다. 책상 밑에는 오동향로를 하나 두어 아침저녁에 좋은 향을 피운다.

뜰 앞에는 벽을 너무 높지 않게 두른다. 담장 안에는 석류와 치자, 목련 등을 품격을 갖추어 심는다. 국화를 가장 잘 가꾸어야 하는데, 모름지기 48종쯤은 돼야 겨우 구비했다 할 것이다. 마당 오른편

<일속산방도 (一粟山房圖. 허련. 1853년), 개인소장>

에는 사방 수십 걸음 되는 작은 연못을 파고, 연꽃을 심고 붕어를 기른다. 대나무를 쪼개 물받이 홈통을 만들어 산의 샘물을 끌어와 연못으로 졸졸 떨어지게 한다.

연못의 물이 넘치면, 담장 틈새를 따라 채마밭으로 흐르게 한다. 채소밭은 구획을 나누고 평평한 두둑을 만들어 아욱, 배추, 파, 마늘 등 종류별로 잘 가꾼다. 조금 떨어진 곳에는 오이와 고구마를 심는다. 채소밭 둘레는 해당화 수천그루를 심어 꽃담을 만들어 채소밭을 오가며 아름다운 향을 맡는다.

마당 왼편에는 사립문을 만들고, 50보 쯤 가서 물가 바위에 초가 한 칸을 세운다. 대나무로 난간을 만들고, 누각 둘레는 울창한 대나무로 가꾸고 가지가 처마로 들어와도 꺾지 말고 그대로 둔다. 시내를 따라 널찍한 문전옥답이 있어 식량에 모자람이 없다. 시내 조금 떨어진 곳에 둘레가 5-6리 되는 방죽이 있어야한다. 제방 안에는 토란, 부용, 마름, 가시연이 가득하다. 달밤엔 작은 배 띄워 놓고 퉁소불고 시를 짓고 친구들과 술 한 잔을 나누고 얼큰하게 취해 기분 좋게 집으로 돌아온다.

집 뒤에는 멋진 소나무가 몇 그루 있어 백학이 깃든다. 작은 채소밭엔 인삼, 도라지, 천궁, 당귀 등을 심는다. 소나무 북쪽엔 잠실 세 칸을 짓고 잠박 7층을 얹혀둔다. 낮엔 차를 마시고 밤엔 송엽주를 마시며 아내와 마주보며 빙긋이 웃는다. 문밖에 임금이 부른다는 소식이 오더라도 씩 웃기만 하고 나아가지 않는다. 이게 바로 구이(九二), 유인(幽人) 은자의 삶이니라.

한마디로 무릉도원이다. 모름지기 남자라면, 이런 꿈을 한번쯤은 꾸어보았을 것이다. 은퇴 후, 귀향과 귀촌의 아름다운 모델이다. 너무 아름답고 황홀해서 실제로 이런 곳도 없거니와 그럴만한 여력을 가진 사람도 거의 없다. 그저 그림의 떡이다. 이게 다산 정약용의 가슴속에 있던 꿈이다.

다산은 이런 꿈을 제자 황상에게 말해주었다. 훗날 황상은 다산의 가르침을 따라 강진 산골에 '일속산방'이란 집을 짓고 살았다. 일속산방(一粟山房)이란 '좁쌀 한 톨 만한 작은 집'이란 뜻이다. 일속산방은 흥미롭게 사면에 각기 다른 이름을 가지고 있다. 동쪽은 석영옥(石影屋), 북쪽은 만고송실(萬古松室), 남쪽은 일속산방(一粟山

房), 서쪽은 노학암(老學菴)이다. 노학암은 김정희가 황상이 늙어서도 공부하는 것을 칭찬해 지어준 당호다. 방 안에는 많은 책과 세계지도가 있었다니, 그야말로 좁쌀이 아닌 소우주였다. 일속산방의 자취는 사라졌지만, 초의선사와 추사의 제자 허련이 그린 '일속산방도'를 통해 모습을 짐작할 수 있다.

다산초당은 무릉도원

다산초당도 바로 이런 맥락과 연결되어 있다. 지금은 옛 자취가 사라지고 재건되어 본래 모습을 알 수 없다. 그러나 기록을 보면, 다산초당을 리모델링하는 과정이 자세하다. 다산은 신이 나서 손을 걷어부치고, 사람들의 도움을 받아 아홉 계단밭을 만들어 무, 부추, 쑥, 가지, 아욱, 토란 등을 심었다. 또 직접 가꾼 토란과 쌀가루로 만든 옥삼죽을 즐겨 먹었다. 연못에 연꽃을 심고 잉어를 기르고, 정원을 만들고 온갖 꽃과 나무를 심었다. 지금도 그 흔적을 볼 수 있다.

다산초당을 방문했을 때, 우연히 현장 발굴팀을 만나 초당 아래쪽에도 두 번째 연못과 채소밭 흔적이 있다는 이야기를 들었다. 김영환은 다산팔경사와 이에리 가쯔오가 그린 '정다산선생 거적도' 등을 참고하여 '다산초당 팔경도'란 그림을 그렸다.

<다산초당 팔경도, 김영환(2013),이재근 라펜트 조경>

　다산은 초당의 풍경을 다산팔경사(八景詞)란 시 8수로 남겼다. 담장가에 하늘대는 복사꽃 가지, 주렴을 치며 날리는 버들솜, 따스한 봄 날 들려오는 꿩 울음소리, 보슬비 속에 물고기 먹이주기, 비단 바위 위로 뿌리를 감은 단풍나무, 연못에 비치는 국화 그림자, 언덕 바지의 푸른 대숲, 온 골짜기에 퍼지는 솔바람 파도이다.

　다산은 다산팔경사에 만족하지 않고 다산화사(花史) 20수를 더 지었다. 그 시에는 유자동산, 일천 그루 소나무, 대숲, 매화, 복숭아 꽃, 치자, 백일홍, 월계화, 접시꽃, 국화, 자초, 더덕, 포도나무, 동백 나무, 모란꽃, 작약, 미나리 등이 등장한다. 다산은 나무, 꽃, 채소 이름을 모르는 게 없다.

　다산초당은 백운동과 소쇄원과 여러모로 닮았다. 대나무 대롱으로 연못에 물을 끌어오고, 채마밭을 만들어 채소를 가꾸고, 바위에 글자를 새기고(丁石), 구역을 나누어 꽃과 나무를 심었다. 자연정원 원림에서 볼 수 있는 특징들이다. 다산의 글에는 매화, 국화, 대나무, 소나무가 많이 등장한다. 사군자 이미지이다. 정약용은 다산초당에서 실학을 집대성하고, 시를 짓고 제자를 길러냈다.

곰곰이 생각해보면, 다산초당은 단순히 정약용이 귀양살이한 유배지가 아니라, 정약용의 무릉도원이다. 다산은 귀양이란 고난을 넘어 자기만의 무릉도원을 만들어낸 것이다.

욥은 고난 한 가운데서 '거기서는'이라 부르짖는다. 만일 욥이 한국에 살았다면, 다산처럼 고난을 뛰어넘어 새로운 창조의 땅, 다산초당 같은 무릉도원을 만들지 않았을까. 욥은 고난 중에 친구들과 답 없는 논쟁을 반복한다. 말꼬리 잡는 좁쌀 논쟁이 끝이 없다. 욥과 친구들의 말밑천이 떨어졌을 때, 하나님이 나타나셔서 자연을 통해 욥을 경책하신다.

네가 눈 곳간에 들어갔었느냐 우박 창고를 보았느냐. 얼음은 누구의 태에서 났느냐 공중의 서리는 누가 낳았느냐. 물은 돌 같이 굳어지고 깊은 바다의 수면은 얼어 붙느니라. 네가 묘성을 매어 묶을 수 있으며 삼성의 띠를 풀 수 있겠느냐. 네가 목소리를 구름에까지 높여 넘치는 물이 네게 덮이게 하겠느냐. 네가 번개를 보내어 가게 하되 번개가 네게 우리가 여기 있나이다 하게 하겠느냐. (욥기 38:22-35)

그때 욥의 눈이 번쩍 뜨이고, 좁쌀 같은 자기 틀이 깨지며 광대

무변한 하나님을 만난다. '자아의 자각'(the awakening of the self)이 일어나고, 하나님을 체험하게 된다. 요즘 말로 '현타'(현실자각타임)를 경험한 것이다. 영국의 영성가 에벌린 언더힐은 전통적인 영성형성 과정인 정화, 조명, 일치(연합) 앞에 '자아의 자각'을 둔다. '자아의 자각' 즉 내가 누구인지, 내가 무엇인지를 깨닫는 것이 영성생활의 첫 걸음인 것이다.

욥은 하나님을 만난 후, 눈물과 고통을 넘어 새로운 인생을 살아간다. 가정도 회복되었다.(욥기 42장) 오늘도 우리는 고난 가득한 세상을 살아간다. 예나 지금이나 고난과 고통 없던 시절이 있었던가. 문제는 고난을 인정하고 받아들이며, 의미를 찾고 어떻게 극복하며 넘어가느냐이다. 때론 내 노력과 의지로 때론, 하나님의 은총으로 그 고개를 넘어간다. 코로나로 너나 할 것 없이 고통당하는 때, 욥의 '거기서는'이란 부르짖음과 정약용의 다산초당은 서로 연결되는 듯하다.

IV. 사군자 다산과 욥에게 말을 걸다

사군자와 고난의 관계

고난에 대한 반응은 시대와 개인의 성향에 따라서 다르게 표현된다. 고난을 승화시켜 예술 문학적으로 표현한 것이 사군자이다. IV '사군자 다산과 욥에게 말을 걸다'에서는 다산과 욥이 사군자와 어떻게 연결되는지 알아보려 한다. 고난은 때로 유토피아나 무릉도원으로 나타나지만 때로는 시와 그림 등 문학으로 표현되기도 한다.

본디 사군자는 사물에 자신의 뜻을 담아 시나 그림으로 표현하려는 영물시(詠物詩)에서 시작되었다. 사군자(매란국죽)는 유교에서 지향하는 이상적 덕목을 갖춘 인간상, 곧 선비정신을 간직한 고결한 사람(君子)을 의인화한 것이다. 사군자는 고난을 매화, 국화, 난초, 대나무를 통해 의인화한 것이기에 더욱 의미가 깊다.

사군자의 공통점은 고난이다. 매화는 겨울의 혹독한 추위를 이겨내고 꽃을 피운다. 난초는 박토에서 꽃을 피운다. 국화는 서리를 맞으며 꽃을 피워낸다. 대나무는 사시사철 늘 푸르고 곧게 서있다. 이것은 그냥 쉽게 되는 일이 아니다. 사군자는 혹독한 환경을 이겨 낸 다음에 꽃을 피우고 향을 발하였다. 조선의 선비들은 자신이 귀양을 가거나 고난을 당할 때, 사군자와 자신을 동일시하는 경향이 있었다.

시(詩)와 글씨(書)와 그림(畵) 세 가지를 잘하는 이를 일컬어 시서화(詩書畵) 삼절이라 한다. 안평대군이 대표적인 사람이다. 시서화 삼절이란 시라면 시, 글씨면 글씨, 그림이면 그림 모든 면에서 절대 고수란 말이다. 내공뿐 아니라 외적 표현력도 대단한 것이다. 정약용도 삼절이 되고 싶었지만 그림이 약하다고 스스로 말한바가 있다. 다산의 '매조도'는 그의 시서화 삼절이라 볼 수 있다.

정약용은 일생동안 사군자에 대해 시와 글을 짓고 호를 붙인 일들이 아주 많다. 정약용은 열네 명의 뜻 맞는 친구들과 죽란시사(竹欄詩社)란 풍류계를 만들었다. 그리고 살구꽃 필 때, 복사꽃 필 때, 참외가 익을 때, 연꽃이 필 때, 국화가 피고 눈이 내릴 때, 매화가 필 때 모이기로 약속하였다. 특히 다산은 48종의 국화를 알고 심어야 한다고 말한다. 가히 국화 전문가이다. 다산은 강진에서 귀양살이하며 호를 탁옹(籜翁)이라 지었는데, 대나무 껍질이란 뜻이다. 이처럼 다산의 전 생애에 사군자는 자주 등장한다.

욥은 한국의 선비가 아니기에 사군자와 대비하기란 쉽지 않다. 그러나 욥기에서 욥이 고난을 이겨내며 정화되는 과정은 사군자 이미지와 비슷하다. 악창으로 터져버린 피부를 긁으며 탄식하는 말은 마치 겨울 추위를 이겨낸 고목에서 피어난 한 송이 매화같다. 그 엄청난 고난을 이겨내고 승리한 욥의 향기는 난향천리 같다. 고난으로 시들어 고개 숙인 욥은 마치 '병국도'를 연상시킨다. 수많은 고난에도 하나님을 향한 일편단심은 대나무를 연상시킨다.

IV '사군자 다산과 욥에게 말을 걸다'에서는 다산과 욥의 고난이 예술 문학적으로 사군자 이미지와 어떻게 연결되는지 알아보려 한다.

16. 매화, 다산과 욥에게 말을 걸다

집 둘레에 층층 바위 아주 푸른데,
백 그루 홍매화 나무 가꾸네.
산 빛 어린 속에서 오가노라면,
온통 모두 암향(暗香) 속에 있는 것 같아.

(정약용, 백운동 3경, 백매오)

퇴계 이황과 두향 이야기

<천원 지폐 앞면에 퇴계 이황과 매화꽃이 피어 있다>

천원 권 지폐 앞면에 퇴계 이황의 초상화와 매화꽃이 있다. 지폐 속의 퇴계 눈을 보면 무언가를 아련히 그리워하는 촉촉한 눈빛이다. 퇴계와 매화는 뗄 수 없는 깊은 인연이 있다. 퇴계가 남긴 마지막 말은 '분매(盆梅)에 물을 주어라'는 부탁이었다.[110] 조선 최고의 학자요, 선비인 퇴계의 유언치고는 뭔가 허망한 듯하다. 동시에 무언가 심상치 않은 사연이 있음을 느끼게 된다. 사실 여기엔 퇴계의 아름답고도 애틋한 러브스토리가 숨어있다.

　퇴계는 48세에 단양군수로 부임하였다. 당시 퇴계는 첫째부인과 둘째부인 모두 사별하고 홀몸이었다. 퇴계는 단양에서 관기 두향(杜香)이란 여인을 만난다. 두향은 18세로 남편과 사별하고 어찌어찌하여 관기가 되었다. 두향은 첫눈에 퇴계에게 반하여 흠모하지만, 퇴계는 미동도하지 않았다. 두향에게 퇴계는 가까이하기엔 너무 높고 먼 당신이었다.

두향은 지혜를 내어 퇴계가 좋아하는 귀한 매분을 선물하였다. 퇴계는 '매분이야 받을 수 있지'라며 마음의 문을 열었다. 그 뒤로 외로운 두 사람 사이에 정분이 오가기 시작했다. 부인과 아들을 잇달아 잃고 상심하던 퇴계의 쓸쓸한 가슴에 한 떨기 설중매같은 두향이 자리 잡기 시작한 것이다.

그 대단한 퇴계가 두향에게 마음의 문을 연 것을 보면, 두향이란 여인도 단순한 기녀는 아닌듯하다. 두향은 시서(詩書)와 가야금에 능했고, 특히 매화를 좋아하였다. 그러나 두 사람의 애틋한 연분은 오래가지 못했다. 10개월 만에 퇴계가 풍기군수로 자리를 옮긴 것이다. 이유는 퇴계의 넷째 형이 충청도관찰사로 부임하자, 형제가 같은 지역에서 근무하는 것을 피하는 상피제 때문이었다. 이로써 퇴계와 두향의 짧은 사랑은 아쉽게 끝나고 말았다.

두향은 퇴계를 따르고 싶은 마음이 간절했지만, 관기로 매인 몸이어서 따라 갈수 없었다. 떠나는 퇴계에게 두향은 수석과 매화 화분 하나를 전해주었다. 이별의 정표였다. 그 후 두향은 퇴계를 그리워하며 홀로 살다 퇴계가 죽자, 강선대 아래 강물에 몸을 던지고 말았다. 그녀의 무덤은 지금도 단양 강선대에 외로이 있다.

퇴계는 평생 동안 이 매화를 가까이 두고 정성껏 돌보았다. 퇴계는 매화를 부를 때, 매군(梅君) 또는 매형(梅兄)이라 하여 완연한 인격체로 예우하였다. 사람들은 도산서원 입구의 매화를 '퇴계매'라 부른다. 퇴계는 생전에 서원 앞에 절우사라는 정원을 만들고 매화, 대나무, 소나무, 국화 등을 심고 가꾸었다. 매화를 가꾸며 두향을 그리워하는 마음도 함께 꽃피우지 않았을까.

퇴계는 매화시 107수를 남겼다. 퇴계의 매화에 대한 애정이 어떠했는지 짐작할 수 있다. 그러나 분명한 것은 퇴계가 단순히 두향을 사모하여 매화에 그렇게 빠져든 것은 아니란 것이다. 매화는 더 깊은 정신적 의미가 있다. 조선시대 선비들의 이상향은 군자였다. 군자(君子)란 지식, 덕성, 절개 같은 덕목을 갖춘 인간상으로 선비들의 모델이었다. 선비들은 매란국죽 네 식물의 특성에서 군자의 품성을 찾았다. 그래서 매란국죽을 일컬어 사군자라 하였다. 매화는 인(仁), 난초는 의(義), 대나무는 예(禮), 국화는 지(智)를 상징한다.

특히, 선비들은 따뜻한 봄에 피는 매화보다는 추운 겨울에 피는 매화를 진짜 좋은 것으로 여겼다. 선비들이 매화를 좋아한 이유는 단순히 꽃이 화사해서가 아니라, 추위와 시련을 이겨낸 꿋꿋함을 높이 샀기 때문이다. 그래서 선비들은 '설중탐매도'를 그리고, 실제로 눈 속으로 매화꽃을 찾아 나섰다. 그러기에 매화 중 제일은 '설중매'를 꼽는다.

5만원 지폐의 뒷면에 어몽룡(1566-1617)이 그린 '묵매'가 있다. 천원 지폐와 5만원 지폐에 매화가 있다. 돈과 매화는 잘 어울리는 이미지가 아니다. 이것은 돈의 노예가 되지 말고 검소하게 깨끗하게 사용하라는 의미가 아닐까. 어쨌든, 매화는 추위를 이겨낸 강인함과 꿋꿋함 그리고 맑고 그윽한 향기를 드러낸다는 점에서 선비를 닮았고, 고난을 이겨낸 흔적을 지니고 있다.

다산과 매화와 매조도

정약용도 매화를 깊은 사랑하였다. 다산이 매화를 얼마나 사랑했는지는 딸을 위해 그려준 '매조도'를 보면 알 수 있다. '매조도'는 두 그림이 있는데, 막내딸 홍연과 소실의 딸 홍임을 위해 그려준 매화나무와 새 그림이다. '매조도'는 이미 설명하였기에 이곳에선 넘어간다.

정약용은 초당을 처음 방문하고 며칠 머물 때, 기분이 너무 좋아 지은 시가 '다산팔경사'이다. 아마 제자 이청의 집에서 눈칫밥을 먹고 여러 가지로 마음이 편치 않았던 모양이다. 보슬비 속에서 물고기에 먹이주기, '세우사어'(細雨飼魚)란 시에서 매화를 이렇게 노래한다.

> 황매 시절 보슬비 가지 끝을 적시면
> 일천 점의 동심원이 수면에 엇갈린다.
> 저녁밥 두어 덩이 일부러 남겼다가
> 난간에 홀로 기대 새끼 고기밥을 주네.

다산팔경사로 다산초당을 노래하기가 부족했던지 얼마 후, '다산화사'(茶山花史)란 시 20수를 짓는다. 그 중에 매화 시는 이렇다.

숲 동산 그 옛날에 좋은 기약 두었나니
찬 매화 첫 가지가 피어날 그때였네.
부끄럽다 맹세의 말 모두 헛말 되었구나
지금에 꽃은 지고 매실만 주렁주렁.

다산은 초당에 자리 잡게 되며 본격적인 리모델링 공사를 하였다. 다산은 초당 리모델링 공사 과정을 꼼꼼히 적어 놓았다. 이런 내용이다. 하루는 매화 아래를 산보하는데 잡초와 잡목이 우거졌기에 손수 칼과 삽을 들고 얽힌 것들을 찍어 내고, 돌을 쌓아 단을 만들었다. 그 아래까지 점차 넓혀 나가 아홉 계단을 만들어 채마밭으로 삼았다. 다산은 변소 뒤에 곱게 서있는 매화나무를 보며 시를 쓰고 좋아했지만, 대대적인 리모델링 공사를 하면서 옮겨 심었다.

다산이 남긴 매화 시중에 붉은 매화를 노래한 시가 있다. 이 시는 다산의 부친이 화순현감으로 있을 때 방문하여 지은 것이다. 매화마을 광양에 매화 시비가 여럿 있는데, 그 중에 다산의 '부득당전홍매'(賦得堂前紅梅)라는 시비가 있다. 이런 내용이다.

대숲에 자리 잡은 그윽한 집
창 앞에 한 그루 매화나무 서있네.
꼿꼿하게 눈서리 견디어 내어

해맑게 티끌 먼지 벗어났구나.
해 지나도 꽃소식이 감감하더니
봄이 오자 스스로 활짝 피었네.
그윽한 향기엔 진정 속기 없으니
붉은 꽃잎만 사랑스러운게 아니지.[111]

매화나무 가지 끝에 걸린 달을 가리켜 '야매초월(夜梅梢月)이라 한다. 맑고 깨끗한 달과 은은한 향기를 뿜는 매화가 절묘한 조화를 이룬 모습은 누가 봐도 흥취를 느낄만한 풍경이다. 정약용도 멀리 있는 친구를 그리워하는 마음을 이렇게 노래한다. 해는 저물고, 배는 빈 배로 오가고, 말소리도 없는 밤인데, '매화나무 끝에 달이 걸린 밤이면 언제나 혼자 중얼대다가 술잔을 든다'란 시로 쓸쓸한 감회를 표현했다.[112] 다산뿐만 아니라, 옛 선비들은 술을 마시며 매화나무에 달뜨기를 기다리거나, 달빛에 그림자를 보며 매화시를 읊조렸다.

매화 욥에게 말을 걸다

욥을 나무로 비유한다면, 매화와 비슷하다고 생각한다. 욥은 자식들의 떼죽음과 재산의 몰락, 그리고 아내마저 떠나고 온 몸에 악창으로 고통당한다. 정수리부터 발바닥까지 퍼진 악창으로 온몸이 망가지고, 재 가운데 앉아 질그릇 조각으로 몸을 득득 긁고 있다. 아토피만 있어도 온몸 피부가 가렵고 거칠어져 흉한데 욥은 얼마나 흉측했을까. 차마 눈뜨고는 볼 수 없는 참담한 모습이었을 것이다. 오죽하면 친구들이 욥을 알아보지 못했을까. 욥의 피부병은 악창 혹은 한센병(나병)으로 본다.

한센병 시인으로 유명한 한하운은 '전라도 길'이란 시에서 나병의 고통을 이렇게 노래한다.

가도 가도 붉은 황톳길, 숨 막히는 더위뿐이더라.
낯선 친구 만나면, 우리들 문둥이끼리 반갑다.
천안 삼거리를 지나도, 쑤세미 같은 해는 서산에 남는데
가도 가도 붉은 황톳길....
버드나무 밑에서 지까다비를 벗으면
발가락이 또 한 개 없다.
앞으로 남은 두 개의 발가락이 잘릴 때까지
가도 가도 천리 먼 전라도 길.

한하운이 머물던 소록도 중앙공원에는 수양버들 같은 수양매가 있다. 백년이 넘는 큰 나무인데 태풍으로 고사해 흔적만 남아있다. 혹시 욥이 한하운의 시를 알았더라면, 욥도 이 시를 읊조리며 피눈물을 흘리지 않았을까.

매화가 귀한 것은 긴 겨울을 이겨내고 가장 먼저 봄소식을 전해

주기 때문이다. 겨울 추위를 이겨냈기에 매화꽃 향기는 진하고 그윽하다. 매향은 장미향처럼 화려하지 않지만, 은은하고 깊은 맛이 있다. 옛 선비들은 매향을 즐겼는데, 그 중에서도 일품은 겨울 추위를 이겨내고 피어있는 설중매(雪中梅)였다. 모든 꽃과 식물들이 얼어 죽어 있을 때, 겨울 추운 기운을 이겨낸 고운 자태는 세속에 물들지 않은 지조를 나타내기에 충분하다. 중국시인 정윤단은 이런 매화의 모습을 이렇게 노래한다.

세한의 빙설 속에
가지 하나에 꽃핀 것 보니
춘풍에 복사꽃 오얏꽃이
무수히 피어난 것에 비할 바 아니네.

욥이 지금도 회자되는 이유는 무엇일까. 욥은 상상할 수 없는 엄청난 고난을 당했지만, 그것을 이겨냈다. 만일 욥이 고난을 이겨내지 못했다면, 욥기는 없다. 그리고 극심한 고난을 당한 많은 사람들도 소망의 좌표를 갖지 못했을 것이다. 욥이 고난을 이겨내고 설중매처럼 향을 발했기에, 사람들은 욥에게서 희망을 발견한다. 욥은 신앙 여부를 떠나 모든 이에게 고난에 대한 답과 소망을 준다. 욥은 우리에게 고난을 이겨낼 수 있다는 동기를 부여해주는 고매한 영혼이며 겨울을 이겨낸 매향과 같다.

매화는 조선시대 문인들이 매우 좋아한 나무였다. 조선 초기의 원예 책 『양화소록』을 쓴 강희안은 꽃과 나무를 9단계 등수로 정하였는데, 그 중에 제일을 매화로 여겼다. 강희안은 운치가 있고 격조 높은 매화는 곧게 뻗은 것이 아니라, 비스듬이 누워 줄기가 구불구불 뒤틀리고 가지가 성글고 늙고 괴이하게 생긴 것이라 한다. 단지 매실을 많이 따려고 옥토에 잘 키운 매화는 격조가 없다. 오랜 세월 모진 풍상을 겪고 고난을 이겨낸 매화가 운치 있고 품격이 높은 것이다.

조선선비들은 운치 있는 매화를 만들기 위해 다양한 아이디어를 내었다. 그들은 산골짜기를 뒤져 복숭아나 살구나무 고목을 찾아, 베고 쪼개고 꺾어 그루터기와 뿌리만 앙상하게 남겨 놓는다. 비바람을 맞고 벌레가 좀먹은 다음에 깎아지른 벼랑에 거꾸로 매달아 놓는다. 혹은 돌 더미에 비스듬히 눌려 구불구불 옹이가 생기게 하여 거북등 같은 모양으로 만든다. 이것을 가져다가 접붙인다.[113]

이처럼 인공적인 고통을 주어서라도 괴이한 나무를 만들고 매향을 즐겼다. 참 고약하고 특이한 취미이다. 매향이 아름답고 그윽한 것은 고난을 이겨냈기 때문이다. 조선 선비들은 당쟁으로 고난당하고 어려움을 겪을 때마다 매화를 심고 매향을 음미하며 시를 썼다. 그리고 매화와 자기를 동일시하며 고난을 이겨내고 인격의 격조를 높여갔다.

욥이 지금도 우리에게 위로가 되는 것은 말할 수 없는 고난을 이겨냈기 때문이다. 욥의 향기가 드높은 것은 그의 초인적인 인내심뿐만아니라, 그 위에 하나님의 놀라운 회복의 은총이 있기 때문이다. 지금도 우리는 크고 작은 고난으로 신음하지만, 고난을 이겨낼 수만 있다면, 욥처럼 다산처럼 매향을 발할 수 있으리라.

17. 난(蘭), 다산과 욥에게 말을 걸다

내 뿌리는 물로 뻗어나가고
이슬이 내 가지에서 밤을 지내고 갈 것이며,
내 영광은 내게 새로워지고
내 손에서 내 화살이 끊이지 않았노라.
그들은 비를 기다리듯 나를 기다렸으며
봄비를 맞이하듯 입을 벌렸느니라.

(욥기 29:19−23)

공자와 공곡유란

공곡유란(空谷幽蘭)이란 말이 있다. 이 말은 공자가 빈 골짜기(空谷)에서 향기 짙은 난초를 만나 탄식을 하며 거문고를 탔다는데서 나온 말이다. 공자는 자기의 정치철학을 설파하기 위해 14년간 많은 제후를 찾아다녔지만, 공자를 알아주는 사람은 없었다. 뜻을 이루지 못한 공자는 14년의 긴 방랑과 시름에 잠겨 고국 노나라로 돌아가던 중, 은곡 골짜기를 지나게 되었다.

그때 문득 공자는 빈 골짜기에 홀로 꽃을 피우고 향기를 발하고 있는 난을 보았다. 공자는 그 모습이 마치 자신의 처지와 같다고 느꼈다. 공자는 탄식하며 이렇게 말하였다. '그 난은 마땅히 왕자에게 합당한 향을 지녔거든 어찌 잡초 사이에서 외롭게 피어있느냐, 어리석은 자들 틈에서 오직 때를 만나지 못한 현자와 같구나.' 그리고 공자는 수레를 멈춘 후 거문고를 탔다.[114]

공자는 노나라에서 대사구(大司寇, 법무장관)의 자리까지 올랐다. 그러나 55세에 실각한 후, 자기의 뜻을 펼치기 위해 제후들을 만나러 다녔지만, 공자를 알아주는 이는 없었다. 지치고 상심한 공자는 골짜기에서 우연히 난초를 만나고, 그 외로운 난초에서 자신의 모습을 발견한다. 그의 나이 68세였다.(BC483) 그 후 공자는 세속에 대한 집착을 끊고 제자양육에 전념하다 73세에 세상을 떠났다. 공자와 난초의 만남은 인생의 중요한 전환점이었다. 공자는 난을 만난 후, 세상에 대한 집착을 버리고 초연해진다.

한갓 난초가 공자에게 이런 의미를 주었다는 것은 사뭇 새삼스럽다. 선비들은 난초를 그냥 풀이 아니라, 선비가 닮고 싶은 군자의 덕을 품은 것으로 여겼다. 난초는 높고 맑은 인격과 그윽한 정절을 상징한다. 또한 다른 꽃과 아름다움을 다투지 않는다. 자기만의 향기를 발할 뿐이다. 세상에서 구차하게 이름 얻기를 바라지도 않는다. 이런 점에서 선비들은 난초가 군자의 인격과 덕성을 지녔다고 보았다. 난초의 자연적 속성에 선비가 추구하던 인간상이 투영된 것이다. 조선의 문인 이식(1584-1647)은 난을 이렇게 노래하였다.

인간이 속세에 물드는 것을 부끄럽게 여겨
바위 골짜기 물가에 손님으로 살고 있네.
비록 고운 색은 아름다운 여인 같지만
절로 향기 그윽하여 덕인(德人)을 닮았구나.[115]

난은 인간 속세에 물드는 것을 싫어해 바위 골짜기 물가에 홀로 피어난다. 그 자태가 청초하고 향이 그윽하여 남이 알아주지 않아도, 스스로 고고한 덕을 갖추고 있다. 온갖 잡초 속에서도 그윽한 향기로 자신의 존재를 알리는 난의 품격은 마치 고고한 군자와 같은 것이다.

다산과 난초 그리고 수선화

난초는 고고한 군자의 덕을 나타내기도 하지만, 고난의 상징이기도 하다. 보통 난은 옥토가 아닌 박토에서 자란다. 요즘도 귀한 친구들에게 난화분을 선물할 때가 있다. 난 화분 속의 흙은 옥토가 아니라, 거칠고 가벼운 돌인 휴가토(난석)이다. 난초는 거친 박토에 몸부림치며 뿌리를 내리고 힘겹게 물을 빨아올려 향기로운 꽃을 피워낸다. 이런 모습은 고난을 이겨낸 용사같이 보인다.

조선시대 당쟁에 희생된 선비들은 불우한 군자로 살아갔다. 유배지로 귀양 간 선비들은 가슴에 맺힌 고난과 한(恨)을 난을 치며 풀어냈다. 선조들은 난을 '그린다'하지 않고 난을 '친다'고 한다.[116] 친다는 동사는 눈보라가 친다, 떡메로 내려친다, 뺨을 친다와 같이 격렬한 동작을 나타낸다. 유배당한 선비들은 난을 그릴 때, 다소곳이 예쁘게 그린 것이 아니다. 억울함, 분노, 원망, 저주, 탄식 같은 응어리들이 솟구치듯 뿜어져 나오도록 친 것이다. 난을 치고 나면, 분하고 억울한 마음이 조금은 가라앉았을 것이다. 복서가 모래주머니를 실컷 치고 나면, 화가 좀 풀리는 것과 같은 이치다.

다산은 그림에 큰 재질은 없었던 모양이다. 젊어서는 시서화(詩書畵) 삼절이 되기를 꿈꾸었지만, 손이 둔해 그림은 포기했다고 말한다. 다산이 그린 그림은 딸에게 그려준 매조도 두 폭과 산수화 5점이 있다. 다산이 그린 난화는 없다. 대신 다산은 '아름다운 난초'

라는 시를 남겼다.

아름다운 난초가 산비탈에 돋았네.
참 아름다운 나의 벗 덕을 지녀 반듯하여라.
다른 벗도 좋아하지마는 그대 생각을 정말 많이 한다오.
아름다운 난초가 산비탈에 돋았네.
요즘 사람들처럼 빨리 변하지 않는
그대를 잊지 못해 내 마음은 어쩔 줄 모른다오.

난초와 비슷한 꽃이 수선화다. 당시 수선화는 아주 귀한 꽃이었다. 한번은 김정희가 귀하게 얻은 수선화를 고려자기에 심어 다산에게 선물하였다. 감동한 다산은 수선화란 시를 지었다. 시의 부제는 '늦은 가을에 김정희가 향각에서 수선화 분재 한 포기를 부쳐 왔는데, 그 화분은 고려시대 고기였다.'이다.

신선의 풍채나 도인의 골격 같은 수선화가
삼십 년을 지나서 나의 집에 이르렀네.
복로가 옛날 사신 길에 휴대하고 왔었는데
추사가 이제 대동강가 아문으로 옮기었지.
궁벽한 산촌에서는 보기 드문 것이라서
없었던 것 얻었기에 서로 다투어 들레어라.

정약용이 귀양을 마치고 돌아오자, 추사는 대선배인 다산에게 수선화를 선물하였다. 수선화를 처음 본 다산의 어린 손자는 억센 부추 잎 같다고 하고, 어린 여종은 마늘 싹으로 알고 놀랐다는 내용도 있다. 수선화를 처음 본 사람이라면, 그렇게 생각할 수도 있을 것이다. 훗날 김정희가 제주도에 귀양가보니 수선화가 지천이었다. 김정희가 친구 권돈인에게 보낸 편지에 이런 내용이 있다.

> 수선화는 과연 천하의 큰 구경거리입니다. 이곳 제주도에는 촌 동네마다 한 치, 한 자쯤의 땅에도 수선화가 없는 곳이 없습니다. 그 꽃은 정월 그믐께부터 2월 초에 피어서 3월에 이르러서는 산과 들, 밭두둑 사이가 마치 흰 구름이 질펀하게 깔려 있는 듯, 흰 눈이 장대하게 쌓여 있는 듯합니다. 그런데 토착민들은 이것이 귀한 줄을 몰라서 소와 말에게 먹이고 또 짓밟아버리며, 또한 보리밭에 많이 나기 때문에 호미로 파내어 버리는데, 파내도 다시 나기에 이것을 원수 보듯 합니다. 물(物)이 제자리를 얻지 못함이 이와 같습니다.[117]

똑같은 수선화라도 서울에서는 금값인데, 제주도에서는 똥값인 것이다. 희소성에 따라 가치가 이렇게 달라지는 법이다. 추사는 잡초 취급받는 수선화가 자기인양 안타까웠던 모양이다.

추사와 다산의 아들 정학연은 벗이며, 다산의 차(茶) 제자인 초의선사도 추사와 동갑내기 친구이다. 다산과 추사가 직접 만났다는 기록은 없지만, 추사는 다산을 존경해 마지않았다. 다산이 죽고 난 후 정약용의 아들은 당대 최고의 지성인 추사에게 부친의 글을 살펴봐달라고 부탁했다. 다산의 글을 살펴본 추사는 '선생의 백세대업

(百世大業)은 위대하도다!'라고 찬탄하였다.

추사와 대원군 이하응의 난화

조선 묵란화의 대표적인 화가는 추사 김정희와 제자 조희룡과 대원군 이하응이다. 추사의 난 그림으로 유명한 것들이 아주 많다. 본인이 대단히 만족한 '불이선란', 그리고 난 그림이 여럿인 '난맹첩'이다. 그 중에 '향조암란'이란 단순한 그림이 있다.

향조암란(香祖庵蘭)이란, 난초는 모든 향기의 원조란 뜻이다. 동향광(명나라 사람)은 그가 거주하는 집에 '향조암'이라고 써 붙였다한다. 이 그림은 추사의 난화 중에 가장 심플한 그림으로 한 줄기 긴 난엽이 왼쪽 위에서 대각선으로 세 번 꺾여 오른쪽 아래로 향한다. 추사는 진정한 난 그림은 그냥 쭉쭉 뻗는 게 능사가 아니고, 세 번을 꺾어 돌려야 묘미가 생긴다고 한다. 이것을 삼전법이라 하는데 살짝 살짝 꺾어 돌릴 때, 작은 매듭이 지어지고 작가의 정신이 들어가는 것이다. 이 이치를 알지 못하면 그냥 밋밋한 그림이 되고 만다.

추사의 수제자가 흥선대원군 이하응이다. 둘의 만남은 추사가 64세, 이하응이 30세에 이루어졌다. 두 사람이 가까워진 이유는 촌수로 추사가 이하응의 5촌 아저씨가 된다. 또 두 사람 모두 안동김

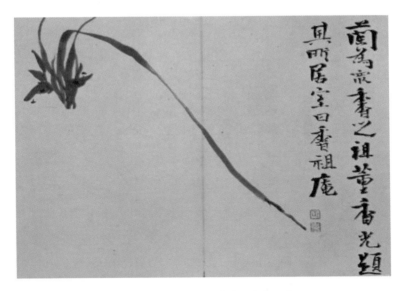

<추사 김정희의 향조암란, 개인소장>

씨 세도 아래서 고난당하던 시절이어서 서러움과 고난의 공감대도
있었다.

추사는 이하응에게 그림을 가르치며 이렇게 당부했다. '난 그림
을 그리는 것은 비록 하찮은 기예이지만, 전심하여 공부하는 것은
성인에게 들어가는 문의 격물치지의 학문과 다를 바가 없습니다. 가
슴속에 5000권의 책을 담는 일이나 명필이 되는 일 모두 여기로 말
미암는 것입니다.'[118] 난 그림을 그리는 것이 작은 일이지만, 정성을
다해 최선을 다하라는 당부다.

추사가 북청으로 귀양을 가자, 이하응은 1년간 혼자서 난 그림
을 그렸다. 추사가 귀양에서 돌아오자, 이하응은 그동안 그린 난초

그림을 추사에게 보이며 품평을 부탁했다. 추사는 이하응의 그림을 보고 압록강 동쪽에 이만한 작품이 없다고 극찬하였다. 용기를 얻은 이하응이 그린 난초그림들을 책으로 묶고 머리글 제(題)를 써달라고 부탁하자, '제석파난권'에서 이렇게 써주었다.

난초 그림의 뛰어난 화품이란 지름길이 있는 것도 아니고, 화법만 가지고 들어가는 것도 금물이며, 많이 그린 후에야 가능하다. 당장에 부처를 이룰 수는 없는 것이며, 또 맨손으로 용을 잡으려 해도 안 되는 것이다. 아무리 9999분까지 이르렀다해도 나머지 1분만은 원만하게 성취하기 어렵다. 이 마지막 1분은 웬만한 인력으로는 가능한 것이 아니다. 그렇다고 이것이 인력 밖에서 나오는 것도 아니다. 석파가... 더 나아갈 것은 다만 이 1분의 공(工)이다.[119]

이하응의 난 그림이 조선 최고라는 것이다. 그러나 나머지 0.01% 부족을 채워 더 정진하라고 권면한다. 이렇게 탄생한 것이 유명한 석파란이다. 이하응의 묵란은 많은 변천을 갖는다. 처음에는 스승 추사의 화법을 따랐지만, 점점 자기만의 화법을 만들어 갔다. 세 번 꺾는 삼전법을 따르지 않고, 속도감 있게 길고 예리한 곡선으로 그렸다.

이하응에게 난은 왕족이지만, 정치적으로 고난당하는 울분을 달래는 방편이었다. 글이나 그림이든 훌륭한 작품은 고난과 고통을 먹고 자란다. 이하응의 석파란은 그런 모습을 잘 보여준다. 훗날 추사는 제자 이하응이 내 솜씨보다 낫다고 칭찬한다. 그리고 난 그림은 자기에게 부탁하지 말고, 이하응에게 부탁하는 것이 더 좋겠노라 말한다.

서울 부암동에 석파정이 있다. 대원군이 안동김씨 세도정치에 눌려 고통당하다, 아들이 고종임금이 되자 멋지게 보복한 곳이다. 석파정은 본디 철종 때, 영의정을 지낸 안동김씨 김흥근의 별장이다. 이곳을 탐내던 대원군은 훗날 권력을 잡자, 고종을 모시고 행차하였다. 당시 관례는 왕이 다녀간 곳을 신하가 사용할 수 없기에 자연스럽게 대원군의 소유가 되어버렸다. 지금도 석파정에 가보면, 계곡 물소리를 들으며 노송과 정자 속에서 난을 치던 대원군이 모습이 떠오른다.

욥의 향기 난향천리

공자가 중국의 고대 시 300편을 엄선한 '시경'에 난에 대한 시가 딱 한편 있다. 제목이 환란(芄蘭), 즉 왕골과 난초인데 환(芄)은 왕골을 말한다. 왕골은 욥기에도 한번 등장하는데 파피루스를 말한다. 왕골은 갈대 비슷한데 물이 많은 습지에서 자란다. 수아사람 빌닷이 왕골을 말한 것은 욥이 고난을 당해도 자기가 의롭다고 주장하자, 욥을 반박하기 위해서다. 물이 말라 버리면, 왕골은 벨 때가 멀었어도 모두 말라 죽고 만다. 마치 고난당하는 욥이 물이 없어서 말라 죽어 가는 왕골 같은 신세라는 것이다.

> 왕골이 진펄 아닌 데서 크게 자라겠으며 갈대가 물 없는 데서 크게 자라겠느냐. 이런 것은 새 순이 돋아 아직 뜯을 때가 되기 전에 다른 풀보다 일찍이 마르느니라. (욥기 8:10-11)

보통 환란을 박주가리란 식물로 번역하는데, 이성현은 『추사난화』에서 왕골과 난초로 나누어 본다. 기존의 학설은 어린 나이에 즉위한 위나라 혜공의 무례하고 거만한 행동을 꼬집은 시로 보았다. 그러나 이성현은 환란지지(芄蘭之支)를 왕골과 난을 발탁하여 기울어진 나라의 버팀목으로 세우려는 것이라 한다. 즉, 기득권 세력을 견제하고 신진세력을 등용하려는 것이다. 허물어진 나라를 다시 세우려면, 거칠고 투박하지만 들판의 왕골과 난초같이 자란 인재들을 등용하여 판을 새로 짜야 된다는 것이다.[120]

난은 일반적으로 박토(薄土)에서 자란다. 난을 기름진 옥토에서 기르지 않는다. 난은 바위나 나무에 붙어사는 기생란과 땅에 뿌리박고 자라는 지생란(地生蘭)으로 나뉜다. 기생란은 굵은 뿌리를 공중에 훤히 드러내고 공기와 비를 통해 수분을 섭취한다. 반면, 지생란은 흙 속에 뿌리를 내려 자양분을 섭취한다.

난(蘭)은 난(難)을 스스로 취하는 특이한 식물이다. 부드러운 흙, 충분한 수분, 넉넉한 직사광선, 따뜻한 온도, 지나친 손길은 마다한다. 대신 울퉁불퉁한 돌, 말라비틀어질 정도의 수분, 스치듯 지나가는 햇살, 잎을 흔드는 바람을 반긴다. 난은 고난을 거쳐 꽃을 피우기에 난향천리(蘭香千里)라 말한다. 욥도 고난을 이겨냈기에 수천 년이 지난 지금도 사람들에게 회자된다. 욥의 향은 천리보다 더 멀리 퍼진 것이다. 다산 역시 고난을 이겨냈기에 한국인의 마음에 향기로 다가온다.

미술사학자들은 묵난화의 시초를 송말원초의 인물 정소남(1241-1318)으로 본다. 정소남은 송이 망하고 원이 세워지자, 몽골족의 녹을 먹지 않겠다는 뜻으로 호를 사초(思肖)라 지었다. 그는 남송에 대한 충정과 반원 정신을 뿌리 없는 난초인 노근란(露根蘭)으로 표현했다.[121] 노근란은 오랑캐 나라로 변한 땅에서 물과 양분을 얻지 않고, 오직 하늘의 이슬만 먹고 자라겠다는 뜻이다. 노근란은 뿌리가 뽑히고 나라 망한 백성의 고난을 나타낸다. 구한말, 민영익도 노근묵란도를 통해 나라를 잃고, 뿌리 내릴 곳을 찾지 못하는 망국의 한(恨)을 잘 드러내고 있다.

욥도 뿌리 뽑힌 난 같은 신세다. 자식들은 떼죽음 당하고 재산이 다 사라지고 온 몸에 악창이 생겼다. 가정도 파괴되고, 재산도 다 날아갔다. 욥의 고난은 한마디로 삶의 뿌리가 모두 뽑힌 것이다. 자식들이 죽고 재산을 잃고 아내마저 떠났다면, 삶의 뿌리가 다 뽑힌 것 아닌가. 뿌리 뽑힌 난 같은 욥에게서 어떻게 꽃이 피어날 수 있을까. 그러나 욥은 자기의 뿌리가 물로 뻗어 나간다고 희망을 노래한다.

　　내 뿌리는 물로 뻗어나가고 이슬이 내 가지에서 밤을 지내고 갈 것이
　　며, 내 영광은 내게 새로워지고 내 손에서 내 화살이 끊이지 않았노

라. 그들은 비를 기다리듯 나를 기다렸으며 봄비를 맞이하듯 입을 벌렸느니라. (욥기 29:19-23)

욥이 뿌리를 내린 곳은 재산도 아니요, 자식도 아니고, 아내도 아니다. 세상 칭찬도 아니고, 명예도 아니었다. 욥이 뿌리 내린 곳은 바로 하나님이었다. 욥은 고통 한가운데서도 오직 한분 하나님만 바라보며 하나님이 회복해주시길 탄원한다. 욥은 고난 한가운데서 이렇게 기도한다.

나무는 희망이 있나니 찍힐지라도 다시 움이 나서 연한 가지가 끊이지 아니하며, 그 뿌리가 땅에서 늙고 줄기가 흙에서 죽을지라도, 물기운에 움이 돋고 가지가 뻗어서 새로 심은 것과 같거니와, 장정이라도 죽으면 소멸되나니 인생이 숨을 거두면 그가 어디 있느냐. 주는 나를 스올에 감추시며 주의 진노를 돌이키실 때까지, 나를 숨기시고 나를 위하여 규례를 정하시고 나를 기억하옵소서. 나는 나의 모든 고난의 날 동안을 참으면서 풀려나기를 기다리겠나이다. 주께서는 나를 부르시겠고 나는 대답하겠나이다. (욥기 14:7-15)

기둥과 가지가 찍힌 나무 같은 욥이 다시 움이 돋고 새싹이 돋아나길 기다린다. 뿌리를 물가에 내리기만한다면, 움이 돋으리라 기대한다. 비록 지옥에 빠졌지만, 모든 고난의 날들을 참으며 풀려나기를 기다린다. 이런 인내와 소망은 단순히 인간적인 강함이 아니다. 욥의 신앙고백이며 하나님을 향한 소망인 것이다. 끝 모를 고난을 참고 기도하며 욥은 그 뿌리를 하나님께 깊이 내린다.

마침내 '내가 하나님을 귀로 듣기만 했는데, 이젠 눈으로 뵈옵나이다.' 고백한다. 욥이 하나님께 뿌리를 깊이 내렸기에 그 누구보다도 더 맑은 향을 흩날린다. 난초의 향은 길어야 열흘이다. 그러나 욥의 향은 수천 년이 지난 지금도 온 세상에 널리 흩날리고 있다.

18. 국화, 다산과 욥에게 말을 걸다

국화의 뛰어난 점 네 가지는
꽃을 늦게 피우는 것이 하나요.
오래 견디는 것이 하나며,
짙은 향기가 하나요,
곱지만 야하지 않고 깨끗하나 쌀쌀맞지 않은 게 하나다.
또 국화를 사랑하는 이유 네 가지는
여름에는 잎 구경,
가을에는 꽃구경,
낮에는 자태 관찰,
밤에는 그림자 감상이다.

(다산 정약용, 국영시서菊影詩序)

국화 오상고절

가을이면 산과 들에 수수하게 핀 들국화처럼 멋진 꽃도 없다. 국화는 매화나 대나무처럼 강인하고 단단한 줄기가 없다. 또 난처럼 빼어난 자태를 뽐낼만한 늘씬한 잎도 없다. 그럼에도 선비들이 국화를 좋아하는 것은 소박하지만, 서리를 이겨낸 의연한 모습과 마음을 사로잡는 은은한 향취 때문이다. 모든 꽃이 지고 나뭇잎이 떨어진 늦가을에 핀 국화는 가을을 대표하는 꽃이며 오상고절을 잘 나타낸다. 국화의 이런 모습을 조선 문인 이정보(1693-1766)는 이렇게 노래한다.

> 국화야 너는 어이 삼월동풍(三月東風) 다 보내고
> 낙목한천(落木寒天)에 홀로 피었느냐
> 아마도 오상고절(傲霜孤節)은 너뿐인가 하노라.

오상고절이란, 말 그대로 서리를 무서워하지 않는 꿋꿋한 절개이다. 무서리 내린 늦가을에도 단아한 자태와 기품을 간직한 국화는 선비들의 이상향인 군자나 충신을 나타내기에 적합한 모습이었다.

국화를 상하걸(霜下傑) 혹은 은일화(隱逸花)라고도 하는데, 이는 역경과 고난을 인내하며 이겨낸 지조를 말한다. 은일화는 도연명(365-427)으로부터 유래한다. 도연명은 갑질하는 소인배에게 굽실거리지 않고, 현령의 자리를 그만두고 고향으로 낙향했다. 그때 지은 시가 유명한 귀거래사다. 도연명은 반갑게 맞아주는 어린 아들을 보며, '세 갈래 오솔길에 잡초 우거졌어도, 소나무와 국화는 그대로 남아 있네.'라고 노래했다. 또 '동쪽 울타리 밑에서 국화를 꺾어드니 그윽이 보이는 남산'이라 노래했다. 이 시를 보고 후에 송나라 주돈이는 국화를 은일자라 불렀다.[122)]

선비들이 국화를 사랑한 것은 국화의 아름다움보다는 그 이름으로 상징되는 인격이었다. 선비들이 국화를 즐겨 그린 것은 인격도야와 자기수양의 방편이었다. 국화의 다섯 가지 미덕을 중국의 종희(225-264)는 이렇게 말하였다.[123)]

국화에는 다섯 가지 미덕이 있다. 둥근 꽃봉오리가 높이 맺혀 있는 것은 천극(天極)을 본뜬 것이며, 다른 색과 섞이지 않는 순수한 황색은 대지의 색이다. 일찍 심었어도 늦게 피어나는 것은 군자의 덕과 같으며, 서리를 무릅쓰고 꽃을 피우는 것은 강직함을 상징한다. 잔 안에 가볍게 떠 있는 꽃잎은 신선이 먹는 것이다.

옛 선비들은 국화 한 송이에서 하늘의 도리와 땅의 이치 그리고 군자의 덕과 서리를 이겨내는 강직함을 보았다. 나아가 신선의 경지를 그리며 세상을 초탈하려 했다. 국화꽃 한 송이에서 찾아내는 의미부여와 내공이 자못 깊기 그지없다.

다산의 국화 사랑

다산의 국화 사랑은 유별나다. 다산은 서울 명례방(명동)시절에도 18종의 국화를 길렀고, 다산초당에서도 국화를 심고 즐겼다. 다산은 제자 황상에게 준 글에서 적어도 48가지 명색을 갖춰야만 겨우 구비한 것이라고 하였다. 우리는 기껏해야 대국, 소국, 들국화 정도만 아는데, 다산의 국화에 대한 전문지식은 정말 경이롭다. 다산은 가을에 꽃이 피면, 친구들을 초대해 '국화 그림자놀이'를 하였다. 벽한쪽은 비워놓고 국화 화분 앞에 등불을 환하게 밝혔다. 등불을 멀리했다 가까이했다 하면, 등불 위치에 따라 국화의 그림자가 벽에 황홀하게 아롱졌다.

국영시서(菊影詩序)에 나오는 이야기 한 토막이다. 한번은 동갑내기 친구 윤지범에게 오늘 밤은 우리 집에 와서 자면서 국화를 구경하자고 했다. 친구는 국화가 아무리 아름답다 해도 어찌 밤에 구경하겠느냐며 거절하였다. 그러나 다산의 끈질긴 청에 이끌려 다산의 집으로 갔다. 다산은 심부름하는 아이에게 촛불을 국화꽃에 바싹대게 하고 친구에게 물었다. 기이하지 않는가? 나는 기이한 줄 모르겠네. 다산은 벽의 옷가지 등을 정리하고 촛불을 가깝게 혹은 멀게 국화에 비추었다. 그 순간 벽에 일렁이는 국화 그림자가 일품이었다. 한 폭의 묵화 같고 파도가 일렁이는 것 같았다. 친구는 그제야 무릎을 치며 천하의 일품이라고 감탄하였다.

다산이 제자 초의에게 준 서첩에도 국화에 대한 사랑이 적혀있다. 요약하면 이런 내용이다.

예전 죽란(서울 명동 집 이름)에 살적에 내 성품이 국화를 사랑했다. 해마다 국화 화분 수십 개를 길러, 여름에는 그 잎을 살피고, 가을에는 그 꽃을 보았다. 낮에는 그 자태를 관찰하고, 밤에는 그림자를 감상했다. 무실선생이란 이가 지나가다 비난하며 말했다. 열매 없는 꽃을 기르는 것은 군자가 마땅히 할일이 아니오. 나는 꽃과 열매를 두루 갖춘 복숭아, 오얏, 매화, 살구 같은 것을 기르고 있소. 내가 말하기를 공께서는 하나만 알고 둘은 모르십니다. 사람이란 형체와 정신이 오묘하게 합쳐져 됩니다. 형체만 기르면 정신이 굶주립니다. 열매가 있는 것은 입과 몸뚱이를 길러주고, 열매가 없는 것은 마음과 뜻을 즐겁게 합니다.[124]

다산은 국화의 뛰어난 점 네 가지를 이렇게 말한다. 꽃을 늦게 피우는 것이 하나요. 오래 견디는 것이 하나며, 짙은 향기가 하나요, 곱지만 야하지 않고 깨끗하나 쌀쌀맞지 않은 게 하나다. 또 국화를 사랑하는 이유 네 가지를 여름에는 잎 구경, 가을에는 꽃구경, 낮에는 자태 관찰, 밤에는 그림자 감상이라고 한다. 다산의 국화 사랑은 정말 대단하다. 또 국화를 통해 사군자의 기품을 닮으려는 마음도 엿볼 수 있다. 다산은 '다산팔경사' 여섯째 시 '국조방지(菊照芳池)'에서 '예쁜 연못에 가을 국화가 제 그림자를 하늘하늘 드리웠다.'고 노래한다.

그러나 다산의 국화 사랑은 단순히 꽃과 향기에 매료된 것만은 아니다. 다산은 강진에 귀양 온 후에 아들에게 보낸 편지에서 원포 가꾸기를 적극 권장하였다.

> 시골에 살면서 원포를 가꾸지 않으면 천하에 쓸모없는 사람이다. 나는 국상(國喪)으로 바쁜 중에도 오히려 만송 열 그루와 노송나무 한 쌍을 심었다. 만약 지금 내가 집에 있었다면, 뽕나무 수백 그루에 접붙인 배가 몇 그루요, 옮겨 심은 능금도 몇 그루가 되었을 것이다. 석류가 여러 그루이고, 포도는 몇 시렁이 되었을 것이다. 쓸모없는 땅에는 버드나무가 대여섯 그루쯤 되었을 테다…. 너희는 이 중에 한 가지라도 해 보았느냐? 너희가 국화를 심었다고 들었다. 국화 한 두둑이면 가난한 선비의 몇 달치 양식을 지탱할 수가 있다. 꽃을 보는 것뿐이 아니다.[125]

다산은 이 편지에서 아들에게 아욱, 배추, 무, 가지, 고추, 마늘, 파, 미나리, 참외 농사에 대해 구체적으로 설명해준다. 다산이 국화를 사랑한 것은 단지 국화꽃이 아름다워서만은 아니다. 당시 국화는 고부가가치를 지닌 상품이어서 국화 한 두둑만 심어도 몇 달 양식이 나온다 한다. 다산은 귀양지에서 가장 역할을 제대로 못하는 것을 미안해하며 살림을 위해 아들에게 국화를 기르라고 권했다. 다산이 국화를 사랑한 것은 단순히 감상적인 것이 아니다. 아주 실용적인 의미도 있었다. 역시 다산은 실학자이다.

욥과 병든 국화

선비들은 국화를 그릴 때, 젊고 싱싱한 국화보다는 늙고 시들은 국화를 선호하였다. 늙고 시들은 국화는 고난과 투혼을 나타낸다. 서리를 맞고도 늦가을까지 남아 있는 국화를 잔국(殘菊)이라 한다. 국화는 시들더라도 땅에 떨어지지 않고, 의연히 가지에 붙어 있으면서 향을 끌어안은 채 죽어간다. 이러한 모습은 고난을 이겨낸 오상고절을 나타낸다.

이런 모습을 잘 그린 것이 이인상(1710~1760)의 병국도(病菊圖)이다. 보통 사람들은 아름다운 그림을 그리려한다. 당연한 일이다. 그러나 이인상은 거친 붓으로 스케치하듯이 병들어 고개 숙인 국화 한 포기를 그렸다. 그리고 그림 옆에 '남계에서 겨울날 우연히 병든 국화를 그리다'라고 써 놓았다.[126] 국화가 바윗돌 앞에 힘에 부친 모습으로 서있다. 모가지는 꺾이고 잎사귀는 오그라들었다. 두 그루 가지는 곁에 선 대나에 기대어 겨우 버티고 있다.

병국도는 그린이의 처지를 잘 말해주고 있다. 사실 이인상의 생애는 저 병든 국화마냥 눈물겹다. 그는 사대부 집안에서 태어났지만, 안타깝게도 서출이었다. 그는 학문도 높고 시화에 재주도 있었지만, 서출이라는 태생적 한계를 벗어날 수가 없었다. 그가 높은 뜻을 펼치려면 할수록 세상에 대해 좌절하고 탄식할 수밖에 없었다. 그의 인생은 고난이 뼈에 사무친 삶이었다. 이러한 자신의 모습을

<이인상의 병국도, 국립중앙박물관>

병국도로 그려낸 것이다.[127] 이인상에게 국화는 자신의 고단한 삶이
며 고난의 상징이었다.

　　욥을 국화로 비유한다면, 분명 병든 국화일 것이다. 욥이 한창

IV. 사군자 다산과 욥에게 말을 걸다

잘 나갈 때는 국화 잎 무성하고 꽃이 만발하여 향이 온 천지에 흩날렸다. 욥은 자기의 절정기를 이렇게 회고하며 그리워한다.

나는 지난 세월과 하나님이 나를 보호하시던 때가 다시 오기를 원하노라. 그 때에는 그의 등불이 내 머리에 비치었고 내가 그의 빛을 힘입어 암흑에서도 걸어다녔느니라. 그때에는 하나님이 내 장막에 기름을 발라 주셨도다. 그 때에는 전능자가 아직도 나와 함께 계셨으며 나의 젊은이들이 나를 둘러 있었으며, 그때에는 내가 나가서 성문에 이르기도 하며 내 자리를 거리에 마련하기도 하였느니라. 나는 맹인의 눈도 되고 다리 저는 사람의 발도 되고, 빈궁한 자의 아버지도 되며 내가 모르는 사람의 송사를 돌보아 주었도다. 무리는 내 말을 듣고 희망을 걸었으며 내가 가르칠 때에 잠잠하였노라. 그들은 비를 기다리듯 나를 기다렸으며 봄비를 맞이 하듯 입을 벌렸느니라. (욥기 29장)

욥이 잘 나갈 때는 거칠 것이 없었다. 부족한 것도 없다. 성내 모든 사람들 어른, 아이, 고아, 과부, 나그네, 권력자도 다 욥 앞에서 머리를 조아렸다. 그러나 지금 욥은 빈털터리다. 자식들은 죽고, 아내도 없고, 재산도 없다. 건강마저 사라졌다. 욥은 극심한 고난을 겪고 있다. 욥은 너무 안타까워서 '아- 옛날이여'를 회상하며, '그 때에는, 그 때에는' 네 번이나 부르짖는다. 썩어도 준치란 말이 있듯이 욥은 썩어도 욥이다.

욥이 욥인 것은 재산이 많고 자식들이 많아서가 아니라, 그의 민음과 인내와 인품이다. 어쩌면, 욥이 병든 국화처럼 큰 고난을 당하였기에 그의 향기가 더 오래 동안 사람들에게 전해진 것은 아닐까. 만일 욥이 부자로 행복하게 잘 살다가 잘 죽었다면, 오늘 우리에게 무슨 의미가 있겠는가. 고난당하는 이들과 무슨 공감대가 있겠는가. 욥의 역설은 고난당했기 때문에 욥이 될 수 있었던 것이다.

오상고절 국화, 병국도의 국화, 다산과 욥을 생각하노라면, 국화가 고난을 이겨내고 아름다운 향을 발하는 모습을 노래한 서정주의 '국화 옆에서'가 생각난다. 내 누님같이 생긴 국화꽃은 고난을 이겨낸 성숙함을 나타낸다. 그런데 성숙함을 이루기 위해서는 봄날 소쩍새의 울음, 여름 천둥의 울음, 가을 차가운 무서리를 이겨내야만 한다. 소쩍새, 천둥, 무서리, 젊음의 뒤안길, 불면의 밤은 시련과 고난을 말한다.

드디어 국화는 그런 모진 고난과 시련을 이겨내고 한 송이 아름다운 꽃을 피워낸다. 그러기에 국화에는 누님 같은 깊고 그윽한 향이 배어있다. 국화는 고난의 메타포인 동시에 고난을 이겨낸 승리와 성숙을 의미한다.

19. 대나무, 다산과 욥에게 말을 걸다

새 거처 자못 마음에 드니,
풀 나무 초록에 둘려 있다네,
한 가지 안 된 것은 울타리 안에,
대나무가 한 그루도 없는 것일세.
몇 길쯤 남새밭을 떼어냈으나,
터 줄어듦 염려할 틈도 없었지…
부슬부슬 하룻밤 비 내리더니,
새 죽순 대여섯 개 돋아났구나.

(탁옹(籜翁) 정약용, 종죽, 1807년 5월 1일, 죽취일에)

죽전과 대나무

대나무와 한국인은 태어나서 죽을 때까지 뗄 수가 없는 관계가 있
다. 제주도에서는 아기가 태어나면, 대나무 바구니 '애기구덕'에 눕
혀 재웠다. 아기가 자라면, 대나무 젓가락으로 음식을 먹는다. 남자
들은 대나무로 만든 붓을 사용하였고, 대나무 활을 쏘며 자랐다. 여
름에는 부채나 죽부인을 사용하였고, 늙어서는 대나무 지팡이를 의
지하였다. 꼬부랑 할머니가 꼬부랑 고갯길을 대나무 지팡이를 짚고
걷는 모습이 연상된다.

특히 아버지 상(喪)을 당하면, 둥근 대나무 지팡이를 짚었다. 어
머니가 돌아가시면, 네모난 오동나무 막대기를 짚었다. 여자들도 비
슷하다. 참빗으로 머리를 빗고, 어른이 되면 대나무 비녀를 사용하
였다. 또 대나무 바구니를 사용하고 피리나 생황을 연주하였다. 말
그대로 요람에서 무덤까지 한국인은 대나무와 관계가 깊다. 대나무
는 한국인에게 참 각별한 나무다.

대나무가 한국인에게 호감을 주는 것은 단순히 생활용품 때문만
은 아니다. 물질적인 활용보다는 정신적인 의미가 더 깊다. 한국인
에게 대나무하면 떠오르는 것은 '대쪽 같은 선비정신'이다. 대나무
는 소나무 같은 위용이 없다. 매화 같이 아름다운 꽃도 없고, 난초
같은 향기도 없다. 그러나 제자리를 지키며 불의에 굴하지 않는 '대
쪽 같은 올곧음'이 있다. 그래서 검찰로고의 다섯 개 기둥도 대나무
이다. 대나무는 죽을지언정 꺾이지 않는다. 그러기에 특히 선비들은

대나무를 사랑하였다.

당나라 시인 백거이(772~846)는 양죽기(養竹記)란 시에서 대나무의 네 가지 덕을 말한다. 첫째, 대나무는 뿌리가 단단하니(固) 흔들리지 않고 덕을 세운다. 둘째, 줄기가 곧으니(直) 남을 의지하지 않고 자기를 세운다. 셋째, 속이 비어(空) 있으니 욕심 없이 도를 배울 수 있다. 넷째, 마디(節)가 있어 뜻을 세우고 어려움을 헤쳐나 갈 수 있다. 이런 것이 바로 군자의 품성이다.[128] 그래서 선비들은 정원에 대나무를 심어 놓고 감상하며 묵화를 그리기도 했다. 고려문인 서견은 대나무를 이렇게 노래하였다.

눈 맞아 휘어진 대를 뉘라서 굽다던고
굽을 절(節)이면 눈 속에 푸를소냐
아마도 세한고절(歲寒孤節)은 너뿐인가 하노라

세한고절이란 심한 추위에도 홀로 꼿꼿하고 푸른 대나무를 의미한다. 이처럼 대나무는 충절과 절의를 잘 나타낸다. 고산 윤선도는 보길도에서 고난과 고독의 시간을 보내며 유명한 '오우가'를 지었다. 다섯 친구는 물(水), 돌(石), 소나무(松), 대나무(竹), 달(月)이다. 윤선도는 대나무를 이렇게 노래했다.

나무도 아닌 것이 풀도 아닌 것이
곧기는 누가 시키며 속은 어이 비었는가
저렇게 사시(四時)에 푸르니 그를 좋아하노라

윤선도가 만든 보길도의 부용동원림은 조선의 3대 원림 중 하나로 손꼽힌다.

정몽주와 대나무는 깊은 관계가 있다. 정몽주가 이방원에게 살해된 다리를 선죽교라 부르는데 핏자국에서 대나무가 돋아났기 때문이다. 경부고속도로에 죽전휴게소가 있다. 죽전(竹田)의 유래는 이렇다.

정몽주의 시신은 개성에 묻혀 있다가 19년 뒤, 고향 영천으로 이장하게 되었다. 영구행렬이 용인 풍덕천에 이르자, 갑자기 돌풍이 불어 명정(銘旌)이 하늘높이 날더니 용인 묘현에 떨어졌다. 신기하게 여긴 이들은 이를 정몽주의 뜻이라 생각해 그곳에 무덤을 만들었다. 그래서 이곳을 충신의 절의와 덕망을 기리어 죽절(竹節)이라 부르다가 후에 죽전이 되었다.[129] 지금 죽전을 지나며 수원, 용인, 광주를 잇는 도로가 포은대로이다.

다산의 호 탁옹(籜翁)과 대나무

정약용의 호는 여럿인데, 다산, 사암, 삼미(三眉), 열수옹(洌水翁, 한강의 옛 이름) 탁옹(籜翁) 등이다. 가장 대표적인 게 다산인데, 사실은 정약용 본인이 만든 게 아니다. 다산초당이 있는 만덕산은 차(茶)

가 많은 산이어서 남들이 정약용을 다산이라 불러준 것이다. 본인은 사암이란 호를 좋아했다. 정약용은 자신의 고향집 당호를 여유당(與猶堂)이라 했다. 여유만만하다는 뜻이 아니라. 겨울날 살얼음판을 건너듯 조심한다는뜻이다. 얼마나 정치판에 휘둘리며 살았으면, 이런 당호를 지었을까. 참으로 민망하고 안타깝다.

정약용은 1803년 강진에서 귀양살이 할 때, 탁옹(籜翁)이란 호를 썼다. 탁(籜)은 대나무 껍질을 말한다. 아마도 자신이 유배되며 대나무 껍질같이 하찮은 존재가 된 것에 대한 회한과 그럼에도 불구하고, 대나무같이 꼿꼿하게 지조를 지키겠다는 마음이 깃든 듯하다. 비슷한 시기에 균암(筠菴)이란 호도 썼는데, 대나무가 있는 초암이란 뜻이다. 탁옹과 균암은 대나무를 말한다.

다산은 1803년 봄에 쓴 '춘청'이란 시에서 '에오라지 야원의 대밭 속에 찾아가, 대껍질에 유주의 시를 써서 엮어야겠네.'라고 노래했다.[130] 아마도 당시 머물던 주막집 주변이 대나무가 많았던 모양이다. 다산은 1806년 봄에 제자 이청의 집(묵재)으로 거처를 잠시 옮겼다. 1807년 5월 1일엔 채소밭 몇 이랑을 떼어 대나무를 옮겨 심었다. 그날은 대나무를 옮겨 심어도 죽지 않는다는 죽취일이다. 이때 '종죽'(種竹)이란 시를 지었다.

새 거처 자못 마음에 드니, 풀 나무 초록에 둘려 있다네. 한 가지 안 된 것은 울타리 안에, 대나무가 한 그루도 없는 것일세. 몇 길쯤 남새밭을 떼어냈으나, 터 줄어듦 염려할 틈도 없었지... 호젓이 서너 그루 심은 거지만, 마음과 눈 맑게 하기에 충분하다오... 부슬부슬 하룻밤

비 내리더니, 새 죽순 대여섯 개 돋아났구나... 이웃 사람 어리석다 비웃으면서, 왕대가 산골짝에 가득하다네.

다산은 제자 이청의 집에 머물며 채소밭 몇 이랑에 대나무를 심고 기뻐서 시를 짓고 만족해한다. 속을 모르는 사람들은 아깝게 채소밭에 대나무를 심느냐 말하지만, 다산은 얼마의 채소보다 대나무가 더 좋았던 것이다. 다산은 제자의 집에 오래 머물지 못했고, 별다른 기록도 없다. 왜 일까? 혹시 다산이 대나무 심는 것을 보고, 속 좁은 이청의 어미가 '아이고, 저 서울 양반은 땅 귀한지 모르고 채소밭에 대나무를 심다니'하며 혀를 차고, 눈치 밥을 준 것은 아닐까? 혼자 생각해 본다. 나에게 좋은 것이 남에게도 좋은 것은 아니다.

다산은 1796년 5월, 자신의 명동 집에서 죽란시사(竹欄詩社)란 풍류계 모임을 만들었다. 죽란은 대나무난간인데, 정약용이 집 좁은 마당에 대나무로 난간을 치고 꽃나무 화분을 길렀기에 붙인 이름이다. 멤버는 나이가 비슷한 남인계 선비들로 모두 열다섯 명의 뜻 맞는 친구들이었다.[131] 이들은 멤버 명단을 적고 멋스러운 규칙도 만들었다.

살구꽃이 피면 한 번 모이고, 복사꽃이 필 때와 한여름 참외가 무르익을 때 모이고, 가을 서련지에 연꽃이 만개하면 꽃 구경하러 모이고, 국화꽃이 피어 있는데 첫 눈이 내리면 이례적으로 모이고, 또 한 해가 저물 무렵 분에 매화가 피면 다시 한 번 모이기로 하였다.

봄꽃 놀이, 여름 참외 먹기, 연꽃 구경하기. 국화가 피거나 첫눈이 올 때, 매화가 피어나면 언제고 이들은 모였다. 마치 연인이 첫눈 오는 날, 광화문 앞에서 만나자는 것보다도 더 멋스러운 만남이다. 죽란시사는 위아래 네 살 터울의 선비들로, 사군자 동호회며, 정치 동지들의 모임이며, 시서화 문인그룹이다. 다산은 이 그룹의 리더였다.

참으로 다산은 막힐게 없는 대단한 사람이다. 더군다나 사군자인 대나무, 국화, 매화를 매개체로 사람을 모으고 뜻을 모으는 능력은 참으로 탁월하다. '지란지교를 꿈꾸며'란 말이 있지만, 다산은 이미 그것을 실현한 사람이다. 다산 35세 때의 일이다.

욥과 대나무

욥은 고난 한가운데서 친구들과 끝없는 논쟁으로 지쳤다. 서로 네가 옳다 아니, 내가 옳다 갑론을박이 끊어지지 않았다. 친구들의 계속되는 공격에 지친 욥은 자신의 아픔을 이렇게 토로한다.

이제는 내 생명이 내 속에서 녹으니 환난 날이 나를 사로잡음이라. 밤이 되면 내 뼈가 쑤시니 나의 아픔이 쉬지 아니하는구나. 하나님이 나를 진흙 가운데 던지셨고 나를 티끌과 재같게 하셨구나. 내가 복을 바랐더니 화가 왔고 광명을 기다렸더니 흑암이 왔구나. 내 마음이 들끓어 고요함이 없구나. 환난 날이 내게 임하였구나. 나는 이리의 형제요 타조의 벗이로구나. 나를 덮고 있는 피부는 검어졌고 내 뼈는 열기로 말미암아 탔구나. 내 수금은 통곡이 되었고 내 피리는 애곡이 되었구나. (욥기 30장)

욥은 자기의 애타는 심정을 통곡하는 수금과 애곡하는 피리로 표현한다. 욥이 얼마나 고통스럽고 아프면 통곡하는 수금, 애곡하는 피리 소리로 자신을 비유하였을까. 욥이 '내 피리'라고 말한 것을 보면, 자기만의 피리가 있지 않았을까. 어쩌면 욥은 피리연주의 대가인지도 모르겠다. 고통당하는 아픈 마음을 슬픈 곡조, 애곡으로 연주하고 싶은 마음이 가득하다. 만일 욥이 피리를 연주했다면, 사면초가 가락보다도 더 구슬픈가락이었을 것이다.

욥의 고난은 들판에서 불어오는 거친 바람에서 시작되었다. 아들집에 모여 있던 열 자녀가 광풍으로 집이 무너지며 모두 압사하고 말았다. 바람은 욥에게 결코 낭만적인 단어가 아니다. 봄바람, 산들바람, 춤바람, 시원한 바람이 아니다. 욥의 연속되는 고난은 마치 미친바람이 불어 닥치는 것과 같다. 욥은 자기의 고난을 광풍같이 몰아치는 바람으로 고백한다.

내 생명이 한낱 바람 같음을 생각하옵소서. 나의 눈이 다시는 행복을 보지 못하리이다. (욥기 7:7)

IV. 사군자 다산과 욥에게 말을 걸다

순식간에 공포가 나를 에워싸고 그들이 내 품위를 바람 같이 날려버리니 나의 구원은 구름 같이 지나가 버렸구나. (욥기 30:15)

나를 바람 위에 들어 불려가게 하시며 무서운 힘으로 나를 던져 버리시 나이다. (욥기 30:22)

욥은 고난 앞에서 자기 생명이 한낱 바람에 불과함을 느낀다. 광풍이 몰아치자 욥의 모든 것은 날아 가버리고 말았다.

조선시대 최고의 묵죽도는 이정이 그린 '풍죽도'(風竹圖)이다. 이정(1554~1626)은 세종의 후손으로 임진왜란 때, 왜적의 칼에 오른팔을 크게 다치고 그림도 잃어 버렸다. 그러나 회복된 후에는 이전보다 더 뛰어난 작품을 남기었다. 이는 그림이란 단순히 손재주가 아니라, 가슴으로 그리는 것임을 말해준다.

이정은 바람이 부는 정경보다 바람을 견디어내는 대나무의 응축된 기세를 세밀하게 그려냈다. 이정은 고난을 이겨내고, 마침내 조선 최고의 묵죽화가가 되었다. 만일 욥이 대나무 그림을 그릴 줄 알았다면, 이정의 풍죽도보다 더 거센 광풍과 그 기세에도 꺾이지 않는 꿋꿋한 대나무를 그려냈을 것이다.

누구나 좋아하는 5만원 지폐 앞면엔 신사임당의 초상이 있고, 뒷면엔 어몽룡의 월매도와 이정의 풍죽도가 겹쳐있다. 이것은 가장 세속적인 돈을 사군자처럼 사용하라는 의미가 담긴듯하다. 대한민국 검찰청의 로고는 다섯 개의 대나무다. 만일 검찰의 로고가 능수버들이라면 어울리지 않는 그림이다.

<이정의 풍죽도, 간송미술관 소장>

옛날 여인들은 은장도를 지녔고, 선비들은 낙죽장도(烙竹粧刀)를 지녔다. 모두 손잡이와 칼집이 대나무로 되어있다. 여인들과 선비들은 그 칼로 자신의 절개와 대쪽 같은 의리를 지켰다. 대나무는 바람이 불면 휠지언정 꺾이진 않는다. 욥도 고난 한가운데서 휘청거리는 모습을 보여준다. 그러나 결국 그 모진 바람을 이겨내고 우뚝 선 모습이 마치 대나무 같다.

IV. 사군자 다산과 욥에게 말을 걸다

20. 별이 빛나는 밤에

네가 묘성(북두칠성)을 한데 묶어 놓을 수 있으며
오리온 별자리의 띠를 풀어 놓을 수 있겠느냐?
네가 계절마다 제때에 별을 이끌어낼 수 있으며
곰 자리를 인도할 수 있겠느냐?

(욥기 38:31-32, 현대인성경)

다산과 욥의 북두칠성

어두워야 잘 보이는 것이 있다. 바로 별이다. 그래서 우리는 '별이 빛나는 밤'이란 말을 좋아한다. 별이 빛나는 밤이란 노래도 많고 그림도 많다.

욥의 고난이 끝나고 회복되는 중요한 포인트에 별이 있다. 욥과 친구들의 답 없는 논쟁이 지루하게 계속된다. 모두 할 말을 다해서 더 이상 할 말이 없는 지경이 되었다. 그렇다고 무승부로 마칠 수도 없는 난감한 시점이다. 바로 그 때, 하나님께서 폭풍 가운데 등장하셔서 욥에게 엄청난 질문을 던지신다. 별과 자연을 통해 하나님은 욥에게 질문하신다.

> 네가 묘성을 매어 묶을 수 있으며 삼성의 띠를 풀 수 있겠느냐. 너는 별자리들을 각각 제 때에 이끌어 낼 수 있으며 북두성을 다른 별들에게로 이끌어 갈 수 있겠느냐. 네가 하늘의 궤도를 아느냐. 하늘로 하여금 그 법칙을 땅에 베풀게 하겠느냐. (욥기 38:31-33)

묘성은 북두칠성이며, 삼성은 오리온성좌를 말한다. 고난 한가운데서 하나님은 반항하는 욥에게 네가 북두칠성의 별들을 매어 묶을 수 있느냐? 오리온 별자리의 띠를 풀어 놓을 수 있겠느냐고 질문하신다.

우리 눈엔 콩 알 만하지만, 북두칠성의 북극성은 사실 엄청난 별

<강진 다산박물관에 있는 별자리>

이다. 북극성 크기는 태양의 46배, 밝기는 태양의 2500배, 거리는 약 450광년이다. 수천 년 전의 욥이 현대 천문학의 지식이야 없었 겠지만, 아무리 생각해도 자기가 북두칠성의 별들을 하나로 묶을 수 없음은 알았다. '욥, 네가 북두칠성을 굴비 묶듯이 매어 묶을 수 있 겠느냐? 오리온을 풀어놓을 수 있겠느냐?' 별에 대한 질문에 욥은 말이 턱 막히고 말았다.

  강진 다산박물관 천정에 10여개의 별자리를 만들어 놓았다. 다 산과 제자 이청은 천문학에 상당한 조예가 있었다. 순조 때 "사대고 례"란 천문학 책이 편집되는데, 편찬자가 이청이었다. 정약용은 그 내용 대부분을 실제로 자신이 주도하였다고 주장한다.[132] 다산박물관 별자리에는 삼성 오리온별자리도 있다.

정약용은 1801년 강진으로 유배를 떠나며, 한강 동작나루를 건너 과천방향으로 향했다. 가족과 한강을 건너고 헤어지는 슬픈 이별을 "밤에 동작 나루를 지나며"란 시에서 이렇게 노래했다. 다산도 한치 앞을 알 수 없는 귀양길에 대하여 별들에게 물어본 듯하다.

> 청파역 앞길에 하늘은 어둡고
> 한 조각 눈썹달이 몽롱하게 떠있네.
> (중략)
> 삼성은 반짝반짝 북두칠성도 찬란해
> 꼬리별 빛나며 북극으로 돌아가네
> 빛조차 어슴푸레 산비탈에 가리었고
> 고개 들어 남산을 바라보니 눈물이 가슴에 맺히네.

인생을 살다보면, 어떤 사건이나 문제에 답을 하지 못하고 말문이 턱 막힐 때가 있다. 그리곤 밤하늘의 별을 물끄러미 바라볼 때가 있다. 바로 이 때, 사람들은 변하기 시작한다. 자기 한계를 철저히 깨달으면 생각이 변하기 시작한다. 이건 내가 할 수 있지, 그러면 사람은 절대로 변하지 않는다. 자기 무지와 무능을 철저히 깨닫고 한계상황에 다다랐을 때, 비로소 사람은 변한다.

욥기 38장 이하에서 하나님이 욥에게 툭툭 던지는 질문들은 현대과학으로도 풀 수 없는 난제들이다. 욥은 하나님의 질문에 두손 두발을 다 들고 이렇게 항복하고 만다.

IV. 사군자 다산과 욥에게 말을 걸다

무지한 말로 이치를 가리우는 자가 누구니이까. 내가 스스로 깨달을 수 없는 일을 말하였고, 스스로 알 수 없고 헤아리기 어려운 일을 말하였나이다. (욥기 42:3)

부질없는 말(무식한 말)로 당신의 뜻을 가린 자, 그것은 바로 저였습니다. 이 머리로는 헤아릴 수 없는 신비한 일들을 영문도 모르면서 지껄였습니다. (공동번역 욥기 42:3)

고흐의 별이 빛나는 밤

윤동주가 별을 노래했다면, 고흐는 별을 그린 사람이다. 고흐의 대표적인 별 그림은 '별이 빛나는 밤', '론강의 별이 빛나는 밤', '밤의 카페 테라스' 등이다. 고흐의 인생은 한마디로 불행과 불운의 연속이었다. 꿈과 재능은 뛰어났지만, 누구에게도 인정받지 못해 고난과 낙심이 늘 그림자처럼 따라다녔다.

미술사학자들은 고흐의 별 그림엔 우주에 대한 외경심과 비극적 현실을 벗어나 초월적 세계로 도피하려는 몽상 속의 위안과 종교적 감성이 있다고 본다. 고흐에게 별은 하나의 초월적 이상향이며 유토피아와 무릉도원인 셈이다.

고흐는 1889년 친구 고갱과의 불화로 자신의 귀를 자르고 생 레미의 정신병원으로 갔다. 병원 창밖으로 보이는 생 마리 마을의 밤하늘은 고흐에게 많은 것을 느끼게 하였다. 어떤 이들은 이 그림이 고흐가 조현병, 조울증, 간질을 앓았기에 충동적으로 한 순간에 그린 것이라 생각한다. 그러나 동생 테오에게 보낸 편지를 보면, 고흐가 작품 하나하나를 꼼꼼히 스케치하고 계획을 세우고 그린 것을 알 수 있다. 김선지는 『그림속 천문학』에서 '별이 빛나는 밤'을 이렇게 해설한다. [133)

그림 오른쪽 위에 그믐달이 그려져 있다. 그림은 해가 뜨기 직전 새벽 시간으로 보인다. 왼쪽에 검게 그린 사이프러스 나무의 오른쪽에 붙어 있는 별은 금성으로 추정된다. 사이프러스 위의 별들은 양자리이고 달 주변의 별들은 물고기자리로 보인다. 이 그림의 특징은 별들이 소용돌이치는 모습으로 그려진 것이다.

이것은 고흐의 독창적인 화법일 수도 있고, 당시 천문학자들이 스케치한 은하수 그림의 영향을 받은 것일 수도 있다. 영국의 천문학자 로스는 은하수 그림을 소용돌이치는 것으로 표현했다. 분명한 것은 소용돌이치는 별은 고흐의 격렬한 내적 갈등과 고뇌를 그린 것임에 틀림없다. 격렬하게 물결치는 파도처럼 보이는 짧고 비연속적인 붓질의 소용돌이 패턴과 흰색과 황색의 동심원으로 둘러싸인 별과 달은 매우 역동적으로 보인다.

반면, 아래 밀밭과 올리브 숲으로 둘러싸인 마을은 작고 어두우며 정적에 싸여있다. 마을 사람들은 고흐를 '미친 네덜란드 남자'라

<고흐의 '별이 빛나는 밤' 1889년>

고 불렀다. 고흐는 자기를 받아 주지 않는 마을과 세상을 작고 어둡게 그리고 싶었던 모양이다. 고흐는 구애하던 여인에게 거절당했고, 벨기에 광산촌의 가난한 사람들을 위해 목회자가 되어 최선을 다했지만 외면당했다. 그나마 자기를 알아주던 친구 고갱과도 다투고 헤어졌다. 당시 고흐를 받아 주는 사람도 마을도 없었다. 고흐가 너무 순수한 사람인지, 세상이 너무 악한 것인지 참 안타깝다.

왼쪽 사이프러스나무는 세상과 하늘을 잇는 사다리처럼 높게 그렸다. 사이프러스는 주로 무덤가에 심는 나무로 죽음과 애도를 상징한다. 사이프러스는 죽음 너머 하늘에 이르는 사다리인 셈이다. 고흐는 세상에서 버림받은 자신이 죽음 너머 저 하늘에서만 안식을 얻을 수 있으리라 생각했는지도 모른다. 사람이 극심한 고난에 지치면, 차라리 이 세상을 떠나 죽음 너머에서 안식을 얻고 싶어 한다. 교회의 첨탑은 왜소하게 하늘을 향해 뻗어 있는데, 목사가 되려다 실패한 아픈 마음의 표현으로 해석되기도 한다.

어쩌면, 고흐는 죽음이 별을 보러갈 수 있는 유일한 길이라고 생각했던 것 같다. 고흐는 밤하늘을 '별이 있는 장엄한 하늘, 결국은 신이라고 밖에 볼 수 없는 영원의 세계'라고 말했다. 고난 가운데서도 별을 사랑했던 사나이는 37세에 '별이 빛나는 밤' 저 하늘로 가고 말았다.

고흐는 별이 빛나는 밤하늘로 사라졌지만, 우리는 돈 맥클린(Don Mclean)의 '빈센트'(Vincent)란 노래를 들으며 고흐를 회상한다.

Starry, starry night
별이 빛나는 밤
Paint your palette blue and gray
팔레트를 푸른색과 회색으로 칠해요
Look out on a summer's day
여름 날 밖을 내다봐요
With eyes that know the darkness in my soul
내 영혼의 어둠을 아는 그런 눈으로
Shadows on the hills
언덕 위의 그림자
Sketch the trees and the daffodils

나무와 수선화를 그려요...
Now I understand
이제야 알겠어요
What you tried to say to me
당신이 내게 무슨 말을 하려했는지

윤동주의 별 헤는 밤

서울 부암동 성곽 길을 따라 '윤동주 시인의 언덕'이 있다. 윤동주의 '서시' 시비가 있고, 아래엔 윤동주문학관이 있다. 언덕 아래 누상동엔 윤동주의 하숙집이 있다. 창의문 옆 성곽 길 끝에는 '윤동주 소나무'가 의연히 서있어 오가는 이들의 눈길을 끈다. 부암동은 창의문(자하문) 바로 뒤편이어서 조선시대의 많은 사연들을 품고 있다. 안평대군의 무릉도원인 무계정사와 광해군을 몰아내려고 인조반정을 모의하며 칼을 갈았다는 세검정이 있다. 흥선대원군이 안동김씨의 별장을 빼앗아 복수한 석파정도 있다. 부암동에 처가(妻家)가 있어서 골목골목을 잘 아는 편이다.

일제강점기 그 암울한 시대, 청년 윤동주는 이 언덕에 올라 밤하늘의 별을 바라보며 무슨 생각을 하였을까. 윤동주는 그의 대표적인 시 '별 헤는 밤'에서 이렇게 노래한다.

계절이 지나가는 하늘에는 가을로 가득 차 있습니다.
나는 아무 걱정도 없이 가을 속의 별들을 다 헬 듯합니다.

가슴 속에 하나 둘 새겨지는 별을 이제 다 못 헤는 것은
쉬이 아침이 오는 까닭이요 내일 밤이 남은 까닭이요
아직 나의 청춘이 다 하지 않은 까닭입니다.

별 하나에 추억과 별 하나에 사랑과
별 하나에 쓸쓸함과 별 하나에 동경과
별 하나에 시와 별 하나에 어머니, 어머니,
어머님, 나는 별 하나에 아름다운 말 한마디씩 불러 봅니다.

윤동주는 나라와 말과 꿈을 빼앗긴 채, 고통 중에 청년기를 지냈다. 그 답답한 심정을 밤하늘의 별을 헤며, 별 하나 하나에 그리운 이름을 붙여본다. 별 하나에 추억과 사랑과 쓸쓸함과 동경과 시와 어머니를 불러본다. 그리고 보고픈 친구들의 이름을 별 하나 하나에 붙이며 그리워한다. 꼭 시인이 아니어도, 별은 우리에게 꿈과 소망과 그리움을 주는 묘한 힘이 있다.

성경에도 밤하늘의 별을 보며 고난과 낙심을 이겨낸 이들이 많다. 믿음의 조상 아브라함은 하나님의 약속을 믿고 고향과 친척을 떠나 가나안땅으로 갔다. 그러나 오랜 세월이 지나도 약속한 아들이 태어나지 않자 실망하고 낙심한다. 아브라함은 자포자기하고 자신

의 상속자로 종 엘리에셀을 생각한다. 바로 그때 하나님이 아브라함에게 나타나서, 밤하늘의 뭇별을 바라보라며 자손의 번성을 약속한다.

> 여호와의 말씀이 그에게 임하여 이르시되 그 사람이 네 상속자가 아니라 네 몸에서 날 자가 네 상속자가 되리라 하시고, 그를 이끌고 밖으로 나가 이르시되 하늘을 우러러 뭇별을 셀 수 있나 보라 또 그에게 이르시되 네 자손이 이와 같으리라. 아브람이 여호와를 믿으니 여호와께서 이를 그의 의로 여기시고 (창세기 15:4-6)

아브라함이 믿음이 떨어지고 낙심할 때, 하나님은 밤하늘의 별을 보여주며 위로하셨다. 그날 밤, 그 별들을 아브라함은 평생 잊지 못하였을 것이다. 별과 아브라함은 떼어 놓을 수 없다. 요셉도 열한 별이 자기에게 절하는 꿈을 꾸었다. 동방박사들도 별의 인도를 따라 아기 예수를 만났다. 별을 본 사람들은 결국, 이르고자 하던 종착역에 이르렀다.

아브라함은 믿음의 조상이 되었고, 동방박사들도 결국 아기예수를 만나 경배했다. 욥도 고난 한가운데서 몸부림치다 북두칠성과 오리온을 보고 하나님을 만났다. 별을 또렷이 본 사람은 아무리 힘들고 어려운 일이 있더라도 결국엔 길을 찾고 소원의 항구에 이르게 된다.

지금 코로나와 고난으로 전 세계가 온통 어두운 밤이다. 이 고난의 시대에 우리가 별을 또렷이 볼 수만 있다면, 뭔가 길이 보이지 않을까. 소망과 답이 보이질 않을까. 그러나 안타깝게도 이 시대는 별 볼일이 없는 시대다. 많은 이들이 네온사인 아래로 불나방처럼 모이며, 인터넷과 핸드폰으로 밤을 지새운다. 가로등 없는 순수자연 그대로의 별을 본지가 얼마나 오래되었는가.

별을 잃은 사람은 하늘 길(天道)을 잃은 것과 마찬가지다. 눈을 들어 밤하늘의 별을 보면, 땅의 길과 사람의 길도 찾을 수 있을 것이다. 땅에서 잃어버린 길을 별을 보며 찾은 사람들이 있다. 아브라함과 동방박사들이 그러했고, 욥과 다산 정약용 그리고 윤동주도 그러했다. 별을 우러러보는 것은 단순히 밤하늘의 반짝이는 별을 보는 게 아니라, 그 위에 계신 천주(天主 하나님)를 바라보는 거룩한 행위이기 때문이다.

참고도서

강판권, 『미술관에 사는 나무들』, 효형출판, 2012

강희안, 이종묵역해, 『양화소록』, 아카넷, 2012

구베아 알렉산델, 유은희역, 『묵상지장』, 순교의 맥, 2011

권지성, 『특강 욥기』, IVP, 2019

금장태, 『실학과 서학』, 지식과 교양, 2012

금장태, 『다산평전』, 지식과 교양, 2011

금장태, 『조선 실학의 경전이해』, 서울대학교출판문화원, 2014

김경임, 『사라진 몽유도원도를 찾아서』, 산처럼, 2013

김대현, 『사군자 한시선』, 전남대학교출판문화원, 2019

김선지, 『그림 속 천문학』, 아날로그, 2020

김옥희, 『한국천주교사상사II』, 다산정약용의 서학사상연구, 순교의 맥, 1991

경기문화재연구원 경기학연구팀, 『다산이 그리워한 마을 마재』, 경기도문화원연합회, 2014

리진취엔, 장세후역, 『도잠평전』, 연암서가, 2020

리차드 포스터, 김재권역, 『영적훈련과 성장』, 생명의말씀사, 1996

마이야, 유은희역, 『성경광익』, 순교의 맥, 2017

마테오 리치, 송영배외 공역, 『천주실의』, 서울대학교출판원, 2018

민영진, 『설교자와 함께 읽는 욥기』, 한국성서학연구소, 2002

박석무, 『다산 정약용 유배지에서 만나다』, 한길사, 2017

빤또하, 박유리역, 『칠극』, 일조각, 2019

판토하, 정민역, 『칠극』, 김영사, 2021

백민정, 『정약용의 철학』, 이학사, 2008.

백승종, 『정조와 불량선비 강이천』, 푸른역사, 2018

백인산, 『간송미술 36』, 컬처그라피, 2019

신병주, 『참모로 산다는 것』, 매일경제신문사, 2019

안병직, 『경세유표에 관한 연구』, 경인문화사, 2017

오력, 최낙민역, 『삼파집』, 선인, 2018

오세진편역, 『아버지 정약용의 인생강의』 홍익출판사, 2020

유홍준, 『추사 김정희』, 창비, 2018

위안싱페이, 김수연역, 『도연명을 그리다』, 태학사, 2012

이기동, 『천국을 거닐다, 소쇄원』, 사람의 무늬, 2014

이냐시오, 정체천역, 『영신수련』, 이냐시오 영성연구소, 2010

이상주, 『구곡문화관광특구와 구곡한시 연구』, 중원대학교 향토문화연구소, 2019

이선옥, 『사군자』, 돌베게, 2011

이성현, 『추사난화』, 들녘, 2018

이숙희, 『영체와 행사에서 본 정약용의 종교적 의식』, 고대민족문화연구원, 2020

이어령, 『한중일문화코드읽기,매화』, 종이나라, 2006

이어령, 『한중일문화코드읽기,난초』, 종이나라, 2006

이어령, 『한중일문화코드읽기,국화』, 종이나라, 2006

이어령, 『한중일문화코드읽기,대나무』, 종이나라, 2006

이차일 외, 『심경철학사전』, 한국학중앙연구원, 2014

이황, 김기현, 안도현편, 『열흘가는 꽃 없다고 말하지 말라』, Human & Books, 2012

정민, 『삶을 바꾼 만남』, 문학동네, 2019

정민, 『다산의 재발견』, Humanist, 2013

정민, 『파란1』, 천년의 상상, 2019

정민, 『파란2』, 천년의 상상, 2019

정민, 『다산선생 지식 경영법』, 김영사, 2020

정약용, 다산연구회편역, 『목민심서』, 창비, 2020

정약용지음, 박석무편역, 『유배지에서 보낸 편지』, 창비, 2020

정규영, 송재소역주, 『사암선생연보, 다산의 한평생』, 창비, 2015

제럴드 젠슨, 『현대성서주석 욥기』, 한국장로교출판사, 2007

조윤제, 『다산의 마지막 공부』, 청림, 2020

조현범 외, 『한국천주교회사1』, 한국교회사연구소, 2015

참고도서

차벽, 『다산의 후반생』, 돌베게, 2010

차벽, 『발가벗겨진 인간, 다산』, 희고희고, 2018

베일, 신득일역, 『욥의 고난과 하나님의 구속사』, 생명의 양식, 2015

찰스 스윈돌, 『욥』, 생명의말씀사, 2008

천득염, 『소쇄원』, 광주문화재단 누정총서2, 2018

최열, 『옛 그림으로 본 서울』, 혜화, 2020

최인호, 『유림1』, 열림원, 2020

최인호, 『유림6』, 열림원, 2016

토마스 모어, 주경철역, 『유토피아』, 을유문화사, 2020

한정주, 『호, 조선 선비의 자존심』, 다산초당, 2015

헨리 데이비슨 소로우, 한기찬역, 『월든』, 소담출판사, 2010

논문

구만옥, 「다산 정약용의 천문역법론」, 다산학 10호, 2007

금장태, 「다산의 인 개념의 인식과 실천」, 다산학 7호, 2005

김상홍, 「동아시아의 이상향 무릉도원」, 동아시아고대학 제14집, 2006

김언종, 「다산초당의 정석(丁石)」, 다산연구소,

김영우, 「다산의 사단칠정론 고찰」, 다산학 6호, 2005

김효민, 「생명의 심상공간 무릉도원과 그 변주」, 중국어문학논집(34), 2005

나형민, 「이상향의 노스텔지아가 담긴 지평(地平) 표현 연구」, 서울대학교, 2019

서동찬, 「샤를르 달레의 한국천주교회사에 나타난 순교자들의 진술에 따른 신앙 이해와 영성」, 수원카톨릭대학교, 2004

송영배, 「정약용철학과 성리학적 리기관의 해체」, -천주실의와의 영향관계를 중심으로-, 철학사상 13호, 2001

안동준, 「요동선인 정영위의 문학적 전승과 그 의미」, 도교문화연구 28권, 2020

이광호, 「중용강의보와 중용자잠을 통하여 본 다산의 성誠의 철학」, 다산학 7호, 2007

이동환 「茶山思想에 있어서의 '上帝' 문제」, 민족문화 19권, 1996

이숙희, 「한역서학 신학서의 신정론 수용과 정약용의 인격적 천관」, 다산학 37호, 2020

이한구, 「유토피아에 대한 역사철학적 성찰과 유형화」, 철학 제110집, 2012

임부연, 「정약용 수양론 연구」, 서울대학교 대학원, 2003

임부연, 「다산 정약용의 천리天理 관념」, 민족문화연구 제84호, 2019

임부연, 「정약용이 발견한 천명과 교제」, 다산학 제32호, 2018

정소이, 「다산 정약용의 인심 도심론」, 다산학 18호, 2011

정일균, 「다산 정약용의 심경(心經)론- 심경밀험을 중심으로」, 사회와 역사 73권, 2003

정일균, 「다산 정약용의 천天 개념에 대한 재고찰」, 다산학 32호, 2018

정일균, 「茶山 丁若鏞의 中庸論」, 泰東古典硏究 第15輯, 1998

최문형, 「다산 정약용의 인간이해와 근대성」, 동양철학연구 제66집, 2011

참고도서

미주

1) 부록에 있는 농아광지 끝 부분에서 정약용은 먼저 죽은 자녀들이 이름을 부르며 그들을 묻은 장소를 회상한다. 그리고 이 모든 고난을 "아아, 내가 하늘에 죄를 지어 잔혹함이 이와 같으니, 어찌할 것인가."라고 탄식한다. ≪다산시문집≫제17권. 훗날 소실에게서 낳은 홍임까지 하면 모두 10명의 자녀를 낳은 셈이다.

2)정민, ≪삶을 바꾼 만남≫(서울, 문학동네, 2019) ,95-96p
두보가 뇌양에서 만난 액운이란 말에는 이런 사연이 있다. 당나라 시인 두보가 만년에 뇌양에 있을 때, 갑자기 큰물이 불어서 열흘 동안 굶고 있었다. 소식을 들은 현령이 딱하게 여겨 구운 고기와 술을 보내 주었다. 그런데 두보는 굶주렸던 터라, 술과 고기를 급하게 먹고 체해서 급사하고 말았다. 아마도 당시 다산도 현감이 보내준 고기를 먹고 급체를 해서 고생한듯하다.

3)정민, ≪다산의 재발견≫(서울:Humanist,2013),491p

4)민영진, ≪설교자와 함께 읽는 욥기≫(서울,한국성서학연구소,2002), 56p

5)박석무, ≪다산정약용 유배지에서 만나다≫(서울,한길사,2017),518p
목란사는 옛날 악부(樂府)의 하나인 서사시의 일종이다. 다정한 부부 사이에 남편이 아내에게 읽어주던 것으로 남장(男裝)을 하고 출정(出征)한 여인네의 무용담 가운데 하나다.

6)정민, ≪삶을 바꾼 만남≫,349p

7)정민, ≪삶을 바꾼 만남≫,361p

8)정민, ≪삶을 바꾼 만남≫,371p

9)J. 제럴드 젠슨, 한진희, 욥기,(서울,한국장로교출판사,2007),82p
어거스틴이 욥의 아내에게 붙인 이름은 '마귀를 돕는 배필'(adiutrix diaboli, 아디우트릭스 디아볼리)이었다.

10)민영진, ≪설교자와 함께 읽는 욥기≫,50p

11)민영진, ≪설교자와 함께 읽는 욥기≫,48-51p

12)민영진, ≪설교자와 함께 읽는 욥기≫,53p

13)정민, ≪삶을 바꾼 만남≫,497p

14)정민, ≪삶을 바꾼 만남≫,18p

15)정민, ≪삶을 바꾼 만남≫,488p

16)정민, ≪삶을 바꾼 만남≫,490p

17)정민, ≪삶을 바꾼 만남≫,396-397p

18)정민, ≪다산선생 지식경영법≫,219p

19)정민, ≪다산의 재발견≫,458p

20)정민, ≪다산의 재발견≫,468p

21)정민, ≪다산의 재발견≫,469p

22)정약용, ≪정선『목민심서』≫다산연구회편역,(서울, 창비,2020),263-264p

23)정약용, ≪정선『목민심서』≫,264p

24)다산의 대표적인 책은 1표2서로『경세유표』,『목민심서』,『흠흠신서』다. 다산은 『경세유표』(經世遺表)에서 땅의 분배문제를 다룬다. 당시 조선의 경전제도인 결부제(結負制)는 문제가 많기에 정전제 도입을 주장한다. 결부제란 토지의 비옥도와 풍년과 흉년에 따라 세금을 받던 제도다. 정전제(井田制)는 우물 정(井)자 형태의 경전제도다. 땅을 9등분하여 가운데 땅은 나라에 바치고 나머지 8곳은 백성들이 나누어 농사짓는 것이다. 이것은 1/9 세로 세금을 정확히 거둘 수 있다. 산골의 작은 논밭은 물고기 비늘 모양의 어린도(魚鱗圖)로 보완한다. 18세기 조선후기의 조세제도의 문란은 농작물 1/4을 세금으로 거두었지만, 막상 중앙정부에는 1/10도 가지 않았다. 중간에 줄줄이 새버린 것이다. 다산의 정전법은 제한적 토지공유제로 볼 수 있다.

25)정민, ≪삶을 바꾼 만남≫,284-285p

26)정약용, ≪정선『목민심서』≫,139p

27)정약용, ≪정선『목민심서』≫,348-368p

28)찰스 스윈돌, ≪욥≫,(서울,생명의말씀사,2008),18p

29)다산은 아들 학연에게 준 편지에서 뽕나무의 중요성을 이렇게 강조한다. '남쪽지방에 뽕나무 365그루를 심은 사람이 있는데, 해마다 동전 365꿰미를 얻는다. 1년은 365일인데 매일 한 꿰미의 동전을 써서 양식을 마련해도 평생 다 쓰지 못하고, 죽을 때는 훌륭한 이름을 남길 수 있게 된다. 이것이 가장 본받을 일이다.'(정약용

오세진편역, ≪아버지 정약용의 인생강의≫(서울, 홍익출판사, 2020), 54-55p 삼국지의 제갈공명도 고향에 뽕나무 800그루와 밭 백 오십 이랑이 있으니, 자손의 식량에 넉넉하다고 말하며, 사리사욕과 부정부패에 물들지 않겠다고 말한다.

30)김언종, 다산초당의 정석, 다산연구소 다산포럼, 2019년

31)김언종 같은 글

32)정민, ≪다산의 재발견≫,418p

33)정민, ≪다산의 재발견≫,421p

34)정민, ≪파란1≫(서울,천년의상상,2019),155p

35)조현범 외, ≪한국천주교회사 1≫(서울,한국교회사연구소,2015), 259p

36)정민, ≪파란1≫,214-218p

37)정민, ≪파란2≫,62p

38)정민, ≪파란2≫,139-140p

39) 정약용이 글씨를 비뚤하게 써서 귀양을 간 것은 일종의 문체반정으로 볼 수 있다. 정조의 문체반정은 1785년 을사추조적발사건(김범우 집에서 미사를 드리다 적발된 사건)과 1791년 진산사건(윤지충이 부모 위패를 태우고 천주교식으로 부모 장례를 치룬 사건)을 시발점으로 본다. 정조는 조선의 건국이념인 성리학이 무너지는 것을 막기 위해서, 명말청초에 조선에 수입된 문집, 소품, 패관잡기, 소설, 고증학, 천주학 등을 경계했다. 단순히 글씨체가 아니라 생각과 사상이 삐딱하다는 것이다. 1792년 문체반정의 일환으로 정조는 중국 서적의 수입을 금하였다. 백승종, ≪정조와 불량선비 강이천≫, (서울,푸른역사, 2018), 142-150p

40)정민, ≪파란2≫,340p

41)금장태, ≪다산평전≫, (서울, 지식과 교양, 2011),155-156p

정약용은 포항 장기로 귀양 가서 자기를 돌아보는 시간을 갖는다. 큰형 정약현이 집에 붙인 편액인 수오재(守吾齋) 기문을 지으며 자신의 40년 인생을 이렇게 회고한다.

나는 잘못 간직했다가 나를 잃은 자이다. 어렸을 때는 과거 급제가 좋게 보여서 과거시험공부에 빠져들어 간 것이 10년이었다. 마침내 처지가 바뀌어 조정에 나아가 검은 사모 쓰고 비단 도포 입고 미친듯이 대낮에 큰길을 뛰어다녔는데, 이와 같이

12년을 하였다. 또 처지가 바뀌어 한강을 건너고 조령을 넘어 친척과 선영을 버리고 곧바로 아득한 바닷가의 대나무 숲에 와서야 멈추게 되었다.

정약용은 지난 40년 세월이 '참 나'를 잃어버리고 그저 정신없이 내달린 허망한 시간이라고 자책하며 각성한다. 정약용은 귀양이라는 한계상황 앞에서 '자아의 자각'(the awakening of the self)이 일어난 것이다. 이제 귀양살이란 고난 앞에서 비로소 잃어버렸던 나를 돌아보고 생각하게 되었노라고 탄식한다.

정약용은 자기의 한심한 모습을 '자소'(自笑)란 시에서 이렇게 슬프게 노래한다.

허망하게도 천하 일을 모두 다 알겠다고
이 세상 책이란 모조리 읽기로 생각했었지
태평시절 괴롭게도 활에 맞아 다친 새였더니
남은 목숨 이제는 그물에 걸린 물고기로세.
괴로워하고 낙심하며 이십년을 지나는 동안
꿈속에서 약간 얻은 것 깨고 나서 거두었네
헛된 이름 사방에 났지만 이미 지나간 일
텅 비어 아무 것도 없고 남은 건 대머리뿐.

42) 김옥희, 《한국천주교사상사II》 (다산정약용의 서학사상연구),(서울, 순교의맥, 1991), 82p
43) 김옥희, 《한국천주교사상사II》,95p
44) 정민, 정약용의 조선복음전래사, 가톨릭평화신문, 2020. 06. 07, (1567호) 다산 연구의 권위자 정민교수는 이렇게 주장한다. 다블뤼와 달레의 기술은 대단히 구체적이고 확신에 차 있어서, '조선복음전래사'가 실제 다산이 짓지도 않은 허구의 책이었을 가능성은 전혀 없어 보인다. 당시 조선교회로서는 배교자로 교회를 떠났던 다산을 굳이 천주교 신자로 만들기 위해 그가 쓰지도 않은 책을 썼다고 우길 이유가 없다. 그렇다면, 다산은 이 책을 언제 썼을까? 강진 유배에서 돌아온 3년 뒤인 1822년에 다산은 회갑을 맞아 이른바 '비전(祕傳) 6전(傳)'을 썼다. 초기 천주교 신앙과 관련되어 죽거나 유배된 이가환, 이기양, 권철신, 오석충, 정약전 등 5인의 묘지명과

미주

자신의 자찬묘지명이다. 후손에게 외부에 공개하지 말라고 당부했던 이 6편의 전기는 해당 인물들이 비록 천주교도로 몰려 죽었지만, 실제로는 그렇지 않았음을 밝히는 데 초점이 맞춰져 있다. 다산은 70세 이후, 세상을 뜨기 직전까지 천주교 이입기의 역사를 정리하는 중요한 증언을 남겼다. 그것이 다블뤼의 비망기와 달레의 '조선천주교회사'의 앞부분을 구성하는 골격 원고가 되었다.

45)경기도문화연합회, ≪다산이 그리워한 마을 마재≫,(수원, 경기문화재단, 2014), 14p

정약용의 고향은 마현, 마재, 소내 등으로 불린다. 같은 마을인데 육로로 접근할 때는 마재(철마산 고개)라 불리고, 강을 따라 수로로 왕래할 때는 강쪽 이름을 붙여 소내(箚川, 소천)라 한다. 금장태, 다산평전, 16p

46)정약용의 고향집 당호(堂號) 여유당(與猶堂)은 여유만만하다란 뜻이 아니다. 여유(與猶)는 노자에 나오는 말로 "망설임이여, 겨울에 시냇물을 건너듯하고, 경계함이여, 사방에서 엿보는 것을 두려워하듯 한다."란 뜻이다. 본래 여유는 짐승이름인데, 의심과 겁이 많아 소리만 나면 나무 위로 올라가 숨는다 한다. 정조가 죽자, 정약용은 사방에서 공격하는 반대파들의 감시로 살얼음판을 걷듯이 조심하며 살았다. 정약용이 정조가 죽은 후, 집에 돌아와 당호를 여유당으로 지은 유래이다. 금장태, 다산평전, 137p

47)한정주, ≪호, 조선 선비의 자존심≫(경기 파주, 다산북스, 2015),26p

48)정민, ≪파란2≫,382p

49) "간사한 이 설쳐댐은 널 옥으로 쓰심이라"는 고백 속에는 참으로 많은 사건들이 있다. 다산은 반대파 정적들뿐 만아니라, 같은 남인 계열인 친구들로 부터도 부단히 탄핵당했다. 다산은 가능한 적을 만들지 않으려고 노력했지만, 당시 시대와 정치 상황이 그러하질 못했다. 다산이 계속 공격받은 것은 크게 두 가지인데, 하나는 천주교 문제이다. 이것에 앞장선 사람이 같은 남인인 이기경이다. 다산은 이기경이 귀양 갔을 때 그의 집을 보살펴주었지만, 꽁한 이기경의 마음을 돌이킬 수 없었다. (파란2, 34-56p 참고) 또 한 사람은 영의정 서용보이다. 정약용이 경기도 암행어사일 때, 당시 경기도 관찰사인 서용보의 잘못을 상소하여 서용보가 탄핵당하였다. 그 후 앙심을 품은 노론인 서용보는 정약용의 길을 계속 막았다. 1801년 신유박해 때 풀려날

수 있었지만, 정승 서용보의 반대로 유배되었다. 1803년 정순대비가 정약용을 사면하려 했으나, 역시 서용보의 반대로 막혔다. 해배 후. 1819년 조정에서 정약용을 쓰려했으나, 역시 정승 서용보의 반대로 무산되었다. 암행어사와 관찰사로 한번 맺은 악연이 두고 두고 정약용에게 족쇄가 된 것이다.

50) 심경이 조선왕조에서 경연 과목으로 시작된 것은 중종 때부터이다. 심경을 가장 사랑한 왕은 효종으로 72회나 강론하였다. 효종이 죽자 아들 현종은 아버지 효종의 관에 심경을 넣어 주었다. 심경 경연을 가장 많이 한 왕은 영조로 83회나 강독하였다. 정조 때는 9회로 급감하였고, 순조 때 1회 강독한 것을 끝으로 조선왕조에서 심경은 사라진다. 심경은 본디 마음공부란 좋은 책이지만, 왕과 신하들은 서로에게 '당신, 마음공부를 잘하시오'란 의미로 정치적으로 사용한 흔적도 많다. 조선의 학자들 중에 심경을 연구한 이는 매우 많은데, 심경 주석서를 저술한 것이 35권이 넘는다. 대표적인 것으로 퇴계 이황의 『심경후론』, 율곡 이이의 『인심도심설』, 이덕홍의 『심경질의』, 다산 정약용의 『심경밀험』이 있다. 이창일 외, 《심경철학사전》(서울, 한국학중앙연구원출판부,2014), 249-409p

정약용의 『심경밀험』의 독특성은 다른 책들이 주자학의 범주를 벗어나지 못하였는데, 정약용은 그 범주를 이탈하여 새로운 주석을 한 것이다. 이는 다산 정약용 개인의 독특성과 함께 마테오 리치의 『천주실의』 등의 영향도 있어 보인다.

51)조윤제, 《다산의 마지막 공부》(서울, 청림출판, 2020),284p

52)마테오 리치, 《천주실의》(서울, 서울대학교출판문화원, 2018), 129-130p

53)백민정, 《정약용의 철학》(서울,이학사, 2008),300p

정약용은 "육체란 부모에게서 받은 것이고, 천명지성의 영묘함은 하늘의 명령(天命)에 의해 받은 것이다."라고 한다. (논어고금주 9:11)

54)임헌규, 《주자의 사서학과 다산 정약용의 비판》, (서울, 파라아카데미,2020), 285p

정약용은 心이라는 글자의 용례를 세 가지 유형으로 본다. 1.오장의 하나로서의 心(심장) 2.영명한 마음(靈明之心) 3.영명한 마음의 발현으로서의 心이다. 마음의 발현은 사단과 칠정으로 표출된다.

55)김옥희, 《한국천주교사상사II》,237p

미주

56)금장태, ≪실학과 서학≫(서울, 지식과 교양, 2012), 203p

57)김옥희, ≪한국천주교사상사II≫,235p

58) 정일균, 다산 정약용의 중용론, 泰東古典研究 第15輯, 1998, 177-179p
정일균, 다산 정약용의 천天 개념에 대한 재고찰, 다산학 32호, 2018, 107-109p
정약용의 상제 개념은 주희가 말한 기(氣)로서의 태극(太極)과 그 자기분화로 생성된
유형의 세계를 창조하고 주재하는 존재가 아니다. 정약용에게 상제는 도덕적이고 인
격적인 존재로 천지 만물을 창조하며 운행하는 영적인 유일자이다. 상제는 도덕적인
존재이기에 선을 좋아하고 악을 싫어한다.
따라서 상제는 天命을 통하여 인간에게 덕을 좋아하고 악을 부끄럽게 여기는 기호를
주었다.(性嗜好說) 이때 인간이 선을 택하느냐 악을 택하느냐하는 문제는 전적으로
자기의 자유의지(權衡 권형)에 달려 있다고 본다. 또 상제는 자신의 뜻을 도심(양심)
을 통하여 인간에게 교감하고 전달한다고 본다. 이러한 것들은 어느 정도 마테오 리
치의 『천주실의』와 천주교의 영향을 받은 것으로 보인다.

59)김옥희, ≪한국천주교사상사II≫,239p

60)이숙희, ≪영체와 행사에서 본 정약용의 종교적 의식≫(서울, 고려대학교 민족문
화연구원,2020),81-84p
주희의 이기(理氣) 개념은 선과 불선(악)에 큰 영향을 준다. 본연지성은 모든 이가 받
았지만, 받은 기는 각자 다르다. 성리학은 불선(악)의 원인을 기질로 돌리는 경향이
있다. 『주자어류』(朱子語類)에 이런 대목이 있다. 덕보가 연이어 묻기를 요순의 기가
항상 맑고 조화로웠는데 어떻게 단주(요의 아들) 상균(순의 아들)이 생겨났습니까?
말씀하기를, 기가 우연히 이와 같아서다. 고수(순의 아버지)에게서 순이 생겨난 것과
같다. 혹자가 고수의 기는 청명한 적이 있으나, 요순의 기는 혼탁한 적이 없었습니다
고 했다. 선생의 답은 상세하지 못했다.

61)이숙희, ≪영체와 행사에서 본 정약용의 종교적 의식≫,86-89p

62)금장태, ≪조선실학의 경전이해≫(서울, 서울대학교출판문화원, 2014), 201p

63)임헌규, ≪주자의 사서학과 다산 정약용의 비판≫,319p
정약용은 "신독으로 하늘을 섬기고, 서(恕)에 힘써 인(仁)을 구하기를 항구적으로 오
래토록 하여 쉬지 않게 행하면 성인이 된다."고 하는 소사상제지학(昭事上帝之學)을

표방한다. 심경밀험 권2.40.

64)금장태, ≪조선실학의 경전이해≫, 205p

심경밀험 정본, 제6책에 이러한 말이 있다. '선을 쌓고 의를 모으는 사람은 그 처음에 땅을 굽어보고 하늘을 우러러 보아도 부끄러움이 없고 내면을 성찰해도 꺼림칙한 것이 없다. 선을 쌓는 일이 오래되면 마음은 넓어지고 몸은 평안하여 덕스런 모습이 얼굴에 드러나고 등에 가득 차게 된다... 이에 신묘하게 변화해 천지와 그 덕이 부합하고 일월과 그 밝음이 부합해 마침내 덕을 완성한 사람이 된다.' 이 말에서 다산의 신앙적 수양론을 엿볼 수 있다.

65)김옥희, (다산정약용의 서학사상연구), 247p

주희의 경우 계신공구(戒愼恐懼)는 미발(未發) 때에 천리를 함양하는 공부이고, 신독은 이발(已發) 때에 천리가 드러남을 찰식(察識)하는 공부로 본다. 그러나 다산은 계신공구의 공부와 신독의 공부는 동일하게 상제(하느님)의 감독과 명령을 두려워하며 삼가는 것으로 본다. 주희는 미발(未發) 때를 천리를 함양할 때라고 보고 소극적인 거경함양(居敬涵養)을 중시한다. 다산은 미발 때의 적극적인 공부를 중시한다. 미발 때에도 적극적으로 공부해야 할 이유는 상제가 하늘에서 내려다보고 계시기 때문이다.(이광호, "중용강의보와 중용자잠을 통하여 본 다산의 성의 철학", 다산학 7호 (2005), 65-67p)

다산은 미발이란 희노애락의 정(情)이 발하지 않았음을 의미할 뿐이요, 마음이 마른 나무와 불꺼진 재처럼 아무런 사려도 없게 되어 마치 선가(禪家)에서 입정한 것처럼 된 것을 의미하는 것은 결코 아니었다. 희노애락이 발하지 않았더라도 계신공구 할 수 있고 궁리할 수도 있다. 미발시(未發時) 공부가 없다고 말하는 것은 다산에게 어불성설이었다. (정일균, 다산 정약용의 중용론, 泰東古典硏究 第15輯, 1998, 158p

66)임부연, 정약용이 발견한 天命과 교제, 다산학, 제32호, 2018, 29-32p

정약용은『맹자』의 내재적인 성선(性善)과『중용』의 초월적인 권위를 상호 보완적으로 결합시켰다. 즉 내재적인 도덕성을 대표하는 도심과 초월적인 주재자인 하느님의 명령으로 외적인 도덕성을 대표하는 천명을 결합시킨 것이다. 이같이 내면 깊숙한 곳에서 들리는 도심의 목소리를 천명으로 받아들이는 예민한 종교적 의식(religious consciousness)은 정약용이 제시한 새로운 영성(spirituality)의 핵심이라 할 수 있다.

67)로욜라의 성이냐시오, ≪영신수련≫정제천역, (서울, 이냐시오 영성연구소, 2010),27p

68)백민정, ≪정약용의 철학≫(서울, 이학사, 2008),134-135p
주자학에서는 인의예지를 선천적 본성으로 본다. 반면, 다산은 실천적 덕목으로 본다. 만일 인의예지가 선천적으로 주어진 본성이라면, 우리는 그 본성을 바라보고 드러나기만 기다려야 할 것이다. 이러한 태도를 다산은 향벽관심(向壁觀心)이라 하여 그저 벽을 바라보고 마음을 들여다보는 것이라 한다. 다산처럼 인의예지를 실천적 덕목으로 보면, 수양론이 가능해진다. 다산은 인의예지는 행동한 이후에만 성립된다고 본다. 그런 의미에서 다산 정약용은 '행동하는 양심'의 원조라 할 수 있다.

69)백민정, ≪정약용의 철학≫,300p
정약용은 天命이 사람 마음속에 늘 존재하며 평상시에도 시시각각으로 내려주기에 사람은 윤리적인 존재가 될 수밖에 없다고 본다.(중용자잠 1:3) 정약용에게 천명은 천명지성과 도심(양심)을 통하여 매순간 실현되어야하는 역동적이고 윤리적인 의미를 갖게 된다. 정약용은 주자학에서 말하는 본연지성(本然之性, 인간의 본래 마음은 아무런 사심이나 사욕이 없는 맑은 거울과 같은 절대적으로 선한 상태)을 불교적인 개념을 본다. 이것을 송대 유학자들이 잘못 수용한 것이라 하여 배격한다. 정약용은 본연지성 대신 천명지성(天命之性)이란 표현이 옳다고 강조한다.(정약용의 철학, 291-301p)

70)정규영, ≪사암선생연보, 다산의 한평생≫송재소역주, (서울, 창비, 2015), 268p

71)마이야, ≪성경광익≫유은희역, (서울, 순교의 맥, 2017),53-54p
『성경광익』이 조선에 언제 들어 왔는지는 정확하지 않지만, 정민 교수는 이미 명례방 주일미사에 사용된 것으로 본다. 이벽의 죽음 후, 조선천주교 리더인 권일신은 친구 조동섬과 둘이서 용문산의 한 절에서 8일 피정을 하였다. 조선 최초의 8일 피정이 시작된 것이다. 정확한 연도는 알 수 없지만, 1785년 명례방 을사추조 사건 이후로 보인다. 『성경광익』에는 8일 피정 방법과 성경 구절이 자세히 기록되어 있다. 참고, 정민 교수의 한국 교회사 숨은 이야기 13. 조선 천주교회 최초의 8일 피정, 카

톨릭평화신문, 2020.08.09 발행 (1575호)

72)구베아 알렉산델 ≪묵상지장≫유은희역, (서울, 순교의 맥, 2011), 85-86p
대월은 유교에서 상제대월(上帝對越)이라 하여 선비가 상제를 대할 때 지극한 정성
으로 몸과 마음을 가다듬는 것을 말한다. 구베아는 묵상지장에서 이것을 차용하여
천주(하느님)께 묵상기도 할 때, 묵상의 첫 단계로 사용하였다. 묵상의 대략적인 단
계는 9단계로 진행된다. 예비(하느님을 만나기 위한 묵상 준비) 단계로 대월, 기구,
통회, 묵존(默存, 본격적인 묵상)단계로 추론, 동정, 정지, 수결(收結, 묵상의 결론)
단계로 감사, 봉헌, 기우(祈佑, 묵상 때 받은 은총을 잘 실천하도록 기도하는 것)이
다. ≪묵상지장≫94p

73)리차드 포스터, ≪영적훈련과 성장≫(서울, 생명의말씀사,1996),31p

74)정민, ≪삶을 바꾼 만남≫,344-345p
다산이 마흔여덟이던 1809년 11월 6일 밤, 공부를 마치고 동암에서 잠자리에 들었
다. 꿈속에 아리따운 여인이 나타나 이야기를 나누다 욕망을 누르고 그녀를 물리쳤
다고 한다. 그리고 시 한수를 지었다.

"눈 온 산 깊은 곳에 한 가지 꽃이 피니, 붉은 깁이 둘러싸인 복사꽃보다 낫다. 이 마
음은 금강의 쇳덩이로 되었나니, 풍로가 있다 한들 네가 나를 어이하리."

이 때 다산은 귀양살이 8년째로 여인을 멀리한지 8년이 되었다. 안쓰럽고 민망하며
참 대단하다.

75)23세(1784년)의 정약용은 형 정약전과 함께 큰형수의 제사를 마치고, 서울로 돌
아오는 배에서 이벽을 통해 천주교를 소개받았다. 그 때 받은 감동과 충격이 얼마나
컸던지, 서울에 도착하자마자, 바로 이벽의 집으로 가서 마테오 리치의『천주실의』
와 빤토하의『칠극』을 빌려서 읽고 천주교에 깊이 심취하게 되었다.

76)에바그리우스가 말하는 생각(logismoi)은 보통 악한 생각을 말한다. 에바그리우
스는 그의 책『프락티코스'(Praktikos)』에서 8가지 악한 생각에 대항하여 영적 전
투를 하라고 권한다. 그는 8가지 악한 생각들을 이겨내기 위해 프락티케(Praktike,

수행)를 강조한다.

77)빤또하, ≪칠극 七克≫박유리역, (서울, 일조각, 2019), 17-18p

78)빤또하, ≪칠극 七克≫13p

79)빤또하, ≪칠극 七克≫,11p

80)정민, ≪파란1≫,341p

81)금장태, ≪실학과 서학≫,33p

82)정민, ≪삶을 바꾼 만남≫,261p

83)빤또하, ≪칠극 七克≫,25p

84)오세진편역 ≪아버지 정약용의 인생강의≫(서울, 홍익출판사, 2020), 78p

85)빤또하, ≪칠극 七克≫,63p

86)정약용지음, 박석무편역, ≪유배지에서 보낸 편지≫, (서울, 창비, 2020), 337p
정약용은 진시황이 아들 호해에게 진나라를 물려준 것도 어리석은 부자와 비슷하다
고 본다.

87)빤또하, ≪칠극 七克≫,170p

88)정민, 다산 정약용과 칠극, 가톨릭평화신문, 2020.05.31, (1566호)

89)빤또하, ≪칠극 七克≫,379p

90)빤또하, ≪칠극 七克≫,400-401p

91)빤또하는 칠극에서 다양한 신명(神名)을 사용한다. 上帝, 天帝, 天 등은 중국적인
색채가 짙은 표현이다. 天主, 代父 등은 그리스도교 고유의 신명 번역이다. 빤또하는
이처럼 유교경전에 나오는 신명과 그리스도교 고유의 신명을 함께 사용하며 결합한
다. 그러나 신유학에서 중시하던 理나 太極 같은 비인격적 용어는 쓰지 않았다. 빤
또하, ≪칠극 七克≫,462p, 김승혜, '칠극에 대한 연구' -그리스도교와 신유학의 초
기접촉에서 형성된 修養論-

92)빤또하, ≪칠극 七克≫,40p

93)판토하, ≪칠극≫정민역, (서울, 김영사, 2021), 331-332p

94)이상주, ≪구곡문화관광특구와 구곡한시 연구≫(서울, 도서출판 다운샘, 2019),
87p

95)최인호, ≪유림1≫(서울, 열린원, 2020),32p

96)신병주, ≪참모로 산다는 것≫(서울, 매일경제신문사, 2019),186p

97)이기동, ≪천국을 거닐다, 소쇄원≫(서울, 성균관대학교출판부, 2014), 96, 172, 174p

98)김경임, ≪사라진 몽유도원도를 찾아서≫(서울, 산처럼,2002),70p

99)황정주, 황정주의 서울미술기행, 안평대군이 꿈에 본 도원, 오마이뉴스, 2019. 02. 21

100)김경임, ≪사라진 몽유도원도를 찾아서≫,370p

골동계 비화에 따르면, 1949년에도 몽유도원도가 왔다 한다. 그때 서화를 본 사람은 최남선, 이광수, 장택상 등 여럿이 있었지만, 너무 고가여서 발만 동동 구르다 놓쳤다고 한다.

101)이상하게 한강변 정자 담담정은 파괴되지 않았다. 그리고 얼마 후, 신숙주가 차지하였다. 세월이 지나, 이곳은 일제강점기 조선총독부 정무총감(조선총독부 2인자)의 별장이 되었다가 해방 후, 이승만이 잠시 머물기도 했다. 지금은 벽산빌라가 있고, 문 앞에 조그만 표지석만 외로이 서있다. 다시 담담정의 옛 모습이 회복되었으면 좋겠다.

102)김경임, ≪사라진 몽유도원도를 찾아서≫,261p

103)리진취엔, 장세후역, ≪도잠평전≫(고양, 연암서가, 2020),208p

104)리진취엔, ≪도잠평전≫, 273-282p

인간은 현실에 불만을 가지면, 세 가지 반응을 보인다. 항거와 순응과 도피이다. 도연명의 성격과 기질은 항거와 순응보다는 도피적 기질이 있다. 도연명은 자신의 성격을 어릴 때부터 속세와는 기질이 맞지 않았고, 천성이 본래 언덕과 산을 좋아하였다고 말한다. ≪도잠평전≫294p.

105) 소위 MZ세대는 가상세계인 '메타버스(Metaverse)'에서 아바타와 일상을 즐기며 핸드폰으로 무장한 세대다. 이들은 몽골 기병보다 더 빠르다. 디지털 세대의 등장으로 앞으론 아바타가 일상생활의 한 부분이 될 전망이다. 머지않아 아바타가 일상생활의 한 부분이 될 때, "아바타 영성"문제도 제기될 것이다. 아날로그로서의 '진짜 나와 아바타' 중에서 나는 누구인가라는 주체성 문제와 윤리문제 그리고 영성 문제들이 제기될 것이다.

106)김상홍, 동아세아의 이상향 무릉도원, 동아세아 고대학, 제14집, 276p

107)정약용지음, 박석무편역, ≪유배지에서 보낸 편지≫, 310p

108)토마스 모어가 그린 유토피아는 섬으로 묘사된다. 섬 전체가 약 500마일의 원형으로 양쪽 끝부분은 서로 근접해서 마치 초승달 모양이다.(토마스 모어, 유토피아, 을유문화사, 62p) 반면, 도연명의 무릉도원은 깊은 산속이다. 이것은 토마스 모어가 해양제국인 영국인이고, 도연명은 산이 많은 중국인인 것과 연관 되어 있다. 수도원도 이집트는 사막 속으로 들어가는 반면, 유럽의 수도원은 산속으로 높이 올라간다. 지형적으로 사막이 수평적 방향이라면, 산속 수도원은 수직적 방향성을 갖는다.

109)정민, ≪삶을 바꾼 만남≫,37p

110)이선옥, ≪사군자≫(서울, 돌베개, 2011),34p

퇴계의 이 유언에 대하여 임종을 지켰던 제자 이덕홍은 그의 문집에 그 당시 모습을 생생하게 기록하였다. '이날 침석에서 설사를 하시자, 매형에게 불결하여 미안하다고 말하시고 매분을 다른 곳으로 옮기도록 하셨다.'(최인호 유림6, 217p.) 퇴계는 12월 8일에 조카와 이덕홍을 불러 마지막 부탁을 하였다. '저 분매에 물을 주어라.' 퇴계의 임종을 기록한 수십 권의 책들은 이 말이 퇴계의 최후의 유언이라고 기록하고 있다.(최인호 유림6, 236-239p.)

111)김대현, ≪사군자 한시선≫ (광주광역시, 전남대학교출판문화원, 2019),208p

112)정약용, 양홍렬역, 다산시문집 제3권 (2번) 김좌현을 생각하며 두 수를 써서 부치다

113)강희안, 이종묵역해, ≪양화소록≫(서울, 아카넷, 2012),168p

114)이어령책임편찬, ≪한중일문화코드읽기, 난초≫(서울, 종이나라, 2006),12p

115)이선옥, ≪사군자≫,171p

116)이어령책임편찬, ≪한중일문화코드읽기, 난초≫,115p

117)유홍준, ≪추사 김정희≫(서울, 창비, 2018),316p

118)유홍준, ≪추사 김정희≫,418p

119)유홍준, ≪추사 김정희≫,476p

120)이성현, ≪추사난화≫(서울, 들녘, 2018), 227p

121)이성현, ≪추사난화≫,109p

122)이어령책임편찬, ≪한중일문화코드읽기, 국화≫,74p

123)이선옥, ≪사군자≫,205p

124)정민, ≪삶을 바꾼 만남≫,331p

125)정민, ≪삶을 바꾼 만남≫,128p

126)손철주, ≪옛 그림보면 옛 생각난다≫(서울, 현암사, 2011),219-221p

127)이인상은 함양에서 찰방 벼슬을 그만둘 무렵, 그가 바깥 일로 오래 자리를 비우고 돌아왔더니 국화가 애처로이 시들어버렸다고 한다. 그 모습이 마치 자신과 비슷하다고 생각해서 병국도를 그리고 이렇게 시를 지었다.

시든 꽃 떨어지진 않아도/ 새로 꽃핀들 또 시름겨울 뿐
뒤늦게 바람 다시 불어오니 /가을을 못 이겨 고개 떨구네

128)이어령책임편찬, ≪한중일문화코드읽기, 대나무≫,58p

129)이어령책임편찬, ≪한중일문화코드읽기, 대나무≫,230p

130)정민, ≪파란1≫,104p

131)정민, ≪파란2≫,254-255p

132)구만옥, ≪다산 정약용의 천문역법론≫,(서울, 다산학술문화재단,2007, 다산학 10호), 94p

133)김선지, ≪그림 속 천문학≫(서울, 아날로그,2020),307-315p

다산 정약용 연보

1762년(영조38, 1세) 6월16일 광주 초부면 마재에서 출생, 사도세자가 죽던 해.

1776년(영조52, 15세) 홍화보의 딸(홍혜완)과 결혼 한양거주

1777년(정조1, 16세) 이가환, 이승훈 등과 이익의 실학공부

1784년(정조8, 23세) 이벽 통해 천주교를 접하고 『천주실의』, 『칠극』 봄. 〈중용〉 70조목 답안으로 정조 칭찬받음.

1785년(정조9, 24세) 봄 명례방 천주교집회 참석

1789년(정조13, 28세) 대과 급제, 초계문신(抄啓文臣) 임명

1790년(정조14, 29세) 예문관 검열(檢閱), 해미현 정배(定配). 사간원 정언(正言),

1791년(정조15, 30세) 겨울에 "시경강의"로 정조에게 칭찬받음. 진산사건(珍山事件)의 배후로 지목되자 배교 선언함. 이기경, 홍낙안이 정약용 탄핵함.

1792년(정조16, 31세) 부친 충주 하담에 장사함. 수원화성 설계, 기중기 고안.

1794년(정조18, 33세) 경기도 암행어사.(관찰사 서용보와 갈등) 홍문관 교리

1795년(정조19, 34세) 동부승지, 병조 참의, 우부승지, 주문모신부 사건과 연루되어 금정찰방으로 좌천. 온양에서 성호 이익 원고 정리. 서암강학기.

1796년(정조20. 35세) 병조 참지(參知), 우부승지, 좌부승지,

1797년(정조21, 36세) 좌부승지 사퇴하며 〈변방사동부승지소(辨謗辭同副承旨疏)〉. 곡산 부사(谷山府使) 발령.

1799년(정조23, 38세) 형조 참의, 충청감사가 정약용을 천주교 관련하여 탄핵함.

1800년(정조24, 39세) 봄에 반대파 비난 격심해지자 고향으로 낙향함. 귀향 후에 당호를 '여유당'(與猶堂)이라 함. 6월 28일, 정조 승하함.

1801년(순조1, 40세) 형 정약종의 '책롱사건' 사건으로 의금부 투옥, 곤장 맞음. 형 정약종 이승훈 등 순교, 형 정약전 신지도로 정약용 장기로 유배됨. 10월에 황사영(조카사위) 백서사건으로 다시 투옥되었다가 강진으로 유배됨.(18년)

1802년(순조2, 41세) 강진 주막집에서 사의재 시작. 강진제자들 만남. 넷째 아들 농장 죽음, 농아광지 씀.

1803년(순조3, 42세) 김대비의 해배령 있었으나 정승 서용보의 반대로 무산됨.

1805년(순조5, 44세) 큰아들 학연이 보은산방에서 공부함.

1806년(순조6, 45세) 제자 이청의 집으로 옮김.

1808년(순조8, 47세) 봄에 다산(茶山)초당으로 거처 옮김.

1810년(순조10, 49세) 학연의 호소로 해배령이 내렸으나 이기경 반대로 무산됨.

1813년(순조13, 52세) 딸 홍연, 홍임 위해 매조도 그림.

1814년(순조14, 53세) 의금부에서 해배하려 했으나 강준흠의 상소로 저지됨. 『중용자잠』(中庸自箴), 『중용강의보』 저술. 이벽을 회상함.

1815년(순조15, 54세) 봄에 『심경밀험』(心經密驗)과 『소학지언』(小學枝言) 저술.

1816년(순조16, 55세) 형 정약전의 죽음 소식에 묘지명 씀.

1818년(순조18, 57세) 봄에 『목민심서』 저술. 8월 해배되어 고향 마재로 돌아옴.

1822년(순조22, 61세) 회갑을 맞이하며 '자찬묘지명' 지음.

1830년(순조30, 69세) 세자(익종)의 병을 진찰하였으나 약을 올리기 전에 죽음.

1834년(순조34, 73세) 순조의 병세를 돌보려고 상경하였으나 순조가 죽자 귀향함.

1836년(헌종2, 75세) 결혼 60주년인 회혼일(2월 22일)에 운명함. 고향집 뒷동산에 안장됨.

사후(死後)

1882년(고종19) 『여유당전서』가 전부 필사되어 보관됨

1925년(순종4년) 대홍수로 정약용의 고택 '여유당'이 떠내려갔으나, 다행히 현손(4대손)이 유고를 구출함.

1936년 정약용 서거 100주년을 맞이하여 정인보, 안재홍 등이 유고를 정리하여 『여유당전서』 154권 76책이 간행됨.